Critiques musicales

Arthur Johnstone

(Contributeur : Oliver Elton, Henry Reece)

Writat

Cette édition parue en 2024

ISBN : 9789359948058

Publié par
Writat
email : info@writat.com

Contenu

AVANT-PROPOS.

Les rédacteurs désirent exprimer leurs remerciements aux propriétaires du *Manchester Guardian* pour leur autorisation de réimprimer les articles contenus dans ce volume.

Ils souhaitent également reconnaître l'aide qu'ils ont reçue dans la compilation des mémoires de la famille de feu M. Arthur Johnstone et de ses amis, et ils sont plus particulièrement redevables au professeur Sidney Vantyn pour la longue correspondance qu'il a mise à leur disposition.

Les lettres citées étaient pour la plupart écrites à M. Oliver Elton.

MÉMOIRE.

ARTHUR GIFFARD WHITESIDE JOHNSTONE est né le 3 décembre 1861, quatrième fils du révérend Edward Johnstone et de Frances Mills. Son père prenait alors ses fonctions à Colton dans le Staffordshire, mais l'année suivante accepta de vivre à Warehorne dans le Kent ; il démissionna en 1866 et alla vivre à St. Leonards . M. Johnstone mourut en 1870 et la direction de l'éducation d'Arthur incomba entièrement à sa mère. Mme Johnstone a consacré sa vie à de bonnes œuvres et aux soins de ses enfants, dont l'un était invalide. Arthur la considérait comme une sainte, et cette pensée maintenait sa croyance en l'humanité pendant la lutte quelque peu longue où ses pouvoirs et ses objectifs étaient incertains, et où il devait observer de près une stupidité , une tristesse et une méchanceté excessives. Il lui était également redevable du don qui allait enfin déterminer sa carrière. Elle était une bonne musicienne, et c'est d'elle que Johnstone a hérité de son bon goût et a reçu sa première instruction musicale. Plus tard, il étudia auprès de M. W. Custard, un organiste local. L'atmosphère de sa maison était religieuse — anglicane extrême, proche du catholique romain. Johnstone, bien qu'il soit devenu par réaction anticlérical, a continué à apprécier la valeur de la religion, principalement à travers l'art et la musique, comme le montrent ses lettres et ses critiques. Mais son penchant était à la fois profane et artistique ; une école secondaire anglicane et un collège anglican secondaire ne constituaient donc pas un pâturage dans lequel il pourrait prospérer. Son esprit était étranger au leur. Le fait que ces institutions lui aient permis d'admirer certaines formes de l'art chrétien en dit long sur sa force d'esprit.

En 1874, il se rendit à Radley et y resta quatre ans, sans se porter bien ni mal, plutôt étouffé dans l'atmosphère ecclésiastique de l'école, se souciant peu des jeux et par sympathie pour l' esprit de l'école publique . Il vivait donc sa propre vie, apprenait à se protéger par un tact ingénieux et une réserve, et lisait irrégulièrement ce qui lui plaisait. Bien qu'il n'ait pas été spécialement bâti pour l'athlétisme, il ne manquait en aucun cas d'art corporel et de dextérité. Très jeune, il était un excellent joueur de billard, un bon patineur et un joueur de tennis sur gazon bien au-dessus de la moyenne. Sa principale réalisation fut une réalisation étrange qui ne l'a jamais quitté. Au cours de ces premières années, il se livra constamment à la prestidigitation et y consacra une grande partie de ses loisirs et certaines de ses heures de travail. Il donna même en public des divertissements élaborés, dès l'âge de quatorze ans. Un jour, alors qu'il n'avait que dix-sept ans, il fut capable d'appliquer ses compétences à un usage vraiment pratique. Il se rendait en train pour donner un spectacle et il entra par hasard dans un compartiment où se trouvait une bande de taille-cartes. Ils l'ont amené à jouer à « Nap » avec eux ; Bientôt, il commença à perdre et comprit qu'il était trompé. Ils utilisaient des cartes de prestidigitateur ordinaires à dos blanc uni, dont il avait une réserve dans sa poche. Il trouva bientôt l'occasion de remplacer leur meute par une des siennes, rattrapa ses pertes avec une satisfaction d'écolier et changea de voiture au premier arrêt, laissant les experts résoudre eux-mêmes le mystère. Son sang-froid en public et en privé, son air mature et légèrement initié, qui s'estompe avec l'âge, sont probablement dus à ces performances. Ils ont servi dans sa véritable éducation. Le côté intellectuel de ce qui est habituellement un art de showman commun l'a attiré. La psychologie de la victime du prestidigitateur, amusée et en colère, mettant tout son esprit à rude épreuve sur le mauvais point ; l'atmosphère festive, ou *Stimmung* , d'une jeunesse inattentive et de la bonne humeur nécessaire au succès, la pauvreté réelle des appareils mécaniques complexes comparés à l'habileté et au bagout - de ces choses, il parlait dans sa jeunesse avec une élaboration et une solennité à la Edgar-Poe, non. doute aussi bien que n'importe quel homme en Angleterre. La meilleure de ces expositions fut celle où Johnstone prétendait expliquer à quelques amis un truc qu'il avait lui-même réalisé. Il y avait d'abord, dans des phrases longues et bien coupées, une sorte de métaphysique de la prestidigitation ; un exposé de ces principes d'illusion qui étaient inapplicables dans le cas présent ; exposition des méthodes vulgaires et évidentes, qui semblaient aux yeux de la foule les mêmes que celles plus subtiles qui satisfaisaient simplement la conscience de l'artiste ; et enfin, à la limite de « l'explication », une longue parenthèse ou une touche de froideur et d'abstraction, à ne pas interrompre, qui aboutissait, voire pas du tout, à une explication quelconque, mais à une dernière exécution du tour. Johnstone mettait un point d'honneur à faire connaissance avec les principaux professeurs d'illusion manuelle qui visitaient l'Angleterre. Il connaissait bien, bien sûr, les méthodes de signalisation pour contrefaire la clairvoyance ; et dans un cas, celui de « Little Louie », dont le spectacle à l'Aquarium de Westminster était la meilleure merveille publique du genre, il était convaincu que les interprètes ne faisaient que tirer leur épingle du jeu en signalant et en utilisant d'autres astuces pour signaler les échecs d'un pouvoir véritablement surnormal du monde. une sorte de « télépathie » qu'eux-mêmes ne comprenaient pas complètement. Nous en disons beaucoup sur le tour de passe-passe, car il fut longtemps le substitut pittoresque et pittoresque de notre ami aux formes moins originales de divertissement des jeunes hommes. Cela donnait beaucoup de plaisir aux autres et il avait besoin de s'amuser, car sa vie n'était pas facile.

Johnstone quitta Radley à la fin du trimestre d'été 1878 et travailla pendant les deux années suivantes sous la direction de MM. Wren et Gurney pour la fonction publique indienne, la limite d'entrée étant alors de dix-neuf ans. Il faut admettre qu'il n'a fait aucune tentative sérieuse pour réussir et que ici, comme à Oxford plus tard, la perspective d'un examen s'est avérée être l'inverse d'une incitation au travail. C'était peut-être une chance pour lui qu'il échoue, car même s'il aurait trouvé un grand intérêt pour les indigènes (et étendu son *répertoire* de trucs), il aurait été repoussé par l'Anglo-Indien moyen ; en outre, ses capacités ne se limitaient pas à l'administration juridique et politique. En octobre 1880, Johnstone arriva au Keble College d'Oxford et il eut rapidement un petit cercle autour de lui. Parmi ses amis se trouvaient RA Farrar, fils du célèbre doyen, et GH Fowler, biologiste de son propre collège ; Winter, de St. John's, le meilleur musicien parmi les étudiants de premier cycle ; ses biographes ; et, plus tard, le professeur York Powell, qui détecta instantanément ses capacités et la force de la nature. Parmi les dons de Keble, Johnstone s'occupait de deux. L'un était le directeur, le révérend ES Talbot, maintenant évêque de Southwark, qui se comportait avec tact et encourageait autant qu'il le pouvait un esprit sans modèle, ce qui ne rapporterait au Collège aucun honneur réglementaire ; l'autre était le révérend JR Illingworth, le meilleur écrivain de l'école et connu depuis comme prédicateur philosophique. Ascétique, mais profondément humain, M. Illingworth attirait Johnstone par son honnêteté et sa finesse d'humeur. Mais après tout, ces ecclésiastiques vivaient dans leur propre monde et non dans le sien. Jusqu'à sa rencontre avec York Powell, Johnstone n'avait trouvé aucun homme plus âgé auprès duquel il pourrait apprendre sans précautions et réserves, et qui lui paraissait un esprit magistral et un esprit parfaitement libre. Les deux hommes appréciaient manifestement la conversation de l'autre ; ils avaient en commun de nombreuses qualités délicates – le genre de délicatesse que l'on ne trouve que chez les bohémiens d'expérience qui ont gardé leurs perceptions au plus haut niveau. Powell a aidé matériellement Johnstone plus d'une fois en faisant savoir à des personnes importantes ce qu'il pensait de son jeune ami. Même dans les archives de Powell, il n'y a guère d'amitié plus intacte.

Dans sa jeunesse, alors qu'il était étudiant, Johnstone était jaunâtre, mais en bonne santé, plutôt mince et léger, avec une tête de musicien large et bien moulée , comme celle de Beethoven ou, plus encore, celle de Rubinstein, dans le contour du front en surplomb. Il est facile de se rappeler ce visage sérieux, ce sourire délicieux qui le caractérise toujours et, surtout, la fascination de son jeu au piano. Sa voix était claire et bien portée, avec un son métallique aigu lorsqu'il était indigné, mais elle était généralement grave, comme si elle ne voulait pas être entendue. Ses manières étaient formées et son discours était dès le début ce qu'il est resté : énergique, emphatique et sans doute trop superlatif parfois, découpé en phrases étrangement élaborées mais parfaitement construites, qui lui venaient si naturellement que nous l'avons entendu prononcer l'une des eux le moment après avoir ouvert les yeux le matin. Ils peuvent être mieux illustrés par son style plus familier dans ses écrits et ses lettres ; ces derniers donnent en effet un reflet assez exact de son discours. Flâneur de la meilleure espèce, *il* observait attentivement et curieusement ; malgré de longues périodes d'oisiveté apparente, la qualité d'alerte de son esprit ne montrait jamais la moindre trace de relâchement. Il a décrit de manière vivante et précise ; et il avait un don remarquable pour expliquer tout sujet ou tout point de vue peu familier à ses auditeurs, en veillant à ce que le moindre détail ne leur échappe pas. Et, à son tour, il rattraperait rapidement et développerait les idées de ses amis, même vaguement suggérées ou insuffisamment réfléchies. Johnstone professait des principes radicaux et était membre du Russell Club, où les libéraux avancés se réunissaient pour des communications et des débats ; mais son radicalisme était social plutôt que politique, et après les expériences étrangères de ses dernières années, ses opinions tendaient vers un gouvernement fort et l'impérialisme. À cette époque, cela l'amusait d'être plutôt excentrique dans ses vêtements, bien qu'il devienne par la suite soigné et assez à la mode. En 1882, l'étudiant intellectuel était capable de porter un casque de sécurité marron clair à larges bords, descendant sur les oreilles et les yeux, ainsi que des cheveux longs à la mode des penthouses. Il en fit construire un "pour moi, plan et projection" à une échelle spéciale. Il possédait également une cravate qui pouvait être pliée en vingt-cinq aspects ou motifs différents, certains frappants ; c'était une mosaïque de places et le fruit d'une longue recherche ; vingt-cinq cravates en une. Ses colliers étaient ultra-Byronic. Autrement, sa tenue vestimentaire n'était pas particulièrement étrange ; bien que la véritable incongruité résidait entre ces bizarreries vestimentaires, et la vive lueur grise et intense de ses yeux, et le regard de véhémence et de sensibilité retenues.

Vers quoi tendait cette sensibilité, à quoi tendait-elle ? Pas principalement pour un apprentissage précis, ou une connaissance littéraire, ou pour une vérité philosophique abstraite. La nature et les dons de Johnstone ne s'orientaient pas vers l'érudition (sauf ensuite vers l'érudition musicale) ou vers la pure spéculation. Il voulait sans doute écrire, mais il ne se souciait jamais de pratiquer le style comme un simple métier ; "Donnons-nous", disait-il, "quelque chose avec du sang dedans". Il n'a pas demandé de solutions ou de consolations religieuses. Comme presque tous ses imprimés étaient sur des sujets musicaux, seules ses lettres et nos souvenirs peuvent donner l'impression de ce qu'il voulait. C'était une ambition assez rare parmi les jeunes hommes d'Oxford de notre époque, bien qu'assez souvent professée. Il voulait l'art et la beauté. Ce désir, bien sûr, chez d'autres, était souvent un délire ; il y avait des érudits et des faiseurs de vers – plus ou moins du type « esthétique » – sentimentaux et durs au fond comme la plupart de ces personnes, qui cultivaient la beauté et n'ont généralement abouti qu'à la prospérité. Johnstone était d'une autre race que ceux-là ; ils n'ont jamais entendu parler de lui ; il ne se souciait pas de la chance principale ; il était très sérieux. Peu de jeunes hommes regardaient la vie avec une aspiration aussi précise à en tirer la grâce, la jouissance et la beauté, et avec une conviction aussi affirmée que peu de ces choses sont réalisables. Pour de tels esprits, prédestinés à souffrir et à attendre, la société apparaît d'abord comme un fouillis irrationnel d'où, comme par miracle, émergent des îlots enchanteurs de grâce, d'esprit et de joie. Le désir de trouver la beauté des choses ou des personnes, et le désir de trouver l'âme et l'humanité, sont les passions pures, intenses et généralement déçues de la jeunesse élue qui revendique ses droits. C'est le second d'entre eux qui sauve un jeune homme de la vanité et de la folie exclusive qui peuvent assiéger le premier. Les goûts de Johnstone, ses lectures, ses amours et ses amitiés étaient guidés par ces deux passions et par une troisième qui découlait de leur tension et qui était également impérieuse : le désir d'étudier le monde et de se divertir raisonnablement. Les cours n'existaient pas pour lui, sauf qu'il sentait souvent qu'il était plus susceptible de pouvoir côtoyer et aider des hommes et des femmes qui étaient défavorisés dans le monde. Avec de tels éléments belliqueux et un esprit si difficile à satisfaire, il n'était pas étonnant que ses premières années semblaient sans plan, et c'était en partie le cas. L'instinct du voyage et des expériences étranges a duré longtemps. Personne, à l'exception de ses amis proches, n'avait une grande connaissance de cette nature complexe mais essentiellement unique. Pour eux, il semblait y avoir plus qu'un germe de noblesse et un juste exemple dans une telle jeunesse, si extérieurement décevante pour les parents, les tuteurs et les bergers des collèges. De là s'est progressivement forgé un personnage plein de fougue et d'aspiration, fondamentalement austère et intransigeant dans la loyauté et dans la conscience artistique, mais masqué sous une certaine réticence. Mais c'est à anticiper de plusieurs années.

AGÉ de 20 ans.

Johnstone était entré à Oxford à une époque de grande effervescence intellectuelle. En regardant en arrière, nous pouvons maintenant constater que c'est vers 1880 que le flot révolutionnaire a atteint son apogée. L'autorité de Darwin et Huxley était incontestée par une grande partie de la jeune génération et globalement. Le vague christianisme et l'optimisme sentimental de Tennyson étaient tenus en peu d'estime à côté de la tolérance plus large, de l'analyse subtile et de la curiosité incessante de Browning. Avant tout, « le barde », comme on appelait avec admiration Swinburne, était le poète des jeunes gens. Un autre facteur très important dans le développement mental de notre génération – et peut-être le plus important de tous pour Johnstone – a été fourni par la littérature française du siècle, depuis l'école romantique. Il n'est donc pas étonnant que la réaction des influences de la Haute Église et de l'environnement de sa jeunesse ait été sévère et complète, et que sa nature hautement esthétique exigeait la plus grande liberté artistique et intellectuelle. Le soi-disant « mouvement esthétique », comme nous l'avons laissé entendre précédemment, l'a laissé intact. Il n'aurait rien à voir avec la tentative de symboliser et de faire revivre une civilisation complètement disparue, ni avec la négligence délibérée du monde moderne et de son art le plus intense et le plus vivant : la musique. Johnstone n'avait pas beaucoup de sens médiéval et était économe dans son appréciation de Rossetti, envers qui il devint injuste. Ce qu'il préférait, c'était "Jenny", même s'il critiquait à juste titre les éléments malsains de sa rhétorique. Cela lui fut d'abord fait comprendre, ainsi qu'à d'autres membres de son groupe, par la lecture habile et dramatique, d'une voix singulière et retentissante, de son principal ami de Keble, CW Pettit: un jeune homme au caractère haut et mélancolique qui fut retrouvé noyé, probablement par accident, dans l'Upper River, près d'Oxford, au printemps 1882. Une pierre commémorative avec les initiales de Pettit marque l'endroit, dans un tronçon peu fréquenté du ruisseau, et l'inscription, si elle n'est pas effacée, est maintenant un mystère sauf pour quelques-uns qui se souviennent de lui.

"Jenny" a également touché ce qui peut être mentionné maintenant comme la corde sensible la plus profonde des sympathies de Johnstone ; on l'entend résonner dans les lettres citées ci-dessous qui passent en revue les histoires de Ruth, Fantine et Tess des D'Urberville. Son attitude en la matière était libre de toute éthique conventionnelle et était donc essentiellement chrétienne ; et les relations de la société avec les femmes techniquement errantes, qui ont échoué ne serait-ce qu'une fois par accident, le préoccupaient amèrement, et cela d'une manière nullement théorique ou séquestrée. Dans sa propre expérience tsigane, il a été témoin d'au moins un cas où le problème a échappé de peu au désastre. Il était hanté par l'histoire, comme De Quincey l'était par celle de son compagnon perdu dans Oxford Street. La jeune fille avec laquelle Johnstone, bien que généralement endurci, parvint à se lier d'amitié de sa manière secrète, chevaleresque et efficace, épousa finalement quelqu'un de décent et de respectable. Dissimulant le lieu et les circonstances, il transforma ensuite l'incident de la "Fantine de Shotover " (nous cachons aussi, bien sûr, le nom du village) dans une sorte de croquis en prose ou *de poème* , qu'il termina vers l'âge de vingt ans. six, j'ai réécrit deux fois et j'ai pensé à l'imprimer. Il n'est malheureusement pas possible de le retrouver aujourd'hui. Sa prose musicale et exaltée, même si elle était inexpérimentée dans la forme, était véritablement prometteuse dans ce genre de composition ; mais à notre connaissance, il n'a jamais suivi cette voie, et la prose dans laquelle il est devenu expert était, en dehors de ses lettres, purement critique et explicative. Pourtant, on en a assez dit pour montrer la force et l'orientation inhabituelle des sympathies humaines de Johnstone. Il est clair que la vérité de l'instinct et la force de tête d'un jeune homme ne sont jamais plus durement mises à rude épreuve que lorsqu'il est confronté à une histoire concrète de ce genre. Il peut devenir insensé de manières opposées, surtout s'il est aussi un artiste et qu'il a un tempérament fort. Il peut être personnellement empêtré dans ses sympathies et aggraver sa situation. Il peut être supérieur, et tout gâcher par une bienveillance missionnaire maladroite et dure. C'est quelque chose s'il parvient à soutenir les formules ordinaires, aveugles et damnatoires de la société. Ceci n'est cependant pas si difficile pour un esprit libre. Ce qui est plus difficile, c'est de le faire, et pourtant de voir les faits sans de simples théories , sans le fardeau des sentiments rhétoriques et littéraires qui les obscurcissent. Un cerveau d'origine écossaise est utile à ce stade. Dans notre mémoire, Johnstone s'est montré à la hauteur de l'occasion ainsi présentée, et a agi et jugé avec équilibre. Mais nous nous préoccupons davantage maintenant du chemin par lequel il est arrivé à sa force de sympathie. L' esthétique académique déracinée n'avait évidemment aucune emprise sur lui ; il était trop en colère pour être précieux ; mais sa force motrice était au fond celle de l'artiste, tout comme elle n'était sûrement pas celle du théoricien radical ou de l'organisateur philanthropique ; même si, si nous utilisons un langage précis, il n'était en aucun cas moins humain que le leur. Ce qui était à l'œuvre, c'était son sens de la beauté ; de la beauté physique, d'abord, ou de la grâce, chez la personne victime , comme signe et vêtement d'une nature originellement saine et simple, ou gaie et innocemment festive ; la beauté est innée, puis gâchée par un contact brutal, puis gâchée davantage par la punition sociale, et rarement récupérée, même en partie - comme dans le cas particulier où elle a été récupérée par hasard - par une évasion heureuse et définitive. Tout cela révolte le plus profond des sentiments humains, qui nous distingue de la plupart des bêtes, à savoir le sentiment esthétique , qui se trouve ici coïncider étroitement avec le sentiment religieux. Une certaine profondeur et une certaine rareté s'ajoutaient ainsi au bon sentiment et à la gentillesse de l'homme ; et nous pouvons tirer ces faits de la cachette jalouse du passé sans violence excessive à la timidité dans laquelle il les a enveloppés, car ils montrent sa voie personnelle et particulière d'approche de la tragédie humaine, et peuvent même venir à l'attention de , et servent à encourager des esprits similaires à un stade correspondant de mécontentement. Nous pouvons maintenant remonter à sa prime jeunesse, lorsqu'il était à mi-chemin d'Oxford, et lorsque certaines de ces idées germaient dans une expression nécessairement grossière, qui n'en a pas moins son intérêt. Dans une lettre de 1881, il écrit :

"Comment pouvons-nous échapper à Swinburne ? La société moderne ne nous conduit-elle pas à son école, du moins le genre de société dans laquelle je suis *censé* avoir été élevé, dont l'atmosphère morale est une sorte de thé perpétuel de l'après-midi, où tous les hommes sont de jeunes vicaires pâles et des visiteuses du district, leurs excitations vulgaires, des tempêtes rituelles de théière, la signification doctrinale des barrettes, des purificateurs... Leur esprit est toujours en alerte pour étouffer la plus petite expression de tout plaisir dans la beauté naturelle - « la beauté » n'est qu'apparent, le mensonge le plus fou qui ait jamais été formulé (comparez avec le Paracelse de Browning). J'aurais aimé, comme Gautier, être né à l'époque de l'Empire romain, lorsque l'ascétisme était presque inconnu et qu'il en existait entièrement spécialisé. , avant que n'ait été faite une classification aussi étonnante que le Monde, la Chair et le Diable, ou que chaque beauté naturelle se tordait, comme le torse féminin divin, sous l'emprise accusée de la mode. Ce sont les effusions d'un très jeune homme de vingt ans seulement. On peut dire à juste titre que Johnstone a toujours été bien plus ascétique, personnellement, qu'il ne l'a jamais admis, et les articles sur Bach et Sir Edward Elgar prouvent abondamment l'habitude d'esprit religieuse induite par la formation et les associations de ses premières années. Un an plus tard, ses vues sont devenues plus équilibrées, comme le montre l'extrait suivant d'une lettre sur le même sujet.

"J'ai lu la majeure partie des *Apologia* il y a un mois ou deux. Comme vous le dites, Newman est tout à fait seul dans sa sincérité et sa puissance spirituelle, le seul penseur orthodoxe qui ne soit pas un exemple d'auto-illusion résultant d'un mensonge réitéré. Tout le plus pur et le plus pur. les plus beaux aspects de l'ancienne foi semblent se grouper autour de lui. Mais les lumières sont presque éteintes sur la scène où il pose si magnifiquement, une foule agitée gâche toute l'illusion du paysage et des rayons de soleil criards entrent par le toit.

"J'ai été ému aux larmes avant-hier par l'apparition à cet endroit [à Tunbridge Wells] d'un joli visage.

"Elle était là, une justification radieuse et triomphante de la nature humaine parmi la myriade de diffamations sur la forme humaine.

"J'aime le merveilleux corps humain. Comme c'est absolument la plus belle des choses imaginables dans son étrange dualisme ; une forme parfaite exprimée avec une infinie subtilité en deux phases mutuellement complémentaires. L'une - grande, souple et athlétique, avec son filet changeant - le travail des muscles sous la peau brune et claire, les traits audacieusement ciselés et les cheveux courts et croustillants – emblème de force et de rapidité et de protection divine, l'autre vif et intrépide – une harmonie de courbes exquises, blanches et sensibles, et couronnée de cheveux ondulants, comblée ; de vie tendre et de grâce merveilleuse – type vivant de fécondité. Dire que l'un ou l'autre s'est écarté de la perfection abstraite de la forme, c'est simplement dire que l'idée même du sexe est une telle déviation et n'y a-t-il pas une certaine suggestivité divine dans ce fait même ? Leur union est la beauté parfaite – les voiles du grand sacrement humain. Et tout cela est effacé de la vie moderne. Je crois que certains d'entre nous vivent et meurent sans jamais connaître la ressemblance de la forme humaine. comme certains d'entre nous le font sans jamais voir le lever du soleil.

« Le « pâle Galiléen » a banni la Beauté ; et ce n'est qu'ici et là, déguisée au point de devenir presque méconnaissable, qu'elle a osé revenir avec d'infinies excuses... Pourtant, ne soyons pas tous ingrats envers le pâle Galiléen et ses leçons de souffrance ; nous sommes trop nombreux à voir dans leur propre instinct l'empreinte même de l'impossibilité d'être satisfait, à réfléchir avec une certaine amertume, non pas à « *il faut mourir* » , mais à « *il faut vivre* », et à rassembler nos restes et à nous faufiler. espérant peut-être un jour une place modeste dans quelque cour de la Maison de la Vie, ne serait-ce que celle d'un marmiton. Et puis à quel prix effroyable ces leçons sont- elles devenues une partie de l'héritage du monde ! ça n'a servi à rien."

Évidemment, dans toute cette explosion, si ses origines littéraires et intellectuelles ne sont pas difficiles à retracer, il n'y avait aucune pose ; c'était une humeur que Johnstone vivait honnêtement et passionnément, ou plutôt elle restait comme un arrière-plan de sa nature. Il était loin d'être heureux à cette époque. Il avait de nombreux amis et des intérêts variés, mais il avait le sentiment que sa vie était gâchée ; en fait, il ne s'était pas « trouvé », et il ne le ferait pas avant sa visite en Allemagne. Sans doute Keble n'était pas le collège d'un de ses tempéraments , et le système anglais d'enseignement des classiques en faisait, pour lui, des langues effectivement mortes ; mais si leur usage oral avait été encouragé (pratique du regretté professeur Blackie), il est possible qu'il s'y soit réellement intéressé. Avec un de ses amis, il parlait constamment en latin.

Au cours des années suivantes, Johnstone se consacra principalement à des travaux scolaires et la nécessité de gagner sa propre vie l'empêcha d'obtenir son diplôme. Dans une lettre de septembre 1885, il regrette d'avoir « dû vivre dans une rébellion totale et continue contre les circonstances extérieures. Le matin, c'est beaucoup de conflits et de pleurs ; le soir, c'est le réconfort du pot. Le jour de repos amène la solitude dans les foules. - «bœufs à l'arrêt et haine». *Ça finira* .

Au printemps 1887, il hérita d'un petit héritage qui le libéra, pour un temps, de la corvée de l'enseignement et lui permit de réaliser son souhait longtemps différé de suivre des cours d'études musicales sérieuses dans un conservatoire étranger. A cette époque, il ne connaissait absolument pas l'allemand, n'avait qu'une assez bonne connaissance du français et n'était absolument pas conscient de posséder le don naturel pour les langues modernes, qu'il devait ensuite mettre à profit à l'Académie d'Édimbourg et ailleurs. En août, il se rend à Kreuznach pour acquérir des éléments d'allemand avant de se rendre au Conservatoire de Cologne, où il a décidé d'étudier. La famille où il résidait ne parlait pas anglais et très peu français, il fut donc obligé dès le début de s'exprimer dans une langue étrangère et de faire des efforts pour la comprendre. Au début d'octobre, il entra au Conservatoire comme étudiant et s'engagea à suivre le cours de l'année. Son principal ami était M. Sidney Vantyn , aujourd'hui professeur de piano au Conservatoire de Liège, puis en dernière année d'études. Ils se rencontrèrent dans la classe du professeur Eibenschütz, l'un des maîtres les plus sévères de la ville, qui ne tenait pas compte de la formation amateur antérieure de Johnstone et se montrait plutôt dur et décourageant. Il ne connaissait pas l'anglais et l'allemand de Johnstone était encore élémentaire, alors Vantyn , qui connaissait parfaitement l'anglais, servait d'interprète entre eux. Dans ses souvenirs de cette époque, M. Vantyn écrit:—

"Il était évident qu'il n'avait jamais suivi de formation musicale avant son arrivée à Cologne. Les doigts de Johnstone étaient raides et il devait commencer presque dès le début. Et il a eu le courage de le faire. A cette époque, j'étais l'un des Aux élèves avancés, je proposai mon aide, et pendant quelques mois nous pratiquâmes ensemble tous les jours, notamment en vue de développer les doigts. En avril 1888, il me montra une esquisse d'une *Valse de Concert* . on s'attendait à ce que Johnstone soit brillant, original, minutieux. A ma demande, il acheva la *Valse* que je jouai peu après lors d'un concert, où elle rencontra un succès décisif. Un peu plus tard, elle fut vendue à un éditeur de musique à Liège. quitta bientôt Herr Eibenschütz pour le Dr Klauwell , avec qui il étudia le piano et l'harmonie. Parmi les autres professeurs du Conservatoire se trouvaient Humperdinck, plus tard célèbre comme compositeur de *Hansel et Gretel* , et Gustav Jensen, le frère du compositeur le plus connu.

Enfin, Johnstone vivait dans un monde qui faisait ressortir ses meilleures qualités et stimulait ses intérêts les plus vifs. Mais il se rendit compte maintenant qu'il était arrivé dix ans trop tard pour atteindre une quelconque éminence, que ce soit comme interprète ou compositeur, et se contenta d'élargir considérablement ses connaissances générales en musique. Il ne s'est jamais non plus limité à la seule musique ; mais il s'efforça de connaître autant que possible les méthodes de travail allemandes, notamment en ce qui concerne l'enseignement des langues. En lisant le verdict de Cologne sur la formation initiale de Johnstone, il faut se rappeler que dans sa jeunesse, le piano n'était pas bien enseigné en Angleterre, où les principes et l'importance d'une bonne technique étaient également inconnus. Bien sûr, le directeur et tous ses maîtres l'aimaient personnellement, mais naturellement leur principal intérêt résidait dans les jeunes élèves qui promettaient de se faire un nom dans le monde musical. Le cours de l'année au Conservatoire s'est terminé en juillet, et vers cette époque il écrit :

"En ce qui concerne mes intentions, je suis tout à fait résolu maintenant (et tout à fait content) de devenir professeur de langues vivantes à vie. Au cours de cette année, j'ai acquis quelques connaissances sur le métier de musicien, avec la conclusion que pour tous, sauf pour un très petit nombre d'entre eux, au premier rang, c'est une vie misérable. Je vais donc après tout passer mon diplôme et résider la saison prochaine en tant que membre de Balliol... Je pourrais vivre de la musique maintenant, mais ce serait sombrer dans une vie misérable. une corvée encore pire que tout ce que j'ai eu à faire jusqu'à présent. Je *n'enseignerai* pas aux débutants. De plus, je peux gagner bien mieux ma vie dans un autre métier.

Johnstone revint en Angleterre à la fin du mois d'août 1888, de bonne humeur et en meilleure santé qu'il n'en avait jamais connu auparavant, débordant d'idées et d'enthousiasme pour tout ce qui était allemand. C'était le retour de Gulliver après son voyage aux Houyhnhnms, et ses amis durent écouter des critiques du même genre. Nul doute que cette année a apporté une réelle maturité à Johnstone. Il a acquis une confiance en lui et une emprise sur la vie, ce qui, même lorsque la perspective semblait la plus désespérée, l'a empêché de retomber dans ses anciennes humeurs de découragement. En octobre, il retourna à Oxford. Il y a quelques années, il avait retiré son nom des livres de Keble et avait émigré à New Inn Hall. Le Hall avait récemment été absorbé par Balliol, et ainsi Johnstone devint finalement membre du Collège qui aurait dû l'abriter dès le début. À Balliol, il se sentait assez bien chez lui, même s'il était désormais le plus âgé des hommes qui l'entouraient. Il se réunit avec Farmer, qui venait de quitter Harrow pour Balliol et, avec le soutien du Maître, organisa un concert dans la salle tous les dimanches soir. Une fois, il a donné un spectacle de prestidigitation, à la demande de Farmer. Jowett hurla d'une gaieté chérubique, envoya chercher Johnstone, écouta sa conversation, qui se déroulait plus facilement que celle de la plupart des visiteurs de premier cycle de Jowett et était d'un autre cachet ; et a continué à le traiter avec politesse.

Johnstone, dont les classiques s'étaient quelque peu rouillés pendant son séjour en Allemagne, lisait avec M. St. George Stock, écrivain philosophique, alors et depuis professeur particulier bien connu à Oxford. En décembre, il réussit les écoles nécessaires et obtint son diplôme ; sa dernière expérience de la vieille ville inquiétante fut agréable, bien que brève : une période de *recueillement* avant de se lancer dans la nouvelle carrière qu'il avait choisie.

Au mois de mars suivant, 1889, il reçut une offre d'aller comme précepteur du jeune fils du prince Abamélek en Podolie, province du sud de la Russie. Le récit suivant de son voyage est intéressant :

"J'ai quitté Berlin jeudi matin à 8h30; l'étape à travers la Galice, Oswiecim, Cracovie, Lemberg, Podwoloczyska a été de mauvaises vingt-quatre heures. Juste à la frontière, la neige était extrêmement épaisse, se dressant dans un mur de chaque côté du train. C'était comme si j'étais admis en Russie à travers les travaux d'une grande fortification de neige. La pire erreur que j'ai commise a été de ne pas emporter de provisions avec moi. J'ai remarqué au contrôle de la frontière que mon porte-manteau était le seul à ne pas être rempli de nourriture. les restaurants des grands carrefours sont excellents, étant tous sous la direction de Tartares, race possédant le génie de la cuisine, mais s'il faut attendre comme moi, plus de vingt-quatre heures dans un pays reculé. En gare, on ne trouve peut-être que du thé. Voyager en Russie est de toute façon fatigant ; les distances sont interminables, et chaque voyage doit être considéré comme une sorte de pèlerinage. En venant d' Osipoffka , nous devions partir d'ici environ dix heures. le soir pour rencontrer le train souhaité.

" Le début fut plutôt amusant, car nous étions une caravane considérable avec des enfants, des domestiques, des chevaux et des chiens. Toute la nuit, nous traversâmes la steppe, accompagnés de plusieurs cavaliers munis de torches qu'ils allumaient lorsque le chemin était mauvais.

"J'avais un endroit à l'extérieur et j'étais un peu étourdi et étourdi par le vent et la poussière lorsque nous sommes arrivés à la gare. Les voyages en train sont intéressants si vous avez le courage de ne pas aller en première classe. Les wagons sont sur le plan américain, avec une ouverture au milieu. Au lieu d'élégants bagagistes, on trouve des juifs aux longs manteaux et aux cheveux longs, à côté de soldats et d'étudiants en costumes curieux, tandis que des familles entières, voyageant ensemble, produisent l'effet d'un convoi d'émigrés. Tout le monde se déshabille en *chantant . -froid* .

"La famille vient toujours passer l'été dans ce domaine. Il se trouve dans une région bien boisée de Podolie, à quelques centaines de kilomètres plus au nord que la région dans laquelle je suis allé pour la première fois. La maison est très grande et le jardin magnifique. Il est bordé par une rivière et il y a des bateaux primitifs et un excellent lieu de baignade. Ils ont aussi une vedette à vapeur de fabrication anglaise, qui sera bientôt mise à flot.

"Le quartier est un paradis pour les Tziganes . La rivière lance des bras et des méandres interminables, et le terrain entre les deux est très accidenté et couvert de broussailles. Ici campent les Tsiganes . On les voit le soir se baigner avec leurs chevaux, et ainsi j'ai eu une occasion d'observer une chose dont Darwin a souligné l'opportunité particulière et suggestive dans son « Voyage du Beagle », à savoir un homme nu sur un cheval nu. C'est le vrai centaure ; Je suis maintenant convaincu que les Tsiganes sont la race la plus belle physiquement. En Angleterre, ce sont des mendiants abjects, mais ici plutôt plus aisés que la moyenne de la population, car ils ne sont pas plus de la moitié comme les paysans ; affamés par les règlements ecclésiastiques, et évidemment, dans un pays dans un état tel que celui où se trouve actuellement la Russie, ils ont de meilleures conditions. Il y a de nombreuses régions immenses où ils peuvent pêcher et pêcher sans être inquiétés, et le climat favorise leur mode de vie. — doublement, j'imagine, l'hiver donnant un bref compte rendu des constitutions défectueuses. Je suppose que ce sont des voleurs, mais pour l'observateur occasionnel, ils sont tout à fait admirables. Des troupes de splendides petits enfants bruns se promènent le soir en chantant ou en poussant des rires aigus. D'ailleurs, leur musique est appréciée en Russie. Plusieurs troupes reçoivent de grosses sommes d'argent pour assister à diverses festivités.

"Je me suis progressivement rendu compte que le climat de cette région est presque idéal. Le ciel est d'un bleu profond et lointain, mais la chaleur n'est jamais vraiment accablante, à cause d'une brise constante qui apporte le baume des bois. Car le paysage ne peut guère être trouvé de plus beau contraste avec la steppe du sud, qui ressemble au fond d'un pot brûlé et gratté. Elle a bien sûr un caractère propre, du fait qu'elle est généralement capable de voir jusqu'à l'horizon plat. dans toutes les directions, cela rappelle la mer , tandis qu'en été l'air chaud et frémissant qui monte du sol produit des effets atmosphériques merveilleux ; mais il y a toujours un vent desséchant et peu sain ici ; , nous sommes bien arrosés et entourés d'une forêt profonde et seigneuriale, et l'aspect de tout le pays est *riant* .

"Je n'ai pas encore beaucoup vu les *kirchliches Wesen* . Le prêtre d' Osipoffka , j'ai compris, est un homme qui doit assister à la messe aussi souvent qu'il est suffisamment sobre. Les Abaméleks ne le reçoivent pas et ne vont jamais à l'église. en tout cas, je ne pense pas que la princesse soit particulièrement *dévote* . Elle est d'origine polonaise, et sa famille ayant renoncé au catholicisme occidental, n'est jamais devenue, je suppose, aussi enthousiaste que l'orthodoxie russe.

"Parmi les enfants, le garçon est de loin le plus intéressant. La fille aînée, bien que non dépourvue de promesses de beauté, est actuellement dans un état quelque peu béant et lourd. La plus jeune est beaucoup plus petite, bien qu'un peu plus jeune que sa sœur. aussi d'une meilleure intelligence, si elle est de pire caractère. Elle rit avec un curieux *abandon* et est pleine de *câlineries* , et sont deux personnes totalement différentes lorsqu'elles sont contentes et ennuyées.

"Maître Paul n'a pas la moindre ressemblance que je puisse tracer avec l'un ou l'autre. C'est un enfant exceptionnellement rond et bien fait, avec un front bas et des cheveux comme une fourrure d'un noir mortel laissant entre eux une peau d'un blanc mort, tendant à se relever, bien que parfaitement doux, et toujours avec un mouvement vers l'arrière, comme s'il s'était tenu dernièrement face à un grand vent, des yeux bruns perçants, une couleur marron clair , un petit nez et un menton délicats et une bouche comme une cerise, composent un visage qui est aucune fausse promesse de sa vivacité de tempérament. Il passe en une centième de seconde d'un rire bouillonnant à une sorte de sérieux du Jugement dernier.

" Il agite sa petite *tête de Polichinelle* au-dessus de ses victuailles, et converse avec eux en plusieurs langues. Parfois sa mère l'interrompt et lui demande s'il sait ce qu'il dit, alors qu'il jure qu'il n'a pas parlé depuis un quart d'heure. . *Pauvre petit bijou,* elle l'appelle."

À l' automne 1889, son engagement comme tuteur prit fin et il passa l'hiver à Odessa pour étudier la langue. Il se plaça, comme d'habitude, dans des conditions où il lui était impossible de parler une autre langue ; entra dans une famille russe ; il préparait ses questions en russe lorsqu'il faisait ses courses ; et s'adressa en russe au fonctionnaire qui retarda ses papiers nécessaires jusqu'à ce qu'il ait silencieusement déposé un pot-de-vin de deux roubles , et qui lui serra ensuite chaleureusement la main. Il était plein d'histoires ; il parlait du journaliste anglais, si agressif et délibérément anglais qu'il ne voulait pas découvrir devant le portrait du tsar chez un coiffeur ; du prince Abamélek , qui parlait toujours de le faire tirer au fusil, mais ne l'a jamais fait ; de la Princesse, qui craignait que son petit Paul ne soit "trop jeune encore pour profiter de son esprit éminemment cultivé "; de la tyrannie sociale de l'orthodoxie russe, qui poussait les personnes libres-penseuses de qualité du pays à aller à l'église et à la Sainte-Cène lors de toutes les fêtes chrétiennes; et, enfin, de son manque de moyens financiers qui l'obligeait à rentrer chez lui à style humble.

En tant que libéral anglais, Johnstone était naturellement un invité bienvenu dans la société du parti réformiste ; et à son retour en Angleterre, il devait rencontrer Stepniak chez leur ami commun, York Powell, et s'inscrire parmi les Amis de la liberté russe. Mais il sympathisait davantage avec les membres du mouvement réformé qu'avec leurs objectifs. En Russie, de telles relations lui assuraient une légère surveillance de la part des fonctionnaires, et il éprouvait quelques difficultés à obtenir le passeport nécessaire pour quitter le pays ; mais ces contrariétés ne l'empêchèrent pas de soutenir qu'un gouvernement paternel était nécessaire en Russie et que ses compatriotes dans leur ensemble étaient responsables du jugement sévère qu'ils portaient à l'égard d'une civilisation simplement parce qu'elle allait à l'encontre de leurs propres idéaux politiques. Le regretté évêque Creighton est arrivé exactement à la même conclusion après sa visite en Russie pour assister au couronnement en 1896.

AGÉ de 26 ans.

Sur le chemin du retour, il passa quelques mois à Buda- Pesth , à Vienne et au Tyrol, et fit sa première visite à Bayreuth et au Théâtre de la Passion à Oberammergau.

Peu de temps après son retour en Angleterre, Johnstone accepta une maîtrise en langues modernes à l'Académie d'Édimbourg, où son frère aîné était maître classique depuis quelques années. Il s'y installa en septembre 1890 et Édimbourg fut sa résidence jusqu'à ce qu'il quitte cette ville pour Manchester, en janvier 1896. Dans l'ensemble, il y fut heureux ; car bien qu'enseigner des langues étrangères aux garçons soit une tâche plutôt ingrate, il était de temps en temps réconforté par les succès de ses élèves aux examens ailleurs, principalement ceux d'entrée à Woolwich et Sandhurst. Il pouvait même avouer, après de longues vacances d'été sur le continent, qu'« il était à nouveau complètement imprégné de l'atmosphère du vieux Sawbath gris au long visage , gardant Édimbourg ». Après tout, Johnstone, bien qu'il se considérât comme un Anglais, était, comme son nom l'indique, un Écossais du côté de son père ; sa mère avait aussi une souche de sang écossais. Alors peut-être que cette attitude calme et autonome et tout ce qu'elle impliquait lui venait du nord de la Tweed.

Vers cette époque, il fut pénétré dans le but excellent d'entraîner ses nerfs corporels. Il savait qu'il ne pourrait jamais être sensiblement musclé, ni rien de plus que nerveux, avec sa silhouette légère et sa haute tension. Mais il disait : « Nous devrions pouvoir voir un homme tomber d'un haut échafaudage sur le trottoir, juste devant nos pieds, battu, et faire tout ce qui est nécessaire sans broncher ». Ainsi, bien que lui-même le plus sensible à la douleur et à sa vue, il fraternise avec les jeunes médecins et chirurgiens qu'il rencontre, les accompagne aux opérations, surveille les pires choses, et même leur apporte son aide, qui est plus d'une fois sollicitée en raison de la douleur. à son habileté et à sa précision de manipulation. De cette façon, il surmonta toute contraction nerveuse. A Édimbourg, il réussit également à s'amuser. Il était étranger dans son adaptation à la vie de restaurant et a trouvé un café français tranquille à son goût, où il emmenait ses visiteurs. L'étrange stratification de la société d'Édimbourg en diverses aristocraties du pays, université, professions et commerce, ainsi que son large sentiment démocratique écossais, l'amusaient. Il fut cité en urgence comme interprète français au tribunal de police, et se félicita d'avoir donné satisfaction à lui-même et au magistrat, car l'affaire était un peu délicate et exigeait de la finesse d'expression. York Powell, écrivant à un ami en juin 1893, parlait de Johnstone comme

"un brave garçon, très intéressant ; un musicien condamné pour les péchés des autres (car ce n'est pas un grand pécheur) à être dominie à Edinboro', où il est consolé par un vieux Français qui sait parler et comprendre ; et ils ont , avec un ou deux autres, un petit club français. Chacun paie six pence par nuit pour les dépenses, et vous avez des rafraîchissements simples et une conversation saine.

Surtout, ses opportunités musicales étaient bonnes et variées, et il en profitait au maximum. La musique à Édimbourg a maintenu, pendant de nombreuses années, un niveau élevé. Les concerts orchestraux étaient juste derrière ceux dirigés par Hallé et Richter ; ce dernier y amène occasionnellement son propre groupe, et tous les solistes éminents y viennent de temps en temps. Il trouva de nombreux amis sympathiques et fut un invité fréquent chez Mme Sellar, la veuve du professeur d'humanité à Édimbourg, et chez le Dr Berry Hart, le célèbre chirurgien, où les amateurs de musique se réunissaient constamment ; et il était membre du « Rhyme and Reason Club », où l'on discutait de questions littéraires et artistiques.

Sa contribution la plus remarquable au Club fut un article sur la « relation entre la musique et les mots dans les chansons », qu'il lu ensuite au Manchester College of Music, et qui mérite bien un résumé ici (et quelques extraits). Cela montre à quel point son esprit travaillait constamment dans le sens de la critique musicale. Son origine était une déclaration faite dans un article sur les chansons de Tennyson, selon laquelle la poésie, si elle est de la vraie poésie, se suffit à elle-même et que l'ajout de musique , aussi belle que soit la musique en elle-même, est une intrusion et une perturbation. pour le véritable amateur de poésie.

La première partie de son article s'intéresse à un examen de la nature de la musique et de sa place parmi les arts. Il déplore ensuite le divorce entre la musique et les chansons des poètes anglais modernes, dont aucune n'est capable d'être chantée, et fait remonter cette divergence à l'époque où le puritanisme bannissait la musique des églises et des villages. Burns, ajoute-t-il, a écrit de véritables chansons ; mais il est le seul auteur de chansons depuis l'époque d'Elizabeth et digne d'être classé avec Heine. Il conclut en affirmant que la musique « n'est pas un art inférieur, une simple servante de la poésie, mais une révélation directe du principe de beauté et sur un pied d' égalité honorable avec la poésie. les poètes sont évidemment et radieusement chantables, et sont destinés à être chantés, et du vivant de leurs auteurs, ils ont été chantés. Loin donc que la plus belle poésie lyrique soit altérée par l'association avec la musique, seule la poésie mutilée de la décadence ne l'admet pas. d'une telle association, une marque infaillible d'une parole du plus haut niveau étant qu'elle s'élève à la vraie qualité chantée. Dans le passage suivant, Johnstone expose l'idéal que devrait viser le compositeur de chansons :

« Les grands compositeurs de chansons allemands, tels que Schubert, Schumann, Franz et Brahms, travaillant en profonde sympathie avec le « Volkslied », sont arrivés à une conception de la chanson infiniment plus riche, plus raffinée et plus géniale qu'on ne la trouve ailleurs. Chez Franz et Schumann, nous constatons que, dans le meilleur des cas, la musique fournit positivement une sorte de critique littéraire du texte, avec une telle précision exquise que le compositeur apprécie le texte et fournit la contrepartie musicale appropriée.

"On entend souvent dire que la musique s'associe *aux* paroles d'une chanson, et il est très curieux de trouver une métaphore si merveilleusement soignée et si parfaite utilisée par des gens qui sont loin de soupçonner sa perfection. C'est en fait précisément ce qui prend lieu lorsqu'une bonne chanson est composée - la musique est *liée* au couplet, bien que l'expression soit souvent utilisée par ceux qui pensent que la musique n'a rien d'autre à faire que d'exprimer à nouveau, avec plus de force peut-être, le sentiment exprimé par le couplet. qui pensent, en d'autres termes, que la musique est asservie et non liée à la poésie.

"Mais la musique ne se limite pas à l'expression du sentiment de certains vers ou de tout autre sentiment ou sentiment. La poésie et la musique ont chacune leur caractère indépendant et leur mesure de beauté indépendante, et cette beauté et ce caractère indépendants ne sont en aucun cas détruite par l'union. La musique a bien plus à faire que simplement exprimer à nouveau ou souligner le sentiment exprimé par le vers. Elle peut accompagner le vers, orner le vers, égayer le vers, montrer le caractère du vers dans un nouveau. légère et, à son tour, être grandement améliorée par l'association ; mais d'un autre côté, si elle est dépourvue de beauté indépendante, la musique ne peut jamais devenir belle en étant *mariée* à quelque chose.

"Il est maintenant devenu clair que, selon la vision de la musique que j'ai essayé d'expliquer, est la tâche d'un compositeur de chansons. Il a bien plus à faire que d'exprimer à nouveau par le ton le sentiment de la chanson. Il a à fournir une composition qui, en premier lieu, a de la vie et, dans le domaine de l'art, avoir de la vie, c'est avoir de la beauté ;

" Deuxièmement, il ne doit pas y avoir d'incompatibilité de tempérament avec le texte, mais doit être tel qu'il puisse être une fois pour toutes marié au texte avec des résultats heureux.

"Il va sans dire qu'un compositeur qui adopte ce point de vue, ou qui a une appréciation subconsciente des faits sur lesquels ce point de vue est basé, ne se contentera pas, s'il prend soin de son texte, des premières conneries périmées qui lui tombent sous la main. , en guise de mise en musique, il regrettera tout ce qui manque totalement de naturel et de fraîcheur.

"Il ne captera pas, comme le compositeur de ballades de salon, une cadence misérable, élimée par beaucoup d'utilité, et la trompera, faisant monter la mélodie en longues notes aiguës, chantant et criant comme s'il avait découvert l'Amérique, alors que tous il a en effet découvert, au bord de la route, une vieille chaussure qui appartenait peut-être autrefois à un prince, mais qui, après avoir été volée par le valet de chambre, avait été donnée à un mendiant, et ainsi par une succession de mendiants, dont le dernier l'a laissée par le bord de la grande route. »

L'intérêt de Johnstone pour la musique devenait de plus en plus intense. Dans les intervalles de ses études, il composa une Gavotte d'origine surannée. Il se trouvait un jour dans la boutique d'un éditeur de musique à Édimbourg, lorsqu'il aperçut sur le comptoir une gavotte qui avait remporté un prix de 5 ou 10 £ offert par l'entreprise pour la meilleure composition sous forme de gavotte qui leur était soumise. "Et c'est ta gavotte de prix ?" dit Johnstone, "Eh bien, si je ne pouvais pas composer une meilleure gavotte que celle-là dans le temps qu'il faut pour l'écrire, j'aurais une opinion *encore* pire de moi-même que je ne le fais." "Eh bien," dit le représentant de la maison, "rentre chez toi et compose ta gavotte, nous la publierons si nous la prenons et te donnerons le même argent qu'a reçu ce lauréat." Johnstone est rentré chez lui et l'a composé, et la société a tenu sa promesse.

Ses quelques compositions étaient presque toujours produites et achevées sous une soudaine pression extérieure. Livré à lui-même, son élan critique a toujours été plus fort que son élan productif ; il est devenu insatisfait et a abandonné le travail sur lequel il travaillait. Son ami, le célèbre chanteur Fritz Hedmondt, ayant obtenu de lui la promesse d'arranger une certaine chanson, laissa les choses en suspens jusqu'à ce que la date du concert soit fixée et que les programmes imprimés avec la chanson annonçaient "arrangée par M. Arthur Johnstone". Il a ensuite transmis le programme à Johnstone en lui faisant observer que, bien sûr, il fallait le faire. Et cela a été fait, en vingt-quatre heures, et c'était une belle et originale harmonisation. Il composa également plusieurs chansons qui, comme la gavotte, rencontrèrent l'approbation du professeur F. Niecks et furent les principaux sujets d'une correspondance assez régulière avec Vantyn . Dans l'une de ces lettres, il apprécie la pièce pour piano qu'il admirait le plus.

Symphoniques de Schumann, je peux seulement dire ceci : depuis longtemps , j'estime en privé que l'œuvre est, dans l'ensemble, la plus belle composition pour piano seul qui existe. Cela vous semblera sans doute exagéré, mais tel C'est mon sentiment à ce sujet. L'extraordinaire richesse de la beauté imaginative dans ces variations, je pense, est tout à fait sans précédent. Il suffit de penser à cette dernière variation avant le finale. Il n'y a rien d'autre dans la musique qui lui ressemble le moins.

Chaque été, il passait plusieurs semaines sur le continent et c'est lors d'une de ces visites qu'il fit pour la première fois la connaissance de la philosophie de Nietzsche, alors peu connue en Angleterre, mais dont on commença à parler en Écosse sous l'influence du Dr Tille. de Glasgow.

En décembre 1903, il écrit à Miss Sellar :

" L'auteur de *Schopenhauer als Erzicher* est Friedrich Nietzsche. Je suppose que vous ne serez pas plus d'accord avec ce point de vue qu'avec celui de Sudermann ; car, en fait, le point de vue des deux écrivains est pratiquement identique, mais je ne pense pas que vous On ne peut méconnaître l'originalité et la force extraordinaires et, surtout, la magnifique honnêteté de Nietzsche.

"N'avez-vous pas remarqué que la plupart des gens sérieux et bien intentionnés de nos jours se promènent avec un tableau révisé des vertus, disant "vérité" lorsqu'ils désignent un certain groupe d'illusions optimistes; disant "courage" pour être prêts à accepter et l'énergie à réitérer de telles illusions, et la persévérance à fermer les yeux sur tous les faits de la vie qui ne s'harmonisent pas avec elles.

" D'après mon expérience, les seuls de nos jours qui disent et admettent la vérité sous leur meilleur jour sont les disciples de Schopenhauer : Ibsen, Tolstoï, Zola, Sudermann, Nietzsche.

" Vous considérerez sans aucun doute cette affirmation comme étant une "équation personnelle" qui occupe une place importante. Je veux dire, vous considérerez qu'elle ne contient rien d'autre que le fait que ce sont les professeurs avec lesquels je suis d'accord. Mais je serai surpris si vous ne le faites pas. admettre l'honnêteté de Nietzsche et le caractère extraordinairement approfondi et lumineux de sa pensée."

Si Johnstone avait été mis à rude épreuve par l' école d'honneur appelée « Greats », cela aurait pu le rendre sourd à Nietzsche. En l'occurrence, sans formation philosophique, mais profondément sensible à toute voix nouvelle, articulée et audacieuse, et parfaitement à l'aise en allemand, il trouva en Nietzsche une puissance libératrice et rafraîchissante. Et puis ses expériences personnelles le disposèrent à accepter la thèse principale de la philosophie de Nietzsche selon laquelle l'humanité, grâce aux enseignements du christianisme, avait sacrifié l'avenir de la race pour se soucier trop des frères les plus faibles. En même temps , il gardait la tête haute et ne signait aucun vœu de soumission à Nietzsche. La revue de la traduction de Tille mériterait bien d'être partiellement réimprimée dans ce volume en raison de sa vive intelligence et également en tant qu'esquisse assez précoce du système nietzschien dans la presse anglaise. C'est l'un des premiers articles écrits par Johnstone pour le *Manchester Guardian* , et il nous fait regretter, imprudemment sans doute, que son esprit soit de plus en plus absorbé par la musique.

Pourtant, malgré cette absorption, il était plus profondément intéressé que jamais par la littérature et le théâtre, lorsqu'il abordait les questions et les problèmes les plus graves de la vie. Le côté purement technique et exécutif de ces arts l'attirait moins et ainsi, pour prendre un exemple, il dépassa bientôt son enthousiasme précoce pour Swinburne, se demanda « s'il y parviendrait réellement » et fut même trop sévère de répulsion. L'obscurité intentionnelle l'irritait. Mallarmé et son école, il ne chercherait pas à les comprendre. Ses soupçons étaient en effet fondés, car Mallarmé, dans sa dernière conférence sur " La Musique et les Lettres ", était parvenu à prédire un nouvel avenir pour la musique, où le son et le rythme des mots remplaceraient les sonorités plus lourdes et plus matérielles des instruments.

Browning et Meredith le rebutaient par leur style, mais ils l'attiraient par leurs sujets et leur méthode de traitement. Certaines de ses lettres sur la littérature peuvent être citées ici, car cet aspect de ses dons est peu représenté dans les revues. On verra qu'il parle moins du style et de la forme que du caractère et de la perspicacité des trois grands romanciers, Meredith, Hugo et Hardy. Il est toujours concentré, comme eux, sur un sujet particulier, « l'inhumanité de l'homme envers les femmes », qui, nous l'avons vu, l'absorbe. Meredith n'était pas largement lu à Oxford au début des années 80 par les jeunes hommes, bien qu'il y ait toujours eu un public restreint et passionné depuis 1870. À notre époque, il était rarement cité. Il était trop fort pour une tendre jeunesse ; et n'importe quel « érudit » ou adorateur de la forme pure ou arbitre des élégances pourrait prêcher sur la dureté et le surnaturel de Meredith, et souhaiter qu'il soit plus faible avec considération. Le ton de Johnstone lorsqu'à vingt-cinq ans, en 1886, il écrit à propos de Meredith est assez décisif, même si ses paroles seraient désormais considérées comme une répétition d'une évidence.

« Rhoda Fleming », écrit-il, « m'a laissé avec un étonnement accru que son auteur n'ait pas une position plus généralement reconnue . Il est le seul écrivain en prose anglais vivant avec un véritable royaume mental qui lui est propre. L'histoire évolue comme le destin... aussi inévitablement que cruellement (le sacrifice blanc !), mais il manque juste d'être dramatique. Pourquoi n'écrit-il pas une pièce, peut-être quelque chose de mieux que ce qui a été fait pendant des siècles ?

Un an plus tôt, il avait écrit : du but ostensible de l'auteur. La femme devient partenaire d'une union parfaitement pure et humaine, mais non autorisée , et même cela devient inévitable, l'élément Quaker la transforme alors en tragédie, et le point culminant est atteint par une personne qui est une. exemple assez remarquable d'une figure créée par un apôtre aux convenances douces. Il aurait bouleversé tout le projet de la Rédemption en faisant pécher le bon Jésus par le péché de haine, ce digne méthodiste, mais plutôt pharisien, cet homme de substance à la forte ossature. qui répond plus fort que quiconque - ce monstre sans nom, dont les bagarres grossières lors de la découverte de l'histoire de la femme alors qu'il était sous ses ordres en tant que gouvernante, est l'insulte en réponse à laquelle son protecteur produit le *plaidoyer* (ce qui est le but de la livre); qui, peut-être, prend sa place comme le meilleur type de fiction du personnage le plus haineux que les conditions variables de climat et de croyance aient jamais conspiré pour produire sur cette terre fleurie de Dieu - entre dûment pour sa part dans l'ensemble laver-brosse à la finition. Par le simple expédient de faire passer ses cheveux du noir au blanc, il est qualifié pour servir au tombeau paisible de l'héroïne, où il se joint à lui pour verser une larme charitable.

« Les belles touches de cette œuvre sont le sceau de sa futilité, car elles proviennent du caractère de Ruth, impossible incarnation de toutes les vertus et de toutes les grâces, sorte de mère vierge, enfin en fait sainte couronnée ; et je Je ne peux pas croire à son histoire, peut-être parce que j'étais trop jeune.

Il se peut que le souvenir de Ruth et d'autres œuvres similaires, en lisant Fantine, m'ait induit en erreur ; que la fuite du goût de haut rang et de hassock du méthodisme vers « l'âme prophétique » de Hugo. du vaste monde » aveuglé. Pourtant, quand une œuvre comme « Les Misérables », avec la prodigieuse activité de son élan dramatique, prend dans son élan l'histoire de Fantine, on peut sûrement s'attendre à quelque chose, si jamais un écrivain veut être à la hauteur. sur un tel sujet, et je ne peux que penser avec raison, « l'éternelle prêtresse de l'humanité foudroyée pour les péchés du peuple » : Fantine n'est que la pensée dramatisée .

"Essentiellement désespéré et inexorable, dépassant la limite de l'horreur permise dans l'art... Et pourtant les angoisses sans nom de la mort du martyr sont oubliées pour la bénédiction de l'ange sur sa tombe. Et n'est-ce pas avoir réalisé que cette bénédiction aurait dû été possible après une telle vie ?...

"Oui, "Les Misérables", malgré les impossibilités fortuites, quoique toujours extrêmes, apparaît dans mon esprit comme incomparablement la plus grande chose de fiction que je connaisse, et plus il y a longtemps depuis que je l'ai lu et plus je lis, plus cette impression grandit. Il me semblait que les touches de vérité dans ce « faux » ouvrage étaient tout à fait effrayantes ; comme, par exemple, cette bande de forçats secoués dans le fourgon, « leurs têtes se heurtant ». .' Il produit les effets physiques d'une présence réelle à ce qu'il décrit. Bien sûr, cela viole tous les canons possibles depuis les « Unités » jusqu'en bas, cela pourrait même devenir la base d'une nouvelle loi des multiplicités. »

Quelques années plus tard, en 1892, il écrivit ses impressions à la lecture du chef-d'œuvre de Hardy : « Je viens de terminer « Tess des D'Urberville ». Vous avez peut-être remarqué un passage dans le Vol. I. qui se déroule ainsi (chap. XVII) : « De longs hangars au toit de chaume s'étendaient autour de l'enceinte, leurs pentes incrustées de mousse vert vif et leurs avant-toits soutenus par des poteaux en bois frottés jusqu'à une douceur brillante. par les flancs d'une infinité de vaches et de veaux d'antan, *aujourd'hui passés à un oubli presque inconcevable dans sa profondeur .*

« Si un homme parle ainsi du *bétail,* que doit-il ressentir envers ses frères et sœurs humains ! Comme doit être forte en lui cette passion poétique la plus profonde, le sentiment « *carent quia vate sacro* » ! Car, sans doute, parfois dans ces paisibles campagnes place un cœur d'un tel or que celui de Tess qui bat dans l'obscurité totale le nombre de pulsations qui lui est attribué. Notre humeur a changé depuis le moment où cette émotion a été rejetée par un « Que l'ambition ne se moque pas de leur travail utile », etc., et Hardy l'a pleinement fait. "Cette fois, semble-t-il avoir dit, cette fois, pas de hachis ni de couverture. "

« Il y a des passages d'un pathos infini dans cette histoire : la rencontre « trop tard » de Tess avec Angel Clare dans l'hébergement en bord de mer, et la scène terrifiante immédiatement après, quand Angel est parti et qu'elle est laissée sangloter pour sa distraction. ; où Tess dit à Angel : 'Pourquoi n'es-tu pas resté et ne m'as-tu pas aimé quand j'avais seize ans avec mes petites sœurs et mes petits frères ?' : — la longue lettre qu'elle écrit environ un an après qu'Angel l'a quittée, et où elle pratique le les ballades qu'il avait préférées, lorsqu'il travaillait aux champs, « les larmes coulant tout le temps sur ses joues à la pensée que, peut-être, il ne viendrait finalement pas l'entendre, et les paroles idiotes des chansons résonnant d'une voix douloureuse » moquerie du cœur douloureux du chanteur. Et, plus tôt, le baptême par Tess de son propre enfant, et – peut-être le plus proche de la fontaine de larmes – ces aperçus de son innocence précoce, « la fierté de Tess ne lui permettrait pas de tourner à nouveau la tête pour savoir ce que disait son père. c'était, s'il en avait, et ainsi elle se dirigea avec tout son corps vers l'enclos où il devait y avoir une danse sur le green'... quand on sait contre quel sort va la pauvre fille. Mais n'est-ce pas tout ! juste un peu trop cruel ? Représenter une bonté, une douceur et une fidélité aussi adorables comme étant récompensées par le véritable *gibet – n'est-ce pas un peu dur, même pour la Providence, la* fin impitoyablement tragique n'est pas la seule chose, ni même la principale ? ce qui le distingue des autres histoires traitant du même genre de sujet.

"Dans Hetty de George Eliot, nous avons évidemment affaire à un tout autre personnage que celui de Tess. L'imputation de dépravation attachée au fait que Hetty, alors qu'elle était à peine plus qu'une enfant, regardait longtemps dans le verre et pensait à quel point ce serait bien d'être une dame – cela me semble une preuve extrêmement misérable du vice de caractère quelque peu grossier par lequel, malgré l'immense génie de George Eliot, sa sympathie pour les simples de cœur était, dans certains cas, gâchée ou détruite. Mais le caractère de Hetty doit être pris en compte. comme cela se révèle dans l'action et l'intention, et elle abandonne son enfant, tandis que l'âme de Tess s'éteint dans une agonie pour tenter de préserver la sienne, et, longtemps après sa mort, elle s'expose au ridicule en entretenant la tombe de son paria. Les rêves et les projets d'Hetty, encore une fois, aucune pensée pour ses parents et son peuple ni aucun espoir d'améliorer leur sort n'a lieu, tandis que Tess, au moment le plus sombre de sa *via dolorosa* - à Stonehenge, juste avant que Dieu ne l'abandonne finalement - pense à sa sœur 'Liza- Lu, et assure un protecteur pour ceux qu'elle laisse derrière elle.

"Scott n'a bien sûr aucune trace du défaut de George Eliot et traite toujours Effie Deans comme un gentleman. Par certaines touches aussi, il indique à quel point il se soucie profondément d'elle, comme cette foule de canailles et de gamins autour de la palais de justice, pour les vacances duquel Effie a failli être assassinée. Mais outre le fait que Scott n'a aucune véritable compréhension du caractère féminin, il fait de Jeanie son héroïne et n'entreprend jamais vraiment de raconter l'histoire d'Effie et de George Eliot, après s'être débarrassé d'Hetty. pressé, propose effectivement de nous intéresser aux amours de cette prédicatrice ! Il y a chez Fantine des détails peut-être plus intolérables à entendre que cette histoire de Hardy, mais l'effet général est moins fort Car en partie on se méfie de la rhétorique de Hugo, et d'ailleurs. , nous sommes séduits et consolés à la fin, même de manière déraisonnable, par son « heureusement, Dieu sait où chercher les tombes », tandis que dans « Tess », les incidents finaux arrivent avec un coup de foudre inévitable, et à la fin rien ne s'interpose entre nous et le l'ignominie hideuse, l'oubli total, la nudité totale. Mais même si sa vie est désormais perdue, peut-être que cette ignominie du gibet aurait pu être épargnée. En tout cas, il n'y a rien à dire à la fin d'une telle histoire si ce n'est…

" Fatigué de tout cela, je crie à une mort reposante,
* * * * * * * Et la vertu vierge est grossièrement défoncée ! "

Pourtant, ne trouvons pas à redire, aussi terrible soit-il, de trouver un homme qui, rejetant la tradition selon laquelle c'est le rôle des poètes d'apaiser et d'amuser leurs codétenus avec de jolies fables et des récits sur la bienfaisance du gouverneur, un homme qui rejette cette tradition presque universelle et il épouvante ses auditeurs avec le récit des trahisons malignes commises par ce gouverneur - pourtant je sympathise avec le tempérament qui fait cela, et je crois qu'il a ses racines dans un sentiment authentique et viril, le sentiment que j'ai essayé de suggérer au début.

« Hardy est un exemple fort de ce manichéisme curieux et inversé si caractéristique de notre époque – une sorte d' horreur médiévale de la grossièreté de la matière, contrebalancée par un sentiment très peu médiéval de la folie totale d'insulter et de mépriser la matière, étant donné que la tyrannie de la matière. c'est absolu.

"Il est peut-être le premier Britannique à écrire en véritable homme du peuple sur un tel sujet, c'est-à-dire à le prendre très au sérieux. Son histoire est racontée avec une telle passion que presque toute parcelle d'affectation doctrinaire ou de modèle facile est consumé et raffiné, et il a créé en Tess la figure la plus inexprimablement pathétique que je connaisse dans la littérature.

A propos de Zola, il écrit dans une lettre de juillet 1893 :

"Peut-être avez-vous lu "Le Rêve". Lui et "La Débâcle " sont les deux seuls romans plus longs de Zola qui pourraient être recommandés à une dame, et même ce dernier avec une certaine appréhension, je ne peux pas dire que je considère "Le Rêve" comme l'une des meilleures œuvres de Zola. bien sûr que le critique français qui disait : « Nous préférons Monsieur Zola à quatre pattes » n'avait pas raison. Pourtant, il y a des passages marqués par la grandeur unique de Zola. Quant à ses défauts, je préfère ne rien dire pour l'instant. sauf un — la fin me paraît absurde, *franchement mauvais et du placage littéraire* — une recrudescence de quelque chose qu'on a laissé loin derrière, quelque chose de mort qu'il aurait fallu laisser enterrer ses morts. Pourtant il y en a, je pense, vraiment. de grandes choses dans le livre."

De Marie Bashkirtseff , septembre 1891, il écrit :

" Concernant Marie Bashkirtseff , elle me semble avoir eu presque tous les dons sauf deux, à savoir l'imagination et le cœur. Surtout, une sorte d'intuition critique, qui l'empêchait de se contenter jamais de choses de second ordre. Elle était une petite fille typique. Russe, de petite taille, de teinte foncée ; de tempérament sensible, romantique, polyvalent ; contrairement aux Russes du Nord, qui sont majoritairement grands et blonds et ont un certain mépris pour la quasi-totalité de la récolte russe de chansons folkloriques et de trésors apparentés. vient du sud, des Cosaques et des petits Russes, le vrai Moscovite étant presque un oiseau sans chant, Marie devait avoir à un haut degré la grâce et la distinction incomparables de ses compatriotes, avec cette merveilleuse animation et cette « fièvre de vie » qui font la atmosphère de la société russe la plus chaleureuse et la plus brillante du monde. Quant à votre affirmation selon laquelle « certains de ses défauts, comme son amour du luxe et son désir d'être soigné à tout prix, sont de pure vanité et d'absinthe », j'y suis toujours resté. nous sommes favorables à cet élément barbare et croyons que c'est en grande partie de lui que dépend le prodigieux pouvoir formateur d'une *influence féminine libre* , chose si rare qu'elle est presque inexistante dans notre société puritaine. Je connais d'un seul coup d'œil un homme qui a déjà été sous le coup.

Se référant aux remarques de son correspondant selon lesquelles les Russes semblent considérer les questions religieuses comme des enfants intelligents, il écrit :

« Avez-vous déjà entendu parler des Soo- ré -ye- vites , secte à laquelle appartient Léon Tolstoï ?

" Soorayeff était un paysan qui ne savait ni lire ni écrire. Il avait lu à l'église : « Dieu est un Esprit, et ceux qui l'adorent doivent l'adorer en esprit et en vérité », et par pure sympathie et par son intelligence seule, il sauta à la conclusion que Jésus-Christ pensait ce qu'il a dit. Pensez à la prodigieuse fraîcheur de la nature et à la promesse qu'elle montre.

"Il y a les cinq cents sectes de Grande-Bretagne qui acceptent toutes les mêmes absurdités fondamentales, et pourtant cet homme simple, n'ayant jamais entendu parler de critique, est capable de percer le voile invisible tissé par les années et les églises sur le visage du Fils. de l'Homme, afin de comprendre que Christ voulait dire en réalité que Dieu était Esprit.

"Supposons qu'un missionnaire se rende parmi une tribu sauvage et essaie de leur enseigner ce qu'est la justice; leur dit qu'il est lui-même un fils de la justice et que la justice s'est manifestée en lui; enfin, que la justice est un esprit. Supposons qu'il revienne après une absence et j'ai trouvé des gens qui enseignaient que la Justice était composée de trois personnes et brûlaient vifs ceux qui n'acceptaient pas ce point de vue ! »

En Angleterre, sauf à Londres, Johnstone se sentait rarement chez lui ; en Ecosse, encore moins. Il aimait errer d'une ville étrangère facile et variée à une autre, où la bonne musique et les bonnes pièces de théâtre sont rapidement accessibles, et où les conventions britanniques ne sont qu'un simple chiffre dans les journaux comiques. Il appréciait ses amis d'Édimbourg, mais l'endroit lui déplaisait. Il s'asseyait sur le siège d'Arthur et détestait l'Athènes moderne qui fumait en dessous de lui. Ses curieuses vieilles couches de culture, professionnelles et académiques, moussues, pouvaient difficilement le satisfaire, et il passa rapidement de la mousse à la pierre. L'effervescence des jeunes écrivains et peintres « celtiques » semblait s'arrêter peu. Il ne s'habituait pas aux manières parfois inconsidérées des Écossais des Lowlands, et il ne pouvait pas non plus se résoudre à les rembourser régulièrement en nature. Certains des fonctionnaires avec lesquels il traitait semblaient être nés, là où ils allaient mourir, à Gath. Il ne serait guère d'accord, mais il pouvait comprendre la remarque sans réserve de son ancien associé français : « Il n'y a pas d'amour dans ce pays ». Il était probablement injuste envers Édimbourg ; mais même si ses ancêtres étaient en partie écossais, il n'était pas né écossais, comme Stevenson, et il n'a jamais vraiment vu le caractère indigène de l'intérieur. L'enseignement n'était peut-être pas la meilleure introduction. Il enseignait bien, avec le bon type de prestation et une méthode insistante. Mais il est dégoûtant pour un artiste d'enseigner quoi que ce soit contre du pain, sauf peut-être son propre métier. Le travail acharné, la tension sur les nerfs et la patience n'ont guère pu renforcer la santé de Johnstone.

En effet, partout où il vivait, il avait un côté exilé. Il a vécu dans une région qui n'est pas du tout de cette terre, où les maîtres de la musique siègent dans leur Valhalla, où les déchets durs qui constituent la majeure partie de notre vie sont éliminés, tandis que l'essence de sa douleur et de son plaisir est distillée à travers l'art. et présenté dans une pureté de forme sublime. Le saint a sa vision de la bonté personnelle, le philosophe celle de la vérité systématique, le réformateur celle d'une société nouvelle. L'artiste — car le terme doit être étendu à ceux qui perçoivent aussi bien qu'à ceux qui produisent — a sa vision idéale, dont la forme varie selon son art particulier. Il s'ensuit que la partie précieuse de la vie réelle, pour un tel tempérament, est constituée d'heures perdues d'expérience et d'intelligence vives qui, prises ensemble, donnent une certaine idée de cet autre monde. Nous avions écrit « instants » au lieu de « heures », mais le premier mot serait trompeur, avec la fausse suggestion d'une sensation passive passagère, dont Walter Pater, ou plutôt ceux qui l'interprètent mal, doivent répondre. Toute expérience, en vérité, qu'elle soit morale, sensuelle ou intellectuelle, c'est-à-dire ayant une réelle valeur, contribue au rêve de l'artiste. Johnstone posait si peu et vivait selon ce principe si naturellement et involontairement qu'on ne pouvait pas le qualifier de doctrinaire . Mais peu d'hommes conservent avec autant de soin leurs impressions vitales sur tout, les gravant patiemment dans la mémoire et écartant la vaste masse d'expériences qui ne nous disent rien. Par conséquent, Johnstone n'a jamais été tout à fait naturalisé dans aucune demeure, bien qu'il ait réussi à être sociable et festif lorsque l'occasion se présentait. Cependant, pour les raisons évoquées, il resta longtemps à Édimbourg, et l'on peut regretter qu'il n'ait pas été plus tôt libéré de l'enseignement scolaire.

En pratique, il y avait une certaine compensation pour une évasion si tardive. L'attitude de l'enseignant, celle d'un enseignant clairement dicté par la loi, est restée dans une grande partie de son travail de presse, et à son avantage. Le public dans son ensemble, même s'il ne faut pas le lui dire, est comme une grande classe d'écoliers impatients, grogneurs et à moitié ignorants. Réviser est donc un travail pédagogique. Non pas que le ton dominie soit recherché ; car c'est le pire des défauts, même dans l'enseignement scolaire ! Mais le professeur n'entraîne pas sa classe dans le secret de ses propres doutes, hésitations ou répulsions ; il donne ses résultats, il donne ce qu'il pense être la vérité. Ou bien, si l'on préfère un personnage d'une autre vocation, la critique *opère* , avec bienveillance, quoique souvent sans anesthésie . De plus, il y avait quelque chose à dire sur la spécialisation tardive des talents dominants de Johnstone. Sa nature était riche ; ses articles ont le style d'un homme qui a vécu et qui connaît son métier. Aucun jeune, aussi intelligent soit-il, n'aurait pu les réaliser. Il traite la musique comme un moyen par lequel toutes les émotions, qu'elles soient grandes et solennelles, ou légères et heureuses, ou sombres ou perverses, sont transformées, souvent de manière méconnaissable, en leurs contreparties sonores ; de sorte que les types de joie et de douleur donnés par la musique, comme ceux donnés par le grand théâtre mais dans une mesure plus rare, sont dépourvus de toute référence personnelle cinglante, tout en restant intacts dans leur force. L'auditeur se voit ainsi mystérieusement montrer, comme le dit Rossetti, le « chemin par lequel il est venu », et pourtant, pour le moment, il n'a plus rien à voir avec lui-même, sauf dans la mesure où il est l'un des mille hommes à qui la musique interprète leur expérience, largement et profondément. Donc, pour comprendre la musique, il faut avoir souffert. Johnstone avait rencontré et surmonté certaines des souffrances qu'une nature intense, même dans des conditions plus faciles que les siennes, doit absolument rencontrer sur cette terre, et doit soit céder et sombrer, soit s'en remettre et s'approprier - il n'y a pas de choix. ! Il choisit cette dernière voie, étant assez fort, et devint ainsi un meilleur critique musical.

De plus, son penchant pour la musique s'est accentué ces dernières années à Édimbourg. Ses amis comprirent clairement ce que devait être sa profession, et sa chance de l'adopter se présenta à la fin de 1895. Le critique musical du *Manchester Guardian* , M. Fremantle, mourut ; et il était difficile de trouver un successeur capable de marquer sa propre marque et de faire des jugements critiques du journal une puissance dans la capitale musicale du nord de l'Angleterre. Johnstone avait déjà écrit pour le *Manchester Guardian* des articles de toutes sortes ; une revue de la traduction de Nietzsche, dont une partie est réimprimée dans ce livre, et une notice sur Tolstoï ; ainsi que sur des questions musicales. York Powell a été le premier à recommander son ami au rédacteur en chef comme un homme de valeur et de grand talent. Une offre fut envoyée à Johnstone, qu'il pesa avec encore plus que ses délibérations habituelles. Il ressentait la rupture avec ses amis écossais et, étant un écrivain lent et peu friand de sa plume, il avait des doutes quant à sa capacité à travailler dans des conditions journalistiques. Comme le montrent même ses lettres, il composait avec soin et était un maître dans l'expression exacte ; il éprouvait donc une certaine anxiété à l'idée de devoir travailler sous la pression d'un temps limité, et cela aussi à une heure tardive. Il envoya donc, sans en aucune manière sauter sur l'offre pour échapper à l'huisserie , une réponse digne qui donnait une impression de sa qualité. Il n'était pas facile pour ses amis de le faire décider avec la précipitation nécessaire. Finalement, il accepta la proposition, à leur grand soulagement, et vint à Manchester en janvier 1896. Il y resta pour le reste de sa vie.

À Manchester, l'existence et les perspectives de Johnstone étaient considérablement modifiées. Il n'avait pas besoin d'attendre que les tâches quotidiennes soient terminées pour pouvoir se tourner vers la musique, qui lui prenait désormais des forces et du temps pour la partie de travail de l'année. Il avait bien enseigné, mais d'autres auraient pu le faire. Maintenant, pendant neuf ans, il se consacre au travail pour lequel il a été construit et que peu de gens savent faire aussi bien. Personne ne l'a certainement fait à sa manière. L'union du tempérament, du savoir, du style lui donnait un accent qui lui était propre. Son savoir et sa sensibilité ont toujours grandi et s'enrichi mutuellement. Il ne s'est pas entièrement limité à la musique, et avant de passer à celle-ci sa principale occupation, on peut noter son activité ailleurs. C'était trop espérer qu'il susciterait un grand intérêt distrayant. La musique suffit et plus pour un seul homme. Mais il a consacré du temps à la littérature. Dès son enfance, il avait une préférence rapide pour tout ce qu'il y avait de frais, de véhément et d'étrange dans le drame et la fiction modernes. Il n'était pas du tout comme le jeune professeur d'université complaisant et actuel, qui lit les derniers écrivains exotiques, mais reste inchangé. Johnstone, s'il aimait une pièce de théâtre ou une histoire, était saisi et secoué ; une sorte d'enthousiasme qui est une meilleure préface à un jugement vrai que n'importe quelle froideur accomplie et équilibrée, ou l'état d'esprit pseudo-« judiciaire ». Il n'aimait pas tellement la poésie, ni aussi sûr de lui dans sa perception, se souciant trop peu de la musique purement verbale par opposition à la musique accompagnée ou sans paroles. Nous avons cependant repris ci-dessus une partie de sa conférence sur la frontière scientifique entre les deux arts. Il trouva également le temps, une fois la presse de la saison terminée, de jouer un rôle de critique. Il a écrit avec un style imposant sur des livres sur la prestidigitation, sur le billard et sur la cuisine. Il disait que la cuisine était son vrai don. Aller dans un certain café et citer le nom de M. Johnstone, c'était s'assurer d'un service respectueux et même terrifié ; et le serveur bien entraîné faisait l'éloge d'une bouteille de sauce particulière comme étant celle que son distingué client avait utilisée. Mais il se souvenait, avec plus de plaisir que de banquets, d'avoir dormi sur des étagères avec les rebelles crétois dans les montagnes, et de partager et digérer leur poisson extrêmement séché. Il a également écrit sur des sujets importants en dehors de la musique ; les principales étaient des pièces anglaises et allemandes. Les compagnies qui voyageaient de la Patrie jusqu'à la ville germanique de l'Empire britannique et jouaient au Schiller- Anstalt jouaient souvent des pièces en dialecte réel. La familiarité de Johnstone avec l'allemand, ainsi que sa sympathie naturelle pour des écrivains comme Hauptmann (et Sudermann dans une moindre mesure), en faisaient le bon critique. Les pièces de théâtre, comme les concerts, doivent être remarquées en toute hâte, le soir même ; ou, au mieux, s'il est donné le samedi, le lendemain soir ; car tant d'expéditions sont censées stipuler le public minotaure d'un quotidien. Le travail effectué dans de telles conditions n'est pas toujours le pire sur le fond, même si seule une longue habitude peut donner le type de finition ou de vernis souhaité. La même remarque s'applique à la critique musicale ; mais la méfiance de Johnstone à son égard était inutile. Le résultat fut plus conforme aux attentes de ses amis qu'aux siennes propres. Beaucoup de ses articles ont été rédigés à grande vitesse et, comme l'a dit l'un de ses collègues, s'il lui avait été possible d'attendre jusqu'à ce qu'il se sente capable de rendre justice au sujet, la plupart d'entre eux n'auraient jamais été écrits.

Avant de passer à ses principaux travaux de journaliste, nous pouvons ici citer, à titre d'illustration, une partie de la notice qu'il a rédigée sur le *Johannisfeuer* de Sudermann. Nos réimpressions dans ce livre traitent presque entièrement de la musique et, comme nous l'avons dit, il considérait la musique comme un commentaire, à plusieurs reprises et après d'étranges distillations, sur la vie et l'expérience. Mais le drame, qui est une copie de la vie, non pas certes directe, mais soumise aux lois de l'art théâtral, le captivait aussi, surtout lorsqu'il était à la fois moderne dans la forme et simple et passionné dans le thème.

Les paysans bavarois et leurs filles sautent encore à travers les braises mourantes de leurs feux de joie à la veille de la Saint-Jean :

"Car en vérité, monsieur Parson, un vestige du paganisme remue dans le sang de nous tous. Il a persisté à travers tous les siècles depuis l'époque germanique antique, et, une fois par an, il s'enflamme avec le feu de la veille de la Saint-Jean. Cette nuit-là, les fantômes du paganisme antique sont déchaînés. Les sorcières montent sur des balais, au lieu d'être battues avec, et traversent les airs avec des rires moqueurs en direction du Blocksberg . désirs sur nos cœurs - tout ce qui est le plus frénétique et le plus totalement voué à l'inaccomplissement . Quel que soit l'ordre qui règne pour le moment dans le monde, pour que le désir d'un seul cœur se réalise et nous donne de quoi vivre. Ensuite, mille autres doivent périr, non seulement pour ceux qui sont toujours inaccessibles, mais d'autres, laissés échapper à une main qui les tenait trop négligemment. Oui, ces feux de joie qui s'allument, savez-vous ce que c'est ? les spectres des désirs de notre cœur, les oiseaux de paradis aux ailes rouges que nous aurions pu garder toute notre vie mais que nous avons laissés s'échapper, les fantômes de l'ordre ancien, du paganisme qui est en nous. Aussi satisfaits que nous puissions être à la lumière du jour et sous le règne de la loi et de l'ordre, c'est la veille de la Saint-Jean dans la nuit sacrée de la folie du solstice d'été. Je bois à vos anciens feux païens. Laissez-les flamber haut ! Personne ne trinquera-t-il avec moi ? » —(Act. iii., sc. 3.)

" Ainsi le titre « Johannisfeuer », avec son double sens, littéral et symbolique, doit être rendu en anglais, selon que l'on souhaite mettre l'accent sur le premier ou sur le second, « The Bonfires of St. John's Eve » ou « Midsummer Madness ». .' En voyant la remarquable interprétation de cette pièce, le spectateur non allemand, impressionné par l'inutilité générale du drame allemand depuis l'époque augustéenne (c'est-à-dire l'époque de Goethe et Schiller), pourrait bien se demander comment il est possible pour un écrivain allemand pour produire une telle chose – une pièce de conception simple et sans prétention, mais pleine de beauté poétique de part en part ; une pièce écrite avec une acuité caractéristique du Nord et, en même temps, avec la chaleur, l'éloquence et la vive sympathie italiennes ; les humeurs de la nature ; une pièce distinctement ibsénienne dans sa structure et en grande partie aussi dans son style, mais malgré tout son côté sombre. coloré , pas hagard et consterné, comme presque tous les produits de l'esprit démoniaque des Scandinaves. La scène se déroule dans une ferme de Prusse orientale, dans un quartier à population mixte d'Allemands, de Polonais et de Lituaniens. Le nom de la famille d'agriculteurs est Vogelreuther . Marikke, une gitane lituanienne, est une enfant adoptive dans leur maison, après avoir été recueillie avec sa mère et ramenée chez elle par M. et Mme Vogelreuther dans leur traîneau pendant l'hiver de famine de 1867. Dans la maison, elle est connue comme Heimchen (le grillon) et dans le quartier comme « l'enfant de la famine ». Dans la ferme vit un jeune homme nommé George, neveu orphelin de Vogelreuther , qui doit son éducation à la famine. Dans l'ouverture de la pièce, George a pris un bon départ dans la vie, ayant été apprenti chez un architecte à Königsberg et ayant bien réussi. Il est fiancé à Gertrude, la fille du fermier, mais quelques années auparavant, il y avait eu une histoire d'amour entre lui et Heimchen , qui l'avait repoussé à la hâte, non pas parce qu'elle ne se souciait pas de lui, mais parce qu'elle ne croyait pas en l'honnêteté de son fils. intentions. Alors qu'elle s'occupe des préparatifs du prochain mariage de sa sœur adoptive, Heimchen découvre un livre manuscrit appartenant à George et contenant des vers et un journal. Elle ne peut résister à la tentation de lire et découvre ainsi que George l'avait aimé profondément et sérieusement, malgré la différence de leur statut. La mère de Heimchen , une vieille femme folle et voleuse, hante le quartier et a été reconnue par sa fille. Heimchen a appris que sa mère est morte, mais elle le sait. Les rencontres avec la terrible vieille femme réveillent les instincts gitans d' Heimchen . George l'aime toujours dans son cœur et les circonstances rapprochent les deux. La crise survient la nuit de la Saint-Jean, après une soirée au cours de laquelle tout le quartier , éclairé par des feux de joie, est consacré au punch, à la danse et à l'excitation. Le fermier sans méfiance demande à George d'escorter Heimchen à la gare, elle ayant un train de nuit à prendre pour Königsberg. La fin est d'un style intensément ibsenesque . George, le jour même fixé pour son mariage avec Gertrude, est prêt à s'envoler avec Heimchen , mais, conscient des immenses obligations qui les lient tous deux envers la famille du fermier, il insiste pour qu'il y ait au moins une explication. Heimchen , comprenant instinctivement la différence entre l'amour d'un homme et celui d'une femme, prévoit les regrets qui résulteraient du renversement des plans de George. Elle change d'attitude et lui interdit de parler au fermier. Les incendies de Saint-Jean sont éteints. La folie du solstice d'été est terminée. C'est maintenant à elle de retourner au devoir, à l'ennui et au fardeau d'un cœur affamé. Toute sa vie, elle doit se contenter de sa nuit de bonheur la veille de la Saint-Jean. Elle se tient donc seule et regarde le départ du cortège nuptial de George et Gertrude.

"La grande scène de la pièce, dans laquelle Heimchen et George sont seuls ensemble, est gérée avec une merveilleuse mise en scène. Jusqu'au dernier moment, ils semblent adhérer à de "bonnes résolutions", mais une série d'incidents, tout à fait naturels, se produisent. pour détourner l'attention et provoquer un retard, jusqu'à ce qu'ils entendent le sifflet du train et sachent qu'il est trop tard. Les feux de joie, les boissons au punch et, par-dessus tout, le discours de George, d'où est tirée la citation en tête de ces notes. prises, ont brûlé leur sang, et Heimchen n'est pas affligée par la rencontre douloureuse avec sa mère peu recommandable plus tôt dans la journée, lorsqu'elle a été obligée de racheter des choses que sa mère avait volées. Elle se jette enfin à genoux devant George et. dit : « Du ! Küss' mich nicht ! Ich will dich küssen. » - et le rideau tombe.

Pour revenir à la date de l'arrivée de Johnstone au bureau *du Guardian* à Manchester, où il a été accueilli. Il trouva des amis parmi le personnel et les garda malgré son manque de sympathie pour certaines opinions politiques du journal. Il n'a jamais écrit sur la politique, sauf lorsqu'il a rapporté des faits sur sa mission dans la guerre gréco-turque. Mais, sans parler des personnes vivantes, il fut mis pendant quelques années en contact étroit avec l'un des journalistes les mieux équipés et les plus colériques de notre époque. William Thomas Arnold, fils de Thomas et neveu de Matthew Arnold, était l'un des deux ou trois hommes, plus âgés que lui, dans son entourage personnel, pour lesquels Johnstone avait une profonde estime à la fois en tant qu'homme et en tant que maître-artisan. . Cette considération était bien méritée. Un érudit faisant autorité dans l'histoire du début de l'Empire romain, un critique qui a jeté un éclairage original sur Keats et certains des poètes jacobéens, chez lui à Dryden, dans la littérature française du grand siècle et de l'époque romantique, à la pointe également de la critique. dans les deux pays, et un solide juge du jeu d'acteur et du drame, Arnold a pris le temps de partager les charges quotidiennes et d'aider à maintenir les normes élevées et intransigeantes d'un journal dont les nombreux ennemis n'ont jamais remis en question son courage constant et de fer au cours des dix dernières années. . Arnold se tenait souvent aux côtés de Johnstone en qualité de véritable chef de la rédaction pour la soirée. Il est odieux d'être édité, même au changement d'une virgule, sauf lorsqu'il s'agit d'erreurs de fait ou de risques de diffamation. Les contributions politiques sont une autre chose ; une ligne commune – la « vision du journal » – doit être respectée, et le sacrifice de soi dans le détail, dans de larges limites, est tout simplement nécessaire. C'est la guerre ; vous pouvez démissionner de votre commission, mais, si vous ne le faites pas, vous devez accepter les instructions. Mais en art et en lettres ! Le respect mutuel des deux hommes peut être mesuré à la liberté qui fut laissée à Johnstone et à l'esprit avec lequel lui, à juste titre le plus sensible des hommes dans de telles préoccupations et naturellement irritable, prenait occasionnellement des coups de crayon bleu . Ses autres collègues tenaient également Johnstone en estime, malgré la véhémence avec laquelle il suivait sa propre voie. Parfois, il revenait du concert comme un instrument dont les cordes frémissent encore à plein régime, et ce n'est pas l'ambiance pour un travail rapide en comité la nuit. Il pourrait y avoir de temps en temps une excellente explication qui clarifierait les choses. On voyait qu'il pensait à son sujet, et non à sa propre vanité, et qu'il était immensément, indigné et délicieusement absorbé par ce sujet. Dans l'ensemble, c'était pour lui un bon entraînement, et peu d'hommes forts, dès l'âge de trente-quatre ans, se seraient montrés, malgré des frictions occasionnelles, aussi raisonnablement adaptatifs. On peut aussi dire que peu de journaux auraient été aussi bien aux côtés d'un écrivain qui, chaque fois qu'il estimait que c'était son devoir de le faire, perturbait promptement la ruche musicale, insouciant qu'il ait l'esprit de drone ou de frelon. M. John Morley, qui devrait le savoir, a exprimé quelques doutes quant à la tendance du journalisme à élever particulièrement le caractère. Il y a des cas où le doute ne surgit pas. Lorsque le critique, pour des raisons artistiques et donc publiques, et avec un bagage de connaissances suffisant, soulève une fureur par ses condamnations, et lorsque le rédacteur en chef, qui doit penser à son journal et à sa réputation, soutient le critique, le croyant probablement raison, c'est une bonne soirée de travail. Les possibilités ainsi accordées à Johnstone en tant que journaliste par son rédacteur en chef étaient une preuve de sagacité, car il est devenu une puissance dans la communauté musicale, non seulement de Manchester mais de la région plus vaste couverte par le *Manchester Guardian* . Il ne fait aucun doute que, même s'il avait les mains aussi libres pour exprimer ses opinions que n'importe quel autre de son métier, et beaucoup plus libres que la majorité, il se lassait parfois des restrictions nécessaires de la position d'un journaliste et de leur effet asphyxiant sur l'esprit. Un éclat, expression d'une humeur profonde et récurrente, se produit dans une lettre de janvier 1902, écrite à son retour à Manchester, et décrivant une journée qu'il avait passée à Londres avec York Powell.

"Il n'y a maintenant personne dans ce quartier avec qui je puisse *converser* . Je me retrouve en permanence dans une attitude journalistique, considérant comme une chance si je peux dire deux pour cent de ce que je pense sur quoi que ce soit ; donc la rencontre avec Powell a été un oasis à la fin de quelques mois très sablonneux."

Cette plainte n'était pas portée contre le journal qu'il servait, mais contre la rareté du genre de société qu'il préférait. Pour le comprendre, il faut rappeler quelques aspects curieux de la vie à Manchester. Il avait l'habitude de venir de temps en temps dans une petite société d'amis, qui durait huit ou neuf ans, et se réunissait au cours de l'année commerciale à intervalles mensuels environ, chez les membres, pour une conversation libre. On se souvient de lui pour y avoir discuté des conceptions de l'art de Tolstoï avec son énergie et son élaboration habituelles. La logique folle et stricte du grand haineux de l'art l'avait autrefois attiré, mais avait fini par le dégoûter, et il voyait que même les célèbres romans de Tolstoï, avec leur démonstration d'équité divine, contenaient en réalité le germe de ses préjugés ultérieurs contre la science, l'art, et l'amour sexuel. Mais les occasions où il pouvait parler librement semblaient se faire plus rares. La faute en résidait sans doute en partie dans sa propre solitude radicale d'esprit, mais aussi dans les conditions environnantes.

L'immense Manchester, presque une métropole, est pleine de force, pleine d'agitation mentale autant que commerciale ; ce n'est pas le cas, non, ce n'est pas le cas ! une ville *sociale* . S'il apprend un jour à s'amuser, ce sera bien cela ; ce sera une métropole. Les raisons du défaut sont en partie physiques. Il y a un air, une pluviométrie, un climat et un aspect qui ne rendent pas bonne humeur. Les banlieues s'étendent en un cercle autour du cratère commercial, qui devient sombre et très peu festif après dix heures du soir, et que ceux qui ne peuvent pas conduire réfléchissent à deux fois avant de traverser. Il existe également un mélange non fusionné de races et de classes. Outre les Grecs et les Arméniens, qui se distinguent les uns des autres et des autres nations, il y a d'un côté les Allemands et les autres Juifs, et de l'autre les Allemands qui ne sont pas nettement juifs. Il y a les grands faiseurs d'argent du Lancashire, du terroir ; les commerçants et la vaste multitude d'employés ; les classes professionnelles, ou castes ; et les ouvriers, rudes, mais d'une éducation et d'un esprit essentiels, peut-être les plus solides de tous. Du point de vue social, nombre de ces éléments ne comptent pas. Ce sont les Allemands, les Juifs et les classes professionnelles, ainsi qu'un grand nombre d'hommes d'affaires intelligents, qui civilisent probablement Manchester, au sens le plus strict du terme. C'est une ville anglaise aussi civilisée qu'on peut en trouver en Angleterre en dehors de Londres, si l'on pèse ensemble la presse, les bibliothèques, l'université, les théâtres et la musique. Mais son penchant ne se porte guère vers la société, au sens d'un discours sonore, collectif, intellectuellement désintéressé, ou vers une gaieté plus supportable. Il y a beaucoup de restaurants, de danses et de divertissements officiels, mais cela ne suffit pas pour le salut. Le grand nombre d'agences philanthropiques, éducatives, religieuses et politiques, qui remplissent les récréations de travail pour le bien de l'humanité ou du parti, donnent à la ville le droit d'être qualifiée de grande et progressiste, mais elles ne la rendent pas précisément joyeuse. Ils inspirent le respect, et quiconque n'y a pas vécu de nombreuses années ne peut se rendre compte de leur nombre ni du caractère fatigant et positif du lieu ; la nature méridionale semble douce et vague en comparaison. Mais le libre discours des vraies capitales et leurs ressources pour des divertissements spirituels impliquent une grande classe oisive, un élément de *flâneurs* dans la population, ce qui n'est guère possible dans une grande ville du nord de l'Angleterre. Il existe un isolement personnel dans une mesure curieuse : un manque de points de ralliement pour discuter. Les atomes se repoussent et se séparent. Les hommes rentrent chez eux dans leur famille ou leur chambre et s'y arrêtent. S'ils sortent, c'est souvent pour une « réunion » sérieuse, et non pour s'amuser ; ou bien, s'ils le souhaitent, ils vont à la musique, ce qui est un plaisir un peu solitaire. Parler, pour la satisfaction de parler, est moins courant. Il y a des exceptions ; mais c'est l'impression que donne un long séjour à Manchester. Les Allemands, avec leur club, leurs chants et leur bonne humeur, ont fait de leur mieux pour leur ville d'adoption. Mais il était difficile pour un homme cosmopolite comme Arthur Johnstone, à la fois profondément attaché à l'art et à la beauté de toutes sortes, et exigeant également une sorte de vie joyeuse à l'étranger entre les intervalles de son travail, de trouver rapidement son compte dans sa nouvelle demeure, et l'opinion que nous avons rapportée ci-dessus est en grande partie la sienne.

Pendant quelque temps, il trouva donc Manchester plus admirable que rafraîchissant. Elle lui avait trouvé l'œuvre de sa vie ; il devint bientôt une force dans sa propre vocation ; il avait des amis, nouveaux et anciens, dans cet endroit ; et cela lui plaisait davantage, à mesure que le temps passait et qu'il parvenait à trouver un peu de la fête intelligente qu'il recherchait. Peu à peu, il touche plusieurs milieux bien différents, principalement sans doute celui de la musique, mais aussi d'autres, journalistiques, académiques et professionnels. À l'exception de quelques-uns, Johnstone a fait son chemin assez lentement dans la société. Il pouvait être franc, intransigeant et même explosif (même s'il n'attaquait jamais à moins qu'il ne pense qu'il y avait une provocation). Ces caractéristiques et sa ligne audacieuse de critique, tant dans la parole que dans la presse, l'ont amené à être sous-estimé par certaines personnes par ailleurs intelligentes. Il aurait pu dire, avec Saint-Simon, qu'il n'était pas « un sujet académique ». Il n'aimait pas les Dons en tant que classe ; à Oxford et ailleurs, ils le rendirent rétif, à tort bien sûr. Il n'était pas passé par leur moulin, et ils n'ont pas toujours apprécié ni vu son jeu d'esprit curieux et original. Leur prudence dans la formulation, formée par le comité, était alarmée par son emphase et ses superlatifs lourds, qui ne faisaient qu'amuser ses amis. Il y avait bien sûr parmi eux ceux qui l'aimaient bien. Dans certaines maisons, il avait, outre ses dons musicaux, un certain surnom pour être « intelligent et pointu ». Cette dernière épithète n'était qu'en partie vraie, car il se montrait simple et bon enfant dès que l'occasion se présentait. "Sa sympathie", écrit Madame de Navarro (Mlle Mary Anderson), "n'a jamais failli, et on pouvait toujours compter sur son amour sincère et son enthousiasme pour le bien, le vrai et le beau." Tous ceux qui avaient des yeux ont vu cela chez Johnstone, mais tous n'avaient pas d'yeux. Il était intéressé, absorbé, absorbé par son sujet et pensait instinctivement plus aux idées et aux objectifs qu'aux personnes, de sorte qu'il ignorait parfois les personnes et donc les insatisfait. Il disait aussi, ce qui est vrai, que des provinces, par rapport à la capitale, « le péché favori est la lâcheté ». Ceci, ainsi que tout semblant de snobisme, il les méprisait ouvertement. Il aimait avoir du pouvoir et du poids — et il avait raison de l'aimer — pour mener à bien certaines réformes musicales. Mais il renvoya immédiatement quiconque, selon ses propres termes, « peut être très bien informé, mais manifestement ne se soucie pas du tout des choses en elles-mêmes, mais simplement et uniquement pour être une personne de considération ». Ainsi, sauf en tant que critique musical, sa mesure, pour de bonnes raisons, n'était pas invariablement prise. Il connaissait ce fait et le ressentait avec une certaine acuité, mais pas du côté d'une vanité déçue. Il pensait que c'était son destin de ne pas pouvoir parler librement et de manière acceptable, sauf à un très petit nombre de personnes. Il était désolé, mais convaincu qu'il avait été construit ainsi. Le vieux sentiment de solitude d'Oxford – et Oxford laisse la lie dans la tasse pour ses enfants sensibles – ne lâche pas facilement sa victime. Le bonheur et le succès de ces dernières années devaient cependant le rendre nettement plus facile, plus doux et plus communicatif. Il était en effet en train d'entrer tout seul lorsqu'il a été abattu. Mais une expérience plus vaste et plus variée que jamais, à la fois de pensée et de voyage, allait lui être réservée au cours des huit dernières années de sa courte vie.

En avril 1897, Johnstone fit son apparition à un nouveau poste. Le différend entre la Grèce et la Turquie au sujet du traitement réservé aux chrétiens de Crète avait atteint un stade aigu et la guerre pouvait éclater à tout moment. Le *Manchester Guardian* , plus que tout autre journal anglais, avait défendu la cause grecque. Naturellement, les propriétaires souhaitaient obtenir les comptes rendus les meilleurs et les plus complets des opérations et les faire expédier avant les autres journaux. MJB Atkins a été choisi pour accompagner l'armée sur le terrain, et la connaissance de Johnstone des langues modernes et sa connaissance de l'Europe de l'Est en ont fait un collègue précieux. Il fut posté à Athènes pour recevoir les rapports du front, régler tous les détails liés à leur transmission et suivre les progrès de la guerre, travail qu'il accomplit avec beaucoup de succès. Son don des langues, qui lui valut autrefois d'être félicité en Allemagne pour « si bien parler anglais », lui permit bientôt d'acquérir une connaissance pratique du grec moderne ; il eut également la chance de trouver un gentleman grec qui, reconnaissant de l'attitude du *Manchester Guardian* , lui servit d'interprète et lui fit visiter la ville. Le même ami entretenait des relations intimes avec la famille royale et présenta Johnstone au roi et au duc de Sparte. A la fin de son séjour à Athènes, il demanda avec hésitation s'il pourrait rendre quelque récompense aux diverses bontés qu'il avait reçues, lorsque cet ami de la royauté proposa des honoraires si modestes que Johnstone fut stupéfait ; "C'était un pourboire de maître d'hôtel", a-t-il ensuite déclaré en décrivant l'incident, ajoutant qu'il n'avait jamais compris jusqu'alors ce que signifiait la véritable démocratie. Parmi ses associés se trouvait le correspondant d'un journal viennois qui, d'une manière ou d'une autre, avait suscité l'aversion et la suspicion du parti de la guerre, mais, comme le pensait Johnstone, injustement. Enfin , sa vie fut ouvertement menacée ; il n'y avait aucun espoir pour lui à moins qu'il ne parvienne à quitter le pays immédiatement, et même dans ce cas, il y avait de bonnes chances qu'il ne rejoigne jamais le navire vivant. Johnstone, en bons termes avec le parti patriotique, plaida pour sa vie et entreprit de l'éloigner ; il parcourut à vélo derrière lui les quatre milles d'Athènes au Pirée , et lorsqu'ils atteignirent le port, il éloigna la foule jusqu'à ce qu'il soit en sécurité à bord d'un paquebot autrichien Lloyd. Le voyage était passionnant, car on s'attendait à ce qu'une tentative soit faite pour tirer sur l'odieux correspondant alors qu'il se dirigeait vers le port ; certains coups de feu ont effectivement été tirés, mais sont passés à côté de la cible. Lorsque la guerre toucha à sa fin, les services de Johnstone n'étaient plus aussi nécessaires à Athènes, et il alla rejoindre M. Atkins au camp ; mais il ne vit aucun combat, car le lendemain de son arrivée, la paix fut déclarée. Son collègue retourna en Angleterre et Johnstone passa quelques semaines en Crète pour enquêter sur les atrocités qui avaient été la cause immédiate de la guerre. Il fit *le sac au dos* comme JK Huysmans en 1870, mais contrairement à lui, il le traversa avec bonne humeur et considéra les épreuves de ce genre comme une expérience utile et précieuse. Un an plus tard, en félicitant un ami quelque peu dépendant de ses habitudes pour son mariage, il écrivait : « Le problème du changement d'habitudes est sans aucun doute un de ceux qui doivent être résolus ' *ambulando* '. Les formes de déambulation les mieux adaptées à cet objectif sont de participer à une campagne, de passer du temps « avec » et de se marier ; » en admettant cependant que la dernière, bien que moins radicale, avait un effet plus permanent.

du séjour en Crète comme des meilleures vacances de sa vie. Il fut frappé par la beauté des basses terres et des collines et prédit le jour où l'île serait l'une des plus grandes stations balnéaires d'Europe. Les montagnards lui rachetèrent la race grecque moderne, que son expérience athénienne l'avait amené à mépriser totalement. Il pensait que la classe citoyenne et officielle était sournoise et mensongère, et ses épithètes étaient juvénaliennes dans leur vigueur . Les hommes des collines étaient d'une autre race, physiquement et mentalement, et il aimait partager leur vie robuste. Il est juste d'ajouter qu'il exempta le simple soldat grec sur le continent de la condamnation qu'il réservait aux officiers. Il passa un temps considérable sur l'eau, affrétant un petit bateau à vapeur pour naviguer près du siège de la guerre. Avant de rentrer chez lui, il se rendit à Constantinople, et la vue superficielle du Turc, en tout cas, lui plaisait beaucoup. Il rentra chez lui avec une santé inhabituellement bonne et portant une moustache, tombé sous le charme des préjugés orientaux contre les personnes rasées de près.

Au début de la saison musicale en octobre 1898, une tempête considérable fut soulevée à Manchester par l'action des garants des concerts Hallé, qui avaient offert le poste de chef d'orchestre au Dr Richter, au lieu de renouveler le mandat du Dr Cowen. Il incomba à Johnstone d'écrire les deux principaux articles sur le sujet qui parurent dans le *Manchester Guardian* des 4 et 17 octobre. Son résumé clair et judiciaire de l'affaire ne laissait aucune place à la remise en question du droit des garants d'agir comme ils l'avaient fait, tandis que sa connaissance particulière des immenses services rendus par le Dr Richter à l'art musical lui permettait d'écrire avec autorité sur la grande chance qui se présentait maintenant. ouvert à l'acceptation de Manchester. Bref, le point en litige était entre les considérations sentimentales et le bien de la communauté, et Johnstone se prononçait très naturellement pour ce dernier.

Notre référence à cette controverse est volontairement brève, mais son importance à l'époque était considérable. Johnstone était désormais reconnu comme un leader de l'opinion musicale à Manchester, une position et une influence qui se sont considérablement étendues dans les années qui ont suivi.

Il n'y a aucun doute quant au type de pouvoir qu'il exerçait. Il n'a pas touché à l'administration même de la musique à Manchester, au College of Music, aux concerts du Hallé ou ailleurs. Il ne conseillait donc pas directement dans le choix des programmes , des acteurs ou des chanteurs. Mais il assistait à chaque représentation de la moindre note, qu'elle soit populaire ou non, et écrivait à ce sujet de manière incisive et attentive, préférant toujours louer et interpréter, mais frappant très fort lorsqu'il jugeait impératif de le faire. Il se rendit aux expositions de prix des collégiens et les passa en revue (en omettant les noms) avec une oreille attentive et prometteuse. Il a donné des conférences, souvent très bien, lors des réunions dominicales de M. Rowley à Ancoats , ainsi qu'au History Theatre de l'Owens College. En tant que conférencier, on peut le constater, il souffrait parfois d'avoir trop de choses à dire et de ne pas réussir à les résumer parfaitement. Mais il a retenu un public d'auditeurs non professionnels avec son style tranchant et piquant ; et, à certains égards, il était heureusement un conférencier non anglais, car sa puissance de geste graphique était tout à fait remarquable. Il s'agissait cependant d'activités occasionnelles ; le travail de pressage lui prenait presque toutes ses forces. Il a fait de nombreuses critiques musicales et sa chambre était remplie de publications qu'il trouvait tout simplement inutile de critiquer . Mais les notices de chant et de jeu réels constituaient son travail principal , ainsi que les articles pionniers sur des œuvres inconnues ou imparfaitement appréciées. Ceux-ci étaient de grande valeur et contiennent certains de ses meilleurs écrits, rédigés à loisir. Quant à la qualité de ses déclarations publiées, nous ne pouvons en dire plus ; les articles que nous avons conservés pour ce livre doivent parler d'eux-mêmes. Mais, sans aucun doute, son jugement était recherché, accueilli ou craint. Il a rendu moins facile le retour des mauvais artistes. Il était généreux, préférant même un léger excès aux talents émergents et méconnus , ou aux talents lointains et exotiques qui rendaient impatiente la multitude mondaine. Il est devenu la voix digne et articulée de l'opinion musicale dans et au-delà de l'une des capitales anglaises de l'art.

Nous ne pourrions mieux illustrer le genre de pouvoir qu'exerçait Johnstone qu'en citant ce qu'écrit le chanoine Gorton concernant ses liens avec le festival musical de Morecambe :

"Notre festival est né en 1891. Dès le début, il a été organisé en dehors de tout objet pécuniaire ; il nous a apporté une musique délicieuse, au fur et à mesure que nous préparions nos propres pièces d'essai, et son objectif était essentiellement éducatif. Notre envoyé spécial du *Manchester Guardian* n'est arrivé sur scène qu'en 1899. Nous nous étions habitués aux éloges sans réserve, les juges ont épuisé les adjectifs de la langue pour décrire l'excellence du chant, les compositeurs nous ont dit qu'ils n'avaient jamais entendu leurs chants à part aussi parfaitement rendus. pensait que nous étions parfaits. Puis vint une bombe du critique (27 avril 1899). Il n'était pas en contact avec nous ni conscient de notre objectif, et il ne tenait pas non plus compte de nos limites. l'aspect compétitif ou sportif l'agaçait ; il voyait devant lui des rochers sur lesquels d'autres avaient fait naufrage. Il écrivit : « L'éventail des talents est sans doute imposant, mais une trop grande partie de la musique est d'un cachet inférieur. On oublie que la fin et le but de ces festivals sont de susciter le goût de la musique. Mais le goût pour la musique inférieure n'a pas besoin d'être encouragé. Si donc les organisateurs de ces festivals prescrivent des œuvres de second ordre pour les concours, ils détruisent tout simplement la *raison d'être* de ces concours. C'est la musique en tant qu'art – et non la musique en tant que sport ou métier – qu'il faut encourager. Il y a un risque que de tels concerts dégénèrent en une vulgaire chasse au pot, et on aimerait que tout soit fait, tant en ce qui concerne la musique prescrite que le déroulement du festival lui-même, pour se prémunir contre ce danger. Je ne prétends pas connaître grand-chose en musique, mais je reconnais le bon anglais quand je le vois. J'ai vu que « notre envoyé spécial » était un maître dans son métier. J'ai immédiatement répondu dans le *Manchester Guardian* en rejetant son interprétation de nos motifs, et plus encore des motifs qui ont amené les chœurs à notre Festival. J'ai dit qu'« aucun châtiment n'était joyeux » et j'ai exhorté le critique à faire preuve de patience, que nous marchions alors et qu'un jour nous courrions, et j'ai exprimé l'espoir qu'il pourrait être là pour voir. Je l'ai ensuite rendu visite au Reform Club, et cela a commencé une amitié dont je garderai toujours le souvenir comme une question de fierté. Il devient désormais pour nous « le critique ». Non seulement nous attendions son arrivée, mais dans le choix de la musique, M. Howson (le chef de chœur) a même appliqué un test supplémentaire : « Cela mettra à l'épreuve le chœur, mais satisfera-t-il également le goût de M. Arthur Johnstone ? Le chœur était toujours conscient de sa présence. Les juges étaient dans la loge pour remettre leurs prix, mais « M. Johnstone est dans le grand cercle, qu'en pense-t-il ? Je l'ai entendu une fois faire appel à sa femme ; « Ne suis-je pas toujours ouvert à la conviction ? Avec son premier article en vue, et sachant ce qu'il a fait par la suite pour nous, je ne pouvais qu'admettre qu'il a fait valoir ses prétentions, car il est devenu le plus fidèle défenseur de notre festival musical de Morecambe - « un mouvement », a-t-il écrit. en 1903, « c'est l'une des choses les plus authentiques et les plus pleines d'espoir dans l'Angleterre musicale d'aujourd'hui ». Il se plaignit encore que « peu ou rien n'ait été fait par les professeurs de musique de Manchester pour encourager le renouveau musical qui se produisait depuis de nombreuses années dans le nord de l'Angleterre, et plus particulièrement dans le Lancashire ». Plus tard, il écrivit un article remarquable en réponse aux critiques de M. J. Spencer Curwen. M. Curwen s'est demandé si nos festivals aidaient la musique chorale à long terme et il nous a réconfortés en disant que « nous entrions sur une voie dangereuse ». Plus vous aurez de succès, plus vous vous rapprocherez de l'état de choses qui existe au Pays de Galles. A cet avertissement tardif, M. Johnstone répondit (5 octobre 1903) : « Les maux particuliers énumérés par M. Spencer Curwen comme étant favorisés par les compétitions ont été observés il y a de nombreuses années par ceux qui organisent des réunions dans le nord du Lancashire. En effet, on peut dire que l'observation de ces maux a été le point de départ dans le Lancashire, et on est donc un peu fatigués de ces rigueurs sur les chœurs levés pour apprendre certains morceaux, se dispersant aussitôt après ; sur les performances fragmentaires et le reste des choses noires sur la liste de M. Curwen. Il est évident que M. Curwen ignore totalement les meilleurs chœurs du Lancashire formés par l'influence de la concurrence dans leur propre quartier . Ces chœurs ont un principe de cohésion aussi fort que n'importe quel autre au monde. Leur répertoire est extrêmement large. Leurs organisateurs font preuve d'une immense entreprise en exhumant les trésors des anciens auteurs de madrigaux anglais et italiens et des meilleurs auteurs de chants à partitions modernes. Que M. Curwen aille à Morecambe au printemps prochain ; ses idées au sujet du concours musical seront assez profondément révolutionnées . Oui, M. Johnstone était ouvert à la conviction, ne cherchait rien de moins que la vérité, se donnait des peines infinies pour l'obtenir... *O si sic omnes* . Mais nous lui sommes redevables non seulement parce qu'il était un critique soucieux de discerner le bien, ni simplement parce qu'il s'est montré un champion intrépide. Il est devenu un ami toujours prêt à discuter des méthodes de développement et à mettre ses connaissances exactes et étendues à notre disposition, et après que nous ayons formé nos plans, ce fut un grand gain pour M. Howson et moi-même de tester leur sagesse par son opinion. Il parlait fréquemment de la capacité de direction d'orchestre que le festival avait révélée et s'insurgeait contre le star system, que ce soit parmi les chanteurs, les instrumentistes ou les chefs d'orchestre - et parmi ces derniers, il avait en tête plusieurs sur lesquels il soutenait que nous devions compter. Il ne m'appartient pas de parler de lui comme d'un ami, d'un charmant compagnon, d'un gentleman courtois, que j'ai épousé et que, hélas ! Je l'ai enterré dans la fleur de l'âge. »

Johnstone a pris la position qu'il avait ainsi prise avec un sérieux croissant et a travaillé plus dur que jamais pendant la saison musicale de Manchester. L'été, il partait à l'étranger, mais pas entièrement pour se reposer. Il élargit considérablement ses connaissances, ainsi que sa réputation musicale et celle de son journal, par ses visites aux festivals de Bayreuth, d'Oberammergau, de Düsseldorf et de Vienne. Contraints de choisir, nous n'avons guère pu, dans ces limites, citer les contributions qu'il nous a envoyées. Le dernier de ses voyages à l'étranger ne ressemblait pas à tous les autres, qu'il avait entrepris seul. Les paroles citées plus haut dans la lettre de janvier 1902 n'étaient plus vraies, même si la compagnie souhaitée arrivait tardivement. Une vie solitaire dans des logements et l'absence de liens familiaux avec quelqu'un de sa nature affectueuse et ménagère (qui se cachait derrière ses habitudes de gitan) ne pouvaient être compensées même par une multitude d'amis ; mais des jours meilleurs nous attendaient. En juin 1902, il se fiança à Miss Lucy Morris, une dame de Manchester qui avait remporté une distinction considérable à Cambridge ; et désormais les intérêts les plus humains donnèrent une nouvelle inspiration à sa vie et à son œuvre.

Leur mariage eut lieu deux ans plus tard, le 28 juin 1904, tranquillement à Morecambe. L'ami des deux, le chanoine Gorton, les épousa, et un autre ami, M. Howson, se chargea de la partie musicale de la cérémonie, qui fut interprétée par la Morecambe Madrigal Society et la chorale de l'église. Il n'y a jamais eu de mariage avec une meilleure musique, et pour une fois, la description éculée, « le service était entièrement choral », aurait pu être utilisée avec un véritable sens. La lune de miel s'est déroulée à Riffel Alp : les voyageurs ont ensuite assisté au festival de Bayreuth et sont retournés à Manchester fin août, où ils sont allés vivre à Tarnhelm (du nom du casque magique du "Ring") dans le parc Victoria. Il restait encore quelques mois de bonheur à Johnstone. Le jeudi 8 décembre, il tomba gravement malade, mais malgré des douleurs considérables, il assista à un concert le soir et rédigea un avis sur la représentation. Le lendemain matin, son état s'est aggravé et samedi, il a été opéré de l'appendicite. Mais le soulagement est arrivé trop tard et le vendredi 16 décembre, ses souffrances ont pris fin. Il venait d'achever sa quarante-troisième année : il était dans la plénitude de ses facultés intellectuelles et était entré dans la période la plus heureuse et la plus utile de sa vie.

Cette fin cruelle et soudaine de la carrière de Johnstone, à un moment où il avait des raisons de se réconcilier avec la vie et de pardonner les circonstances, où il était plus large dans ses sympathies critiques et plus parfaitement maître de ses moyens d'expression que jamais auparavant, et où son L'influence du public était forte et remuait la société musicale du nord-ouest de l'Angleterre. Le Nord et le Sud sont deux nations différentes, des voisins qui s'ignorent souvent soigneusement et se méprennent. Cela semble être particulièrement le cas dans la critique musicale. La presse londonienne en dit beaucoup trop peu. Mais le mot « provincial » ne s'applique pas aux énergies musicales de Manchester. C'est comme l'une des grandes villes allemandes, Munich ou Francfort, étant totalement indépendante de la capitale, dont elle n'est pas une colonie. La marque laissée par Johnstone dans cette région était attestée dans une mesure qu'il n'aurait jamais pu prévoir. Le *Manchester Guardian* , en plus de donner une notice nécrologique honorable à son critique, a reçu beaucoup plus de lettres en son honneur , exprimant son chagrin face à sa mort prématurée et son admiration pour son personnage, qu'il n'a trouvé d'espace pour les imprimer, bien que les plus marquantes d'entre elles aient rempli ses colonnes. . Ils ont été rédigés en toute connaissance de cause, non pas par des profanes, mais par des personnes avec lesquelles Johnstone avait travaillé et traité fidèlement, parfois avec rigueur. La remarque du chanoine Gorton : « J'ai commencé mon amitié par une querelle » pourrait trouver un écho plus d'une fois. La poussée littéraire nette et dure de Johnstone, ou *son coup de poing*, exempt de violence bruyante et martelante, était une introduction assez fréquente à sa connaissance. Il a été donné avec un testament, mais dans un esprit minutieux et à des tiers de manière amusante et impersonnelle. L'ensemble des lettres donne une idée claire de l'opinion professionnelle intelligente le concernant ; de son honnêteté, de sa catholicité et de ses connaissances. Il avait été partout, il comptait, et quand il était parti, il nous manquait.

L'un des frères de Johnstone dans le métier, M. Ernest Newman, après avoir évoqué une dispute qui avait conduit à leur amitié, parla de lui comme « du meilleur et du plus fort Anglais de notre temps dans cette branche ». Le Dr Adolph Brodsky, après avoir loué en particulier les récits de Johnstone sur ses performances au piano, a souligné ses services pour briser les préjugés populaires en Angleterre contre Bach. D'autres ont écrit sur son érudition musicale et son «désir louable d'empêcher quoi que ce soit sous forme de charlatanisme de trouver sa place dans les assemblées musicales de Manchester». Le chanoine Gorton, qui, comme nous l'avons cité ci-dessus, a écrit avec gratitude pour la forte stimulation donnée par Johnstone aux efforts locaux qui évitent à la musique d'être indûment centralisée dans les grandes villes, et ses remarques pertinentes sur la rareté et la valeur des grands critiques musicaux affirment citation, car ils font ressortir le sentiment public de perte suite à la mort de Johnstone.

"Il avait une haute opinion de sa fonction et ferait un sacrifice de lui-même plutôt qu'un sacrifice de la vérité. Il est difficile de calculer l'étendue de votre perte. Les musiciens succèdent aux musiciens ; ils peuvent encore parler, étant morts. Mais les paroles du critique sont éphémères ; ils restent dans les archives des journaux. Pour les musiciens, il y a des écoles ; mais quelle école y a-t-il pour les critiques, des hommes avec un large horizon, une culture générale, des hommes libres de faction musicale ? idéaux, avec une maîtrise de la langue anglaise, du courage et du véritable instinct. Un tel homme, je suppose, était M. Arthur Johnstone. Qui remplira sa place ?

Sur cet exposé précis du cas, nous ne pouvions pas essayer d'améliorer. Nous ne pouvons qu'ajouter quelques mots sur la nature de l'homme en dehors de sa profession. Dans une évaluation du caractère de Johnstone, la première place doit être attribuée à son amour de la vérité en toutes choses ; cette vertu était la pierre de touche qu'il appliquait à ses amis et à tout travail artistique. M. Vantyn cite volontiers, comme devise la plus appropriée pour lui, les paroles de Locke : « Aimer la vérité pour l'amour de la vérité est la partie principale de la perfection humaine dans ce monde et le germe de toutes les autres vertus », ajoutant en guise de commentaire , "En tout, dans tous les rapports sexuels, en toutes occasions, en toutes circonstances, que ce soit dans le plaisir, dans le travail, dans les rapports sérieux, il était un gentleman au sens le plus strict du terme." Ensuite, nous pouvons placer sa merveilleuse sympathie avec les opprimés de toutes les classes. Même là où il y avait beaucoup de choses qui excitaient sa colère chez le pécheur, comme dans le cas d'Oscar Wilde, il était indigné du traitement impitoyable qu'il avait reçu et plaidait pour une punition mineure. Là où sa sympathie pouvait s'exprimer librement , il était tendre à l'extrême, il prenait une peine personnelle infinie et donnait tout ce que ses modestes moyens lui permettaient. Il aimait les animaux, il n'aimait pas l'idée de les tuer dans le cadre du « sport » et était heureux que la plupart de ses amis intimes partagent son point de vue. Mais il n'était pas déraisonnable sur ce point ; et, pour répondre à la vraie question test, il n'était pas absolument opposé à la vivisection dans des conditions strictes. Malgré tous ses premiers discours sur la « joie de vivre », il était plus soucieux de la garantir aux autres qu'à lui-même. Il était tolérant sous son armure et réprimandait la sévérité inutile en disant : « Eh bien, eh bien, il y a quelque chose qui ne va pas chez presque tout le monde ; » mais il n'a pas étendu cette indulgence aux cruels et aux pédants. Sa rébellion juvénile, son esprit d'éloignement et sa remise en question de la société n'ont pas tous disparu, mais ont été repris et transformés en un tempérament plus flexible ; car ils n'avaient jamais été la simple plante du nihilisme et de la vanité qu'une nature égoïste cultive dans son jardin privé et stérile. Certains de ses amis appréciaient avant tout son absence totale de petite curiosité, qu'il détestait plus que tout chez les autres. Il était plongé dans son travail ou dans les petits préparatifs de la journée, et ne se préoccupait pas beaucoup des affaires de ses amis. Mais quand quelque chose se passait, il surgissait aussitôt. Lorsqu'un de ses anciens compagnons était en suspens à cause d'une maladie à la maison et ne pouvait pourtant rien faire d'autre qu'attendre, Johnstone planifiait pour lui et dirigeait personnellement une série complexe de distractions et d'amusements étalant environ quatre heures - chose pas facile à faire à Manchester. chacun d'eux semblant improvisé au fur et à mesure. Les ennuis passés, il retomba dans ses pensées et poursuivit son chemin. Il y a eu de nombreux incidents de ce type. Un personnage pittoresque et noble de ce genre, avec ses traits surannés, réclame ainsi beaucoup de témoignages, d'autant plus que la réticence le rendait moins facile à découvrir. Pour le public, le journaliste n'est qu'une simple main et une plume spectrales, écrivant à la lueur d'une lampe, sans visage ni forme derrière, comme nous en entendons parler dans une certaine catégorie de vieilles histoires de fantômes. Johnstone était devenu bien plus que cela pour nombre de ses lecteurs. Mais ils ne pouvaient pas le connaître en tant qu'homme. Il est donc bon de supprimer une grande partie de sa vie privée, dans la mesure où cela peut leur permettre de le faire en partie. Il parcourait le monde en méprisant ses valeurs communes, évaluant par lui-même, observant avec un certain isolement et préférant toujours (s'il devait choisir) la liberté au bonheur, et l'orgueil légitime à l'avantage évident. Mais il n'en était que plus humain.

Nous pouvons ici dire quelque chose de son jeu de piano. Johnstone, bien entendu, n'a jamais prétendu être plus qu'un amateur. Il savait bien que la différence de compétences exécutives entre le professionnel et le meilleur amateur est presque aussi grande en musique qu'au billard ; et cela, pour paraphraser le dicton de Matthew Arnold : « La technique représente les trois quarts de la performance musicale ». Quant au quart restant, son jeu était d'un très haut niveau. Même à l'époque où il était étudiant, le charme de son rendu était considérable, toujours soigneusement pensé et individuel. S'il n'avait jamais entendu une pièce jouée, sa perspicacité était remarquable, éclairant instinctivement ce que l'on considérait comme la meilleure façon de la jouer. Son toucher était très délicat ; il n'a jamais forcé le son d'un piano et a toujours évité tout ce qu'on pourrait appeler un coup dur. Il préférait jouer quelque chose dans le style d'une barcarolle Rubinstein, où la musique devait parler à travers un voile sonore. Mais sa force réside vraiment dans son sens du rythme, un don rare même parmi les grands pianistes. Quel que soit le morceau qu'il essayait, il le prenait au bon rythme, même si parfois une note pouvait manquer ou un passage brouillé, plutôt que d'en donner une fausse idée en jouant trop lentement ; ce qui était totalement au-dessus de ses forces, il le laissa tranquille. A son retour du Conservatoire de Cologne, son exécution actuelle était à son meilleur, les doigts forts et souples ; et, étant au sommet de sa santé physique, son jeu était plein d'une vitalité presque exubérante. Une circulation faible était toujours une épreuve, et il avait l'habitude de se réchauffer les doigts devant un feu, lorsque cela était possible, avant de s'asseoir au piano. C'était peut-être un petit talent, mais singulièrement délicat et cultivé, dont notre mémoire de vingt-cinq ans est profondément reconnaissante.

On pourrait s'attendre à ce que les qualités qu'il recherchait dans son jeu soient celles qui l'attiraient le plus chez les grands pianistes de son époque. Bien sûr, il admirait à leur juste valeur ces joueurs transcendants, Rubinstein, Sophie Menter, Paderewski, Rosenthal ; mais il y a aussi des artistes tout aussi inaccessibles dans leur délicatesse, comme Pachmann, Godowsky, Reisenauer, Siloti , et c'est d'eux qu'il reçut le plus grand plaisir personnel.

En tant que critique, son premier objectif était d'expliquer les qualités et la portée de la musique (selon les mots de Pater, « de désengager sa vertu ») ; pour montrer, s'il s'agit d'un classique, pourquoi il a atteint sa position, s'il est moderne, pourquoi il devrait retenir une attention sérieuse. Il n'a jamais assumé de trop grandes connaissances musicales de la part de ses lecteurs, évitant l'utilisation d'expressions techniques, et encore plus de phrases stéréotypées. Il pouvait réprimander sans ménagement le mauvais travail et les performances négligées, mais il n'écrivait jamais durement lorsqu'il reconnaissait un effort véritable, et il était très généreux dans ses éloges des jeunes interprètes et assistait souvent à des concerts mineurs pour encourager les artistes émergents. Son style était clair et précis, avec un ton plutôt explicatif ; coloré lorsque l'occasion l'exigeait, et parfois enrichi d'allusions à d'autres arts. Ainsi, les entrelacs élaborés de l'architecture gothique exposés dans la cathédrale de Strasbourg (une figure préférée) sont utilisés pour illustrer Bach et contrastent avec le classicisme formel des compositeurs antérieurs et le style palladien de Haendel ; Le « Rêve de Gerontius » d'Elgar est comparé à certains « joyaux » *ciboire* du Moyen Âge ;" le jeu de passages d'arabesques par un pianiste lui rappelle "l'arrogance et la déraison coûteuse de la haute joaillerie ". Son discernement de toute nouvelle œuvre de valeur permanente était rapide et infaillible ; nous pouvons par exemple sa première estimation d'Elgar et en effet, Strauss (car sa position était alors incertaine) comme ayant été en avance sur l'opinion musicale générale, bien que incontesté à l'heure actuelle, la Symphonie pathétique de Tchaïkovski était ici une découverte plus évidente, il montrait plutôt sa puissance critique en apaisant l'enthousiasme populaire ; (à laquelle il avait d'abord contribué à la création) pour cette œuvre alors que le public semblait avoir perdu tout sens des proportions, en rappelant à ses lecteurs qu'après tout « Tchaïkovski et Dvoràk sont des barbares inspirés et ne doivent pas être mis sur le même plan que Beethoven ». et Schumann." Il convient également de mentionner son appréciation de Liszt, dont les services rendus à la musique sont trop souvent ignorés - le créateur de la technique moderne du pianoforte, le compositeur brillant et original et l'ami généreux de Wagner.

Dans le choix des articles qui composent ce volume, les éditeurs ont accordé une importance particulière à ceux sur les œuvres de Sir Edward Elgar et de Herr Richard Strauss, les deux compositeurs de notre temps qui, selon Johnstone, auraient la plus grande part dans influencer la cause du développement musical. De nombreux articles ont été écrits sur la première production d'œuvres importantes et, dans le cas d'Elgar, d'autres impressions sont données sur des interprétations ultérieures de la même œuvre. Celles sur les grands maîtres reconnus, si elles ne peuvent apporter beaucoup plus à notre fonds de connaissances actuelles, sont intéressantes comme confessions d'une solide foi musicale. Il est également vrai que la somme d'énergie potentielle dans les œuvres de ces grands maîtres est infinie ; en ce sens, qu'ils font jaillir un nouvel éclair de tout esprit frais et inquiet. Ils peuvent engendrer des générations de critiques, chacun ayant autre chose à dire. Une telle critique n'est pas un simple processus d'absorption ou passif ;

c'est une recréation : elle met en termes nouveaux, par l'art des mots, certaines des impressions construites par le son sans langage ; ou bien il raconte à ceux qui ont ressenti la même chose ce qu'ils ne savaient pas clairement ou ne se souvenaient pas de ce qu'ils avaient ressenti. Le pouvoir d'expliquer la musique est plus rare que la compétence de juger des livres. On peut penser que parmi les Anglais de notre génération, Arthur Johnstone avait une part aussi grande que n'importe quel autre de ce génie recréateur.

CHAPITRE PREMIER.

——

BACH.

Le génie de Bach.

27 novembre 1901.

Dans l'esprit de ceux qui ont particulièrement à cœur le bien-être et le progrès de l'art musical dans ce pays, rien à l'heure actuelle ne semble plus grand que la musique religieuse de Bach. Accepter l'indifférence généralisée du public à l'égard de cette musique nous semble impossible. Si Shakespeare n'est qu'un ennuyeux, il semble y avoir une fin à la littérature imaginative ; et de même, en musique, toute personne que Bach ne parvient absolument pas à intéresser ferait mieux d'abandonner toute prétention à être musicienne. Car Bach ne fait pas partie des compositeurs, comme Berlioz, Liszt, Tchaïkovsky , Dvoràk ou Richard Strauss, qu'il est permis d'aimer ou de ne pas aimer. Bach est la Bible musicale, le fondement de la foi. D'un point de vue historique, Bach et Haendel sont tous deux des artistes de la Réforme et de la Renaissance. Mais si l'on s'intéresse à leurs personnalités musicales essentielles, on découvre entre les deux grands compositeurs du XVIIIe siècle une certaine différence assez large, que l'on peut assez bien suggérer en qualifiant Bach d'artiste gothique et Haendel d'artiste de la Renaissance. La « Passion selon saint Matthieu » de Bach contraste avec le « Messie » de Haendel dans le même type de contraste que la cathédrale de Strasbourg présente avec la basilique Saint-Pierre de Rome. D'un autre côté, au cours de son évolution, la musique a été très différente de l'architecture et des arts graphiques et plastiques, et la musique moderne doit cent fois plus à Bach qu'à Haendel. Bach représente de loin la plus grande influence stimulante qui ait jamais existé dans le monde musical. Son industrie prodigieuse, aboutissant à un ensemble d'œuvres de premier ordre qui peut être compté parmi les plus grandes merveilles du monde (il n'est pas possible à un moderne de tout savoir) ; son union impressionnante d'un très grand talent et d'un très grand caractère ; la plénitude de sa nature humaine et la pureté absolue de sa vie et de son art — ces éléments s'unissent pour faire de la personnalité de Bach quelque chose de vraiment auguste, quelque chose qui donne un apaisement à l'esprit critique et de recherche de fautes ordinaire. En parcourant l'immense bibliothèque de ses œuvres rassemblées et en connaissant les gloires que contiennent quelques-unes d'entre elles, on est forcé de dire : « Il y avait des géants sur la terre en ce temps-là ». Pourtant, « géant » n'est pas vraiment le mot. Car la vivacité et la robustesse étonnantes de cet homme étaient tout à fait secondaires dans la composition de son caractère par rapport à cette qualité en vertu de laquelle il a travaillé tout au long de sa longue vie comme s'il avait la conscience perpétuelle de quelque chose de plus élevé que le jugement humain ordinaire ; sans attendre une pleine appréciation, qui ne survint qu'environ un siècle après sa mort (un peu comme dans le cas de Shakespeare), mais en réalisant parfaitement le grand idéal éthique de Marc Aurèle : l'homme bon produisant de bonnes œuvres, tout comme la vigne produit des raisins . Il n'y a pas de plus grand éloge à faire à Haendel que de dire que dans ses meilleurs moments, il est presque digne de Bach, comme par exemple dans la partie chorale « Le Seigneur a déposé sur lui l'iniquité de nous tous » ou dans le teneur du récitatif "Il cherchait quelqu'un pour avoir pitié de lui, mais il n'y avait personne ; il n'en trouva pas non plus pour le réconforter."

La Messe en si mineur de Bach.

29 novembre 1901.

la direction irrésistible du Dr Richter, la tâche la plus ardue jamais entreprise par le Chœur Hallé a été menée à bien hier et a connu un brillant succès. La grande Messe de Bach illustre sa tendance à jeter dans le chœur toute l'éloquence plus lourde d'une composition sacrée, un solo ou un duo étant traité comme un intermède délicat, un *obligé fleuri* pour violon, hautbois ou « corno di caccia » - le nom du XVIIIe siècle . pour le cor d'orchestre ordinaire - étant entrelacé avec la ligne mélodique à la manière des entrelacs gothiques. La messe est divisée en six divisions principales : le Kyrie, avec trois sous-sections ; le Gloria et le Credo, chacun en huit ; le Sanctus, Benedictus et Agnus Dei, chacun en deux sous-sections. Les deux chœurs du Kyrie – le premier une supplication lamentable, le second une contrepartie mystique lavée de la passion terrestre – suffisaient à montrer que le chœur maîtrisait parfaitement leurs parties, toutes les harmonies chromatiques difficiles et complexes ressortaient avec une clarté et une justesse admirables. Le premier chœur du Gloria, avec son joyeux mouvement *vivace* , s'inscrit dans un style beaucoup plus généralement « compris du peuple ». Ici, le chœur était sur un terrain tout à fait solide. La sonnerie des voix était magnifique et le contraste superbement efficace des mots « Et in terra pax » était parfaitement rendu. La première fois où nous avons remarqué un défaut grave dans le chant choral, c'est dans l'éclat de mélodie jubilatoire du début de "Et resurrexit ". Le choc n'a été que momentané et était sans aucun doute le résultat d'une attaque trop véhémente. Il ne fait guère de doute que le chœur le plus merveilleux de toute l'œuvre est le Sanctus, qui exprime en harmonie à six voix le ravissement mystique d'êtres célestes libérés de tout souci, douleur et conflit. L'effet de ces groupes persistants de trois croches dans leur mouvement similaire en guirlande ne ressemble à rien d'autre dans ce monde. Ils créent une harmonie d'une richesse inégalée, remplissant l'oreille d'un festin de sons ravissants. Le contraste avec des refrains tels que « Hallelujah » et « Worthy is the Lamb » de Haendel est extrêmement frappant. Haendel a toujours été du côté de l'Église militante. Il était toujours acharné, affirmant sa foi avec une note de triomphe sur ses ennemis. Une rose du paradis telle que ce Sanctus de Bach est bien loin de tout ce que Haendel pouvait faire. Cependant, pour un chœur terrestre, dont les poumons et les cordes vocales sont sujets à la lassitude, tout ce travail de passages infiniment orné et élaboré est très éprouvant, malgré la suavité absolue de l'expression musicale, et dans le "Hosanna" qui a suivi, il y avait des signes occasionnels de épuisement. Mais le chœur reprit son souffle au cours des deux solos qui se succédèrent et exécuta magnifiquement le "Dona nobis pacem " final.

«Passion selon Saint Matthieu».

25 janvier 1900.

Il est possible de considérer la « Passion selon Saint Matthieu » de Sébastien Bach comme la plus grande œuvre d'art musical sacré existant, et donc comme plus grande que le « Messie » de Haendel ; tout en acquiesçant pleinement à la plus grande popularité du « Messie ». Haendel était un artiste puissant et un homme des plus nobles ; mais c'était un homme du monde et un compositeur de cour, et sa religion, bien que parfaitement authentique, avait un caractère extérieur et officiel. Bach était lui aussi un grand artiste, mais il n'était pas un homme du monde. C'était un homme pieux et pieux, un homme du peuple, et sa religion était intérieure et personnelle. Encore une fois, Haendel était cosmopolite, alors que Bach était entièrement allemand. Non pas que Bach manquait de connaissances sur la musique italienne et étrangère. Il était une encyclopédie parfaitement complète des connaissances musicales qui existaient à son époque. Mais la base de son caractère était trop simple, simple et loyale pour être modifiée par une influence étrangère. Ainsi, tandis que Haendel est devenu musicalement italien, Bach est resté profondément allemand. Toutes ces circonstances suggèrent les raisons de la popularité bien plus grande de la musique de Haendel par rapport à celle de Bach. Le grand public aime le contour clair et précis, la simplicité structurelle qu'il retrouve dans le style italien et quasi-antique de Haendel, alors qu'il est déconcerté par la subtilité, la complexité, le jeu imaginatif varié et le rejet des formes figées. qu'ils trouvent chez Bach. Il ne faut pas oublier que l'homme moyen du monde détermine dans une large mesure le ton du grand public ; on peut être reconnaissant qu'il existe une œuvre d'art musical sacré aussi splendide que "Messie", qui soit dans une large mesure intelligible pour l'homme moyen du monde, et on peut être convaincu que, pour le moment en tout cas, le Le « Messie » devrait être joué souvent, la musique de la Passion rarement.

d'efforts chrétiens culmine dans la musique de la « Passion selon Saint Matthieu ». Le service du Vendredi Saint, ou mystère, de la Passion remonte à l'époque médiévale . Les décors musicaux sont assez innombrables. Ils se répartissent en trois groupes principaux, selon le style. Les plus anciens se trouvent dans le "Plain-Song" de l' église médiévale . À l'époque de la Réforme de Luther , le chant simple céda la place au style choral. Enfin, le style oratorio comporte de nombreux décors. Bach lui-même en a certainement écrit quatre, et probablement cinq. De l'avis de tous, la "Passion selon Saint Matthieu" est la plus belle des compositions de Bach. Les grandes lignes du projet ont été fixées par la tradition. Bach a eu l'aide d'un poète nommé Picander pour arranger son texte, mais c'est selon le propre jugement de Bach que tous les points importants ont été réglés. Il a divisé l'histoire en deux parties. La première comprend la conspiration du grand prêtre et des scribes, l'onction du Christ, l'institution du repas du Seigneur, la prière sur le mont des Oliviers et la trahison de Judas, et se termine par la fuite des disciples. Dans la deuxième partie sont exposés l'audience devant Caïphe, le reniement de Pierre, le jugement de Pilate, la mort de Judas, la progression vers le Golgotha, la crucifixion, la mort et l'enterrement du Christ. Entre les deux parties, il y a un large contraste, un certain calme solennel prévalant dans la première et une agitation passionnée dans la seconde. Quinze chorals sont entendus au cours de l'œuvre, chacun formant une méditation sur l'incident précédent de l'histoire. Le chœur est double et il y a une immense puissance dans la manière dont les deux principales masses sonores sont utilisées, à la fois pour souligner tout ce qui a une valeur poétique et pour exprimer les nombreux éléments qui composent ce tableau puissant. La plupart des solos sont soutenus par le premier chœur. Les paroles du Christ sont données par une voix de basse accompagnée d'un quatuor à cordes. La voix de basse est conforme à la tradition. La plupart des autres récitatifs ont un accompagnement *obligé , dans lequel* est élaboré un *motif faisant référence figurative à une image importante du texte.* L' *obligato* est dans la plupart des cas, mais pas dans tous les cas, attribué à un instrument à vent, afin de contraster encore davantage avec la musique qui accompagne les paroles du Christ. La partie soliste la plus longue est celle du Narrateur, qui chante le ténor. Au cours d'une longue et magistrale discussion, le Dr Spitta , le grand biographe de Bach, affirme que la « Passion selon Saint Matthieu » n'est, à proprement parler, ni de la musique dramatique ni de la musique d'oratorio. Un passage de la discussion peut être cité ici : « Considérez le passage où le peuple juif, poussé par les grands prêtres et les anciens, exige la libération de Barabbas. L'évangéliste leur fait répondre à la question de Pilate par le seul mot « Barabbas ». La situation est sans doute pleine d'émotion, et un oratorio aurait pu laisser la tension du moment se décharger dans un chœur, mais elle aurait nécessairement été incarnée dans une forme dans laquelle le chœur pourrait avoir toute sa valeur de chœur. facteur musical, dans une composition largement élaborée avec un texte un peu plus étendu. Le compositeur dramatique aurait donné la plus grande brièveté, car il se situe à mi-chemin du développement critique d'un événement. l'action ainsi que l'expression des sentiments. Un rugissement soudain de la population excitée - se pressant tumultueusement autour du gouverneur - un rugissement soudain et un bref tumulte des voix seraient l'effet le mieux adapté à son objectif. Bach, composant une Passion dévotionnelle, fait le. tout le chœur gémit le nom 'Barabbas' une seule fois, sur l'accord de septième mineure approché par une fausse clôture.

Dr Spitta est que la musique de Bach interprète le sentiment des chrétiens fervents, sans subordonner la portée du texte à un poème musical, comme un compositeur d'oratorio conventionnel, ni entrer dans le point de vue de l'acteur, comme tout autre type de pièce dramatique. compositeur. Les arguments du Dr Spitta sur ce point sont tout à fait convaincants ; et nous ne suivons pas son habitude d'appeler l'œuvre un « mystère » au lieu d'un oratorio, uniquement parce que le premier mot ne serait pas généralement intelligible, et parce que, dans ce pays, nous appelons toute œuvre d'art sacré pour voix et instruments une œuvre d'art sacrée pour voix et instruments. oratorio, s'il n'est pas une messe, et s'il est d'une trop grande ampleur pour être appelé cantate.

Concerto mineur.

14 mars 1902.

Quiconque connaît son interprétation du Concerto en la mineur de Bach ne peut s'empêcher d'associer le Dr Brodsky à cette œuvre tout comme on associe Joachim au Concerto pour violon de Beethoven et Sarasate au Concerto pour violon de Mendelssohn. Aucune autre œuvre ne nous livre autant de l'individualité musicale de Bach dans le cadre d'un schéma clair, simple et largement intelligible. Bach n'a fait aucune musique pour le théâtre, le casino ou les salles de bal à la mode. Il semble avoir écrit presque exclusivement pour l'Église et pour des réjouissances innocentes et paternellement protégées. C'était un bon vieux patriarche qui composait soit pour louer Dieu, soit pour aider les jeunes à s'amuser — car si quelqu'un imagine que les gigues, gavottes, sarabandes, etc. de Bach n'étaient pas destinées à la danse proprement dite, il se trompe lourdement. Dans des œuvres telles que les Concertos, on peut encore tracer assez clairement la double impulsion, bien que tout soit idéalisé , structurellement élaboré et par ailleurs adapté à un objectif purement artistique. Car dans le premier mouvement du Concerto en la mineur—Dr. La pièce spéciale de Brodsky : nous avons quelque chose qui amène l'esprit dans la bonne atmosphère. Bach nous emmène, pour ainsi dire, à l'église, composant notre esprit, au fur et à mesure, avec des discussions fortes et compétentes sur des sujets appropriés à la saison religieuse et au service auquel nous devons assister. Le deuxième mouvement est le service, et le Finale est la promenade ou la danse de l'après-midi ; Bach aurait probablement approuvé la danse du dimanche. Le Dr

Brodsky est inégalable dans l'andante, où le rythme puissant, composé et majestueux de la basse trouve un commentaire poétique et délicatement fantaisiste dans la partie solo. On perçoit ici la différence entre le point de vue religieux de Bach et celui de Beethoven, entre les époques de foi et de lutte, entre l' *ancien régime* et la période révolutionnaire. Pour Bach, la foi ancienne suffit, tandis que dans l'esprit de Beethoven fermentent , fument et font rage les idées de la Révolution française. La cadence Hellmesberger jouée par le Dr Brodsky dans le Finale est peut-être l'excursion la mieux écrite du genre qui existe. Il passe en revue le matériel thématique de l'œuvre entière, avec une félicité tactile sans faille et un bon jugement quant à l'ampleur du développement ; et la figuration extrêmement riche et fleurie est si soigneusement composée d'éléments contenus dans le corps de l'œuvre, qu'elle semble avoir grandi là où nous la trouvons suspendue, et n'a aucune suggestion d'extraterrestre.

CHAPITRE II.
—
BEETHOVEN.

Symphonie en do mineur, n° 5.

22 octobre 1897.

L'ouverture du premier mouvement fait l'objet d'un passage célèbre du pamphlet de Wagner sur la direction d'orchestre, où il se plaint de la manière dont les pauses en mi bémol et en ré étaient truquées, et de bien d'autres défauts habituels dans les exécutions. d'il y a quarante ans. Il représente Beethoven sortant de sa tombe et apostrophant le chef d'orchestre par une harangue qui commence : « Tiens-toi mon *fermate* [fait une pause] longue et terrible ». Wagner était un critique des plus exigeants, mais nous osons penser qu'il aurait été assez satisfait de l'interprétation du premier mouvement hier soir. Le contraste des éléments masculins et féminins inhérents respectivement au premier et au deuxième sujet a été présenté avec tout l'effet possible ; les pauses étaient aussi longues et terribles que Wagner aurait pu le désirer, et étaient soutenues par un ton parfaitement égal ; la belle phrase non accompagnée pour hautbois — qui, lors de la récurrence du passage, remplace le point d' *orgue* ou la pause à la vingt et unième mesure — a été donnée avec toute la force d'expression possible ; et bien d'autres beautés individuelles du rendu pourraient être citées. Le deuxième mouvement est moins éprouvant pour les interprètes que le reste de l'œuvre ; elle a été donnée d'une manière bien conforme à l'esprit de la symphonie, qui est comme une vaste œuvre de sculpture en bronze, comme les portes du baptistère de Florence. Beethoven possédait une telle force plastique dans le moulage de puissants éléments sonores et une telle noblesse d'imagination qu'ils permirent à Ghiberti de modeler ces portes merveilleuses, dont Michel-Ange disait qu'elles étaient dignes d'être les portes du paradis. Le scherzo fut également un triomphe artistique pour l'orchestre. Aucun point n'a été oublié dans cette image sonore merveilleuse et étrange. On a appelé cela une danse des démons ; mais il faut se rappeler que beaucoup de grands artistes ont traité des sujets grotesques et macabres avec une touche d'une beauté ineffable, comme on le voit, par exemple, dans le merveilleux dessin d'Alfred Rethel « Mort l'Ami ». Non pas que le scherzo de la symphonie en do mineur de Beethoven respire l'esprit de ce dessin, reposant et serein, alors que le scherzo est plein de moquerie étrange. Le seul point de la comparaison est que dans les deux œuvres nous trouvons un sujet grotesque ennobli et embelli par une grande imagination artistique. Il est étrange que la symphonie en do mineur ait souvent été citée comme une composition irrégulière et anarchique. Sir George Grove a souligné dans son analyse bien connue que l'œuvre entière se conforme très strictement aux principes structurels et que ses principales irrégularités sont l'enchaînement du scherzo et du finale et la *reprise* du scherzo peu avant le presto final.

La Sixième Symphonie.

24 février 1899.

En abordant cette symphonie, le chef d'orchestre a eu l'occasion de faire preuve de qualités différentes de celles mises en avant par les œuvres précédentes de la présente série de Beethoven. Les troisième et cinquième symphonies ont un caractère fortement excitant, la seconde est également nettement excitante, en tout cas dans le finale, la quatrième est une sorte d'énonciation légèrement céleste ou séraphique, et la première ne représente vraiment en aucun cas le maître mûr. de ses humeurs. Dans les représentations précédentes de la série, il s'agissait de l'interprétation réussie d'un élément passionnant de la musique, ou de l'interprétation d'une émotion sublime, sur laquelle le chef d'orchestre semblait mettre une sorte d'accent. Hier, le cas était tout autre. La Symphonie pastorale n'est ni excitante, ni sublime, ni mystérieuse, ces qualités étant étrangères au génie de la musique pastorale ou de la poésie. C'est l'expression de l'émotion suscitée par des délices simples et familiaux ; et pour son interprétation il ne nécessite, en plus de l'équipement technique, qu'une certaine énergie fraîche et saine. Même la note religieuse vers la fin a un simple caractère idyllique. Une fois de plus, l'interprétation nous paraît très admirable. Le chef d'orchestre semblait pleinement saisir la portée poétique de chaque section et, sous sa direction, l'orchestre transmettait pleinement les délices légers du mouvement d'ouverture, le murmure apaisant du ruisseau, la gaieté bruyante de l'allegro qui suivit, la note contrastée de la tempête et le dernier hymne d'action de grâce. On a dit que la musique de Beethoven avait une portée éthique ; et, comme beaucoup de personnes ont de grandes difficultés à comprendre comment n'importe quelle musique peut avoir une portée éthique, il peut être utile de suggérer que la Symphonie pastorale, à la suite des formidables émotions des symphonies précédentes, enseigne exactement la même leçon que l'ouverture de la Symphonie de Goethe. "Faustus et Hélène", où les sylphes, typiques d'influences naturelles simples et sereines, s'occupent de la personne de "Faust" endormi, prenant en pitié "l'homme malheureux, qu'il soit bon ou méchant", et cherchant à apaiser son esprit tourmenté. Selon Goethe et Beethoven, il n'y a pas d'autre guérison pour l'esprit tourmenté de l'homme malheureux que par les influences simples et sereines de la nature. Telle est, outre ses beautés musicales, la leçon éthique de la Symphonie Pastorale.

La Septième Symphonie.

3 mars 1899.

Une qualité qui différencie la Septième Symphonie de Beethoven du reste des neuf est bien exprimée par Sir George Grove dans son célèbre livre (« Beethoven et ses Neuf Symphonies ») lorsqu'il la qualifie de la plus rythmée de toutes. Il ne fait aucun doute que le rythme est dans l'ensemble plus fortement marqué dans la septième que dans toutes les autres. Le mouvement lent ne s'appelle pas une marche ; pourtant, il a un rythme de piétinement bien plus précis que le mouvement appelé marche dans la Symphonie héroïque. Dans le finale, l'emphase rythmique atteint un degré de violence imprudente qui n'a jamais été surpassé par aucun compositeur à l'exception de Tchaïkovski . Un scherzo est toujours fortement rythmé ; mais dans le scherzo de cette symphonie , on retrouve une sorte de mouvement frénétique, précipité et tourbillonnant, rare dans les œuvres de Beethoven. Une autre qualité distinctive de la symphonie est l'expression grotesque, forte dans la vivace, plus forte dans le scherzo, et qui va jusqu'au bout dans le finale. Comme pour les œuvres ultérieures de nombreux autres grands artistes, il est difficile de deviner l'intention poétique de cette symphonie. On aperçoit un dessin merveilleux , pour la plupart grotesque ; on perçoit le travail d'une imagination gigantesque, fondant comme dans un fourneau les masses sonores tenaces et les modelant à ses fins avec une sorte de force plastique surhumaine. Mais ce que ce puissant dessin illustre n'est pas, pour le moment, évident. Le caractère grotesque des premier, troisième et dernier mouvements est d'autant plus frappant que le caractère du mouvement lent est absolument éloigné du grotesque. La qualité de l'expression de ce mouvement lent échappe à toute classification. Il ne s'agit pas exactement d'une marche funèbre, ni exactement d'un chant funèbre, bien qu'elle ait sans aucun doute un caractère lugubre. Une sorte de chant rythmé surnaturel qu'on pourrait imaginer, accompagnant une fonction mystérieuse parmi les dieux des morts. Il n'existe peut-être pas de mouvement lent de Beethoven dont la beauté soit plus pénétrante ou plus imposante. Après une interprétation fine et pleine d'entrain de l'introduction et de la vivace, le mouvement lent – inscrit « allegretto » dans la partition, bien que le compositeur ait ensuite exprimé le désir que l'indication soit remplacée par « andante quasi allegretto » — a été joué avec une belle expression, mais peut-être un peu trop vite. Le scherzo était tout à fait admirable. Au début du finale, les doubles croches précipitées de la partie de violon n'étaient, pour une raison quelconque, pas tout à fait claires, bien que plus tard dans le mouvement, lorsque la musique devint plus complexe, la même figure sonna assez clairement. Dans l'ensemble, l'interprétation de la symphonie a bien maintenu le succès qui avait déjà accompagné la série.

Symphonie "Héroïque".

1er février 1900.

Le fait que le thème principal du premier mouvement de la Symphonie "Héroïque" soit inspiré, note pour note, de la jeune opérette de Mozart, "Bastien et Bastienne", n'a pas grande importance. Si une opérette contenait quelque chose qui pouvait ainsi être transporté jusqu'au septième ciel de l'art, son existence se justifiait bien mieux que celle de la plupart des autres opérettes. L'idée de porter une accusation de plagiat contre Beethoven en référence à ce thème est absurde au-delà de toute expression. Il n'y a, après tout, rien d'autre dans le thème qu'un certain arrangement rythmique de l'accord commun, si simple qu'il aurait très bien pu venir à l'esprit de deux compositeurs indépendants. Que cela se soit produit indépendamment de Beethoven ou qu'il ait entendu l'opérette de Mozart au Théâtre des Électeurs de Bonn alors qu'il était enfant et qu'il ait inconsciemment reproduit le thème, comme le suppose Sir George Grove, n'a aucune importance. Chez Mozart, le thème n'est guère plus qu'un morceau de passage fortuit. Cela ne mène à rien ; tandis que chez Beethoven, cela conduit à des développements d'une richesse et d'une signification extraordinaires, formant l'élément le plus important d'une image sonore qui surpasse largement en éloquence passionnée et incisive, en plénitude de matière, en intérêt varié et en force plastique tout ce qui existait auparavant dans le monde. de musique. Il serait difficile de mentionner aucun autre thème de Beethoven qui ait donné des résultats aussi extraordinaires. Il est répété entre trente et quarante fois au cours du mouvement, réapparaissant sous une variété infinie de formes, assignées à toutes sortes d'instruments différents, changeant de tonalité, de coloration sonore , d'intensité ou de douceur d'énonciation, produisant un son infini. variété d'effets dans l'harmonie, se combinant de toutes sortes de manières inattendues avec d'autres thèmes, et prenant à chaque réapparition une nouvelle valeur, apportant une nouvelle révélation. Un air d'opérette pourrait enfin connaître de si grandes utilisations, s'il était saisi par un Beethoven doté d'une imagination semblable à celle d'un puissant fourneau et d'une main capable de modeler comme un grand sculpteur en bronze. Dans l'interprétation de « l'Héroïque » donnée par le Dr Richter, le point le plus frappant est son traitement du contraste entre les éléments musicaux symbolisant les phases de l'énergie virile et les accents de consolation et de réconciliation. De ce dernier élément, un exemple caractéristique est le duo céleste pour hautbois et violoncelle qui se produit juste après la terrible explosion de rage et de défi dans la section "d'entraînement" du premier mouvement. C'est une crise de beauté et de grandeur à laquelle, à notre connaissance, aucun autre chef d'orchestre ne peut aujourd'hui rendre justice. Mais ici, et tout au long du puissant premier mouvement, on nous a rappelé que la prééminence du Dr Richter est en réalité plus incontestable chez Beethoven que dans toute autre musique. Ses interprétations de Wagner sont approchées par d'autres, mais ses interprétations de Beethoven ne le sont même pas. Aux accents nobles et solennels de la marche funèbre, justice fut encore pleinement rendue ; et on peut en dire autant du scherzo — mouvement plein de gaieté radieuse et contenant dans le trio la plus belle musique de cor jamais écrite — et du finale sous forme de variation.

Symphonie n°2 en ré.

15 janvier 1904.

Selon M. Felix Weingartner, le progrès depuis la Symphonie n° 2 de Beethoven jusqu'à la Symphonie n° 3 est si grand qu'il est sans précédent dans l'histoire de l'art, et nous considérons cela comme une saine doctrine. Le n° 3 — l'« Eroica » — représente non seulement une contribution d'un éclat sans précédent à la musique symphonique de l'époque, mais un immense élargissement de ses possibilités précédemment connues. Une telle œuvre éclipse naturellement tout ce qui a précédé dans son genre ; mais il est très désirable d'éviter l'erreur de certains commentateurs qui, apercevant un grand fossé entre le n° 2 et le n° 3, déclarent que le premier est une œuvre immature, pas tout à fait caractéristique de Beethoven, mais le présentant comme un simple disciple de Beethoven. Haydn et Mozart. En écoutant hier l'interprétation merveilleusement animée et expressive, on ne pouvait manquer d'être frappé par le fait que tout cela est intensément beethovénien ; qu'il dépasse Mozart, tout aussi distinctement et avec persistance que Mozart, dans sa superbe Symphonie en sol mineur, dépasse Haydn. Nous avons besoin d'une révision de la vision actuelle de ces premières symphonies de Beethoven. Seul le premier est immature. Le numéro 2 est marqué de la véritable individualité de Beethoven sur chaque page et est comparable au sol mineur de Mozart par la richesse de son organisation et la puissance de son charme. L'énorme différence entre le n° 2 et le n° 3 ne doit pas être correctement indiquée en qualifiant le premier d'immature. C'est une différence qui sépare les Symphonies de Beethoven du n°2 jusqu'à la fin en deux groupes bien définis. Comme on l'a observé il y a longtemps, les Symphonies impaires, commençant par 3, sont plus ou moins coulées dans le moule héroïque , tandis que les Symphonies intermédiaires intermédiaires ont un caractère beaucoup plus doux - créations de périodes tranquilles dans lesquelles le compositeur semblerait ont accumulé de l'énergie pour les travaux titanesques de 3, 5, 7 et 9. Gardant cela à l'esprit, nous n'avons aucune difficulté à attribuer le n° 2 à sa juste place. Elle doit être regroupée avec 4, 6 et 8, et on peut donc l'appeler la première des Symphonies « halcyon ». Outre le caractère général de la musique, il y a une raison très particulière pour ne pas accepter le point de vue du numéro 2 comme une œuvre immature. Dans le deuxième sujet du Larghetto, nous avons une idée musicale très belle et originale, si bien reconnue par le compositeur comme l'une de ses meilleures et de ses plus caractéristiques qu'il y revint plusieurs années plus tard en composant son dernier et plus grand mouvement lent. Comparez les pages 29 et 363 de « Beethoven et ses neuf symphonies » de Sir George Grove, en remarquant en particulier que la relation clé entre le thème syncopé et le schéma général du mouvement est la même dans les deux cas.

" Manquer un Solennis ."

1er février 1901.

Jusqu'à hier la " Missa " de Beethoven Solennis " n'avait pas été entendu lors de ces concerts, mais il n'est pas surprenant que les représentations d'une telle œuvre soient rares. Il s'agit sans aucun doute de la plus austère de toutes les œuvres musicales, un produit de l'humeur tout à fait inexorable de Beethoven. A l'époque où il a été écrit, le compositeur était devenu une sorte de Prométhée souffrant. Même en dehors de sa surdité, il est merveilleux que le malheur persistant de Beethoven, sa vie isolée et malheureuse ne l'aient pas découragé et n'aient pas freiné le cours de sa vie. Mais que la plus puissante de ses compositions ait été produite alors qu'il était complètement sourd, c'est sûrement l'un des faits les plus parfaitement authentifiés, à notre connaissance, il n'y a jamais eu d'autre cas dans lequel cela s'est produit ! La surdité n'a pas réussi à couper complètement une personne du monde de la musique. Chez Beethoven, elle n'a apporté qu'un changement progressif de style, à mesure que le charme que la musique a pour l'oreille s'estompait, l' homme est devenu de plus en plus absorbé, distant, austère et spirituel. Le sentiment humain chaleureux de ses compositions de la période intermédiaire a cédé la place à un style d'une grandeur et d'une sublimité surnaturelles qui sont oppressantes pour le commun des mortels. De cette grandeur surnaturelle, il n'y a pas d'exemple plus typique que la " Missa Solennis ." Non seulement en ce qui concerne la composition, mais même en ce qui concerne l'exécution, le langage ordinaire de la critique est en faute. Qui a jamais entendu une interprétation "satisfaisante" de la " Missa Solennis " ? Un esprit de sacrifice est exigé des interprètes ; car la musique est écrite du début à la fin avec un manque total de considération pour les faiblesses et les limites de la voix humaine. Bien sûr, cela serait intolérable chez un compositeur ordinaire. L'œuvre de Haendel La combinaison de la solidité structurelle allemande avec la courtoisie italienne, le sens du style et le plaisir d'une rhétorique vocale riche est la chose idéale. En comparaison avec Haendel raisonnable et plein de tact, Beethoven est une sorte de monstre, du point de vue du chanteur, mais un monstre. d'un tel génie que ses terribles exigences doivent parfois être satisfaites.

Le quatuor a été le meilleur dans l'étonnante section "Dona nobis pacem ", où le compositeur semble représenter l'humanité comme s'efforçant de prendre le Royaume des Cieux par la violence, protestant contre toute l'oppression qui se pratique sous le soleil et l'envoyant monter sur le trône. de Dieu une clameur si instantanée pour le don de la paix qu'on peut l'entendre au milieu du vacarme même des conflits. Car cette prière pour la paix résonne contre le roulement maussade des tambours et le bruit menaçant des trompettes, les voix ayant tantôt une puissante unanimité, tantôt le gémissement de telle ou telle victime abandonnée. On cherche en vain dans le temple de l'art musical quelque chose qui puisse correspondre à cette formidable conception marquant la phase finale de la " Missa Solennis ."

"Fidélio."

28 octobre 1904.

Une salle des plus étranges et des plus inclassables du palais de l'art musical est réservée au « Fidelio » de Beethoven. Une sorte de désespoir risque de s'emparer de celui qui tente d'exposer la position de Beethoven par rapport à la musique dramatique. Si l'on dit qu'il n'était pas un grand compositeur dramatique, des questions se posent : n'a-t-il pas rendu la Symphonie cent fois plus dramatique qu'elle ne l'a jamais été ? N'a-t-il pas fait une musique en association avec "Egmont" de Goethe qui semble appartenir à jamais à ce drame ? N'a-t-il pas individualisé Leonora dans la musique comme Mozart avait individualisé les personnages beaucoup moins exaltés de Donna Anna et de Zerlina ? N'a-t-il pas réalisé dans sa « Troisième Léonora » quelque chose que personne n'a jamais égalé et ne pourra jamais espérer égaler dans le domaine de l'ouverture dramatique ? En fait, il a fait toutes ces choses, et plusieurs autres qui peuvent être citées pour réfuter apparemment l'affirmation selon laquelle il n'était pas un grand compositeur dramatique. Et pourtant, il est certain qu'il n'a jamais composé de musique dramatique à la manière de sa naissance, ni avec l'adéquation sans faille au thème de Gluck, la profusion heureuse de Mozart, le pittoresque éclatant de Weber. Non; dans le puissant fleuve de Beethoven, l'invention du symphoniste se réduit à un filet d'eau dans son unique opéra. L'eau est d'une limpidité incomparable, et des fleurs d'une beauté et d'un parfum des plus rares poussent sur les rives du ruisseau ; mais chaque page est pour ainsi dire marquée de l'aveu que l'écriture d'opéras n'était pas le point fort de Beethoven : et il ne fait aucun doute qu'il a agi avec sagesse en n'en écrivant qu'un seul. Quel changement est puissant lorsqu'il prend les symboles de son unique drame musical et les utilise dans un but monumental, dans la grande Ouverture « Leonora » ! Beethoven est shakespearien dans l'étendue de son esprit et dans son attitude envers la vie, qu'il aborde toujours du côté purement humain, et sans les préoccupations de la cour, du camp, du cloître, du bosquet académique ou de l'église. Mais il n'est pas shakespearien dans son moyen d'expression, qui est dur et inflexible – une sorte de bronze ou de granit musical. Pourtant, "Fidelio" - malgré son histoire joviale, qui suggère que Beethoven, après avoir critiqué le "Don Giovanni" de Mozart comme scandaleux, a estimé qu'il était de son devoir de composer un opéra sur un sujet qui devrait être "strictement convenable", et malgré sa fine veine d'invention - conserve inévitablement son emprise sur le monde musical. Appeler ce succès un *succès d'estime* serait un abus de langage. Il concentre une certaine gamme d'idées poétiques que rien d'autre de ce genre ne touche et se situe - avec sa simplicité Wordsworthienne et sa bonté morale - parmi d'autres opéras comme une Sœur Clare au milieu d'un groupe de belles dames.

CHAPITRE III.

—

BERLIOZ.

"Symphonie Fantastique."

1er novembre 1901.

La « Symphonie Fantastique » offre une image plus complète de la personnalité musicale du compositeur que toute autre œuvre. En tant que spécimen de la précocité juvénile , il est également unique. Il a été écrit à l'âge de vingt-six ans, alors que le compositeur était encore étudiant au Conservatoire, constamment snobé par un groupe de professeurs qui, à l'exception peut-être de Cherubini, le directeur, étaient totalement inférieurs dans tous les domaines. sorte de pouvoir musical, de connaissances et de compétences. L'expérience de Berlioz au Conservatoire de Paris était très similaire à celle de Verdi dans une institution similaire à Milan ; mais les marques de génie dans l'œuvre de la période étudiante étaient bien plus nettes chez Berlioz que chez Verdi. Nous avons dit que, en tant qu'œuvre de génie précoce, la « Symphonie Fantastique » est seule. Il ne fait aucun doute que d'autres compositeurs, comme Mozart et Schubert, ont fait preuve d'un génie d'un ordre supérieur à un âge encore plus précoce. Mais la « Symphonie Fantastique », en tant qu'œuvre d'un apprenti faisant preuve d'une maîtrise absolue des ressources les plus grandes et les plus complexes, n'a pas d'équivalent. Le grand fait qu'il faut toujours retenir à propos de Berlioz, c'est qu'il s'est consacré avec toute l'énergie d'un talent énorme et très original à une tâche particulière de la musique. Cette tâche consistait à acquérir du nouveau matériel pour le médium musical, et ce que Berlioz accomplit dans le monde du son ressemble beaucoup à ce que Christophe Colomb accomplit dans le monde de la terre et de la mer. Berlioz, lui aussi, a ouvert un nouvel hémisphère et il a accompli son œuvre avec beaucoup plus de minutie que le grand navigateur. Cette grande réussite assure à Berlioz une place permanente de première importance dans la hiérarchie musicale. Mais se laisser dissuader par le respect de son génie d'admettre ses défauts n'est pas la meilleure façon d'utiliser son magnifique héritage. Ces défauts n'en sont pas moins monstrueux car inséparables de son individualité, et un musicien moderne parfaitement éclairé aurait probablement beaucoup de mal à définir l'attitude de son esprit à l'égard des œuvres de Berlioz. En un sens, tout est justifié dans les meilleures de ces œuvres, parmi lesquelles il faut sans conteste compter la symphonie jouée hier. Quand on trouve un artiste traitant certains sujets comme s'il était né, avec une puissance et des ressources énormes, il ne faut pas le condamner parce que ces sujets sont désagréables ou même horribles à l'extrême. Une telle condamnation n'est pas vivre et laisser vivre. Le pouvoir artistique est associé aux qualités les plus élevées et les plus rares que produit la nature humaine, et il est toujours justifié. Les sujets de prédilection de Berlioz pourraient bien constituer une pierre d'achoppement. « Orgie » est presque devenue entre ses mains une forme musicale. Dans au moins trois de ses œuvres différentes - "Symphonie Fantastique", "Harold en Italie" et "La Damnation de Faust" - nous trouvons un mouvement appelé par un tel nom, et, son appétit pour les horreurs n'étant pas satisfait du " "Sabbat des Sorcières" dans le premier de ces trois ouvrages, il nous livre un autre mouvement représentant une procession vers la guillotine d'un jeune homme condamné pour le meurtre de sa bien-aimée. En étroite association avec cet amour du sinistre, du spectral et de l'horrible se trouve l'esprit amèrement ironique qui a conçu un chœur "Amen" dans un style ecclésiastique simulé pour être chanté sur un rat mort, haubanant le propre thème d'amour du compositeur avec une gigue. -comme une variation sur un instrument particulièrement laid (la clarinette en mi bémol) introduit dans l'orchestre à cet effet, et l'utilisation du thème sévère et majestueux du Plain Song du "Dies Iræ " comme *cantus firmus* , auquel le rire moqueur de les sorcières (se précipitant dans les airs dans une énorme cavalcade de balais) constituent une sorte de contrepoint fantastique. Il est bon de garder à l'esprit que le même talent nous a donné des fantaisies aussi miraculeuses que le Scherzo de la Reine Mab et le chœur des Sylphes et cette idylle si tendrement belle et si vivante « L'Enfance du Christ ».

Pour la "Symphonie Fantastique", l'orchestre a dû être considérablement agrandi. En plus de tous les instruments habituels, la partition nécessite une clarinette en mi bémol, deux cloches (sol et do), une deuxième harpe, une timbale supplémentaire et un deuxième tuba basse. Tout avait été répété avec un soin infini, et dans les cinq mouvements l'interprétation était une démonstration de virtuosité telle que seule une très rare combinaison de circonstances favorables permet d'entendre. Aucun autre compositeur ne présente un orchestre très puissant et habile avec un avantage aussi immense. Comme l'a fait remarquer avec justesse et justesse M. Edward Dannreuther : « Chez Berlioz, l'équation entre une phrase particulière et un instrument particulier est invariablement parfaite. » Son caractère violemment volontaire se manifeste dans l'harmonie. Ses imaginations se dévorent les unes les autres, comme les dragons de la prime honneur, au lieu de progresser et de se développer d'une manière ordonnée. Mais la merveilleuse beauté des tons et la justesse des passages ne manquent jamais. Les parties de la symphonie les plus appréciées par le public furent sans aucun doute le deuxième mouvement en rythme de valse (où l'on fait le plus merveilleux usage des deux harpes et des bois) et la marche du quatrième mouvement, où le la partie symbolisant les émotions de la foule plutôt que celles de la victime est très brillante et révélatrice, avec des suggestions de cette marche hongroise que le compositeur a ensuite fait sienne.

"Fauste."

7 mars 1902.

Pas de figure plus originale ni plus énigmatique qu'Hector Berlioz n'a été produite au XIXe siècle par le monde de l'art – mot qui peut ici être compris dans son acception la plus large, et donc incluant l' art architectural, musical, graphique, plastique et littéraire. Dans l'une des premières *critiques* de son "Faust", créé à l'Opéra Comique de Paris en 1846, l'opinion a été exprimée qu'il aurait dû être chimiste et non musicien - une remarque qui met extraordinairement en évidence un C'est un conseil que Berlioz donnait autrefois aux artistes en général : « Ramassez toujours les pierres qu'on vous jette ; elles peuvent aider à bâtir votre monument. » La remarque selon laquelle Berlioz aurait dû être un chimiste, initialement conçue comme un ricanement, en est un parfait exemple. Il *était* chimiste, et c'est sa plus grande gloire d'avoir été cela dans le monde de la musique. Il a testé, analysé , combiné à nouveau et enrichi prodigieusement ces éléments de son qui sont la matière de l'artiste musical. Bien sûr, il était bien plus qu'un chimiste. Il fut aussi explorateur, mais toujours à la recherche de matière pour ses expériences essentiellement chimiques sur le ton. On ne peut guère s'étonner que "Faust" ait été un échec au début. Parmi le patchwork joyeux du livre se trouvent de nombreuses preuves de cette veine grossière et satirique qui était si forte chez le compositeur. Comment pouvait-on s'attendre à ce que le public approuve un opéra sur le thème de Faust qui ne contenait aucune chanson d'amour ni aucune expression véritablement lyrique pour le héros ténor, mais qui, en revanche, contenait une chanson sur une puce et un rat. un requiem, se terminant par un chœur "Amen" au style ecclésiastique, sans parler d'une scène de Pandémonium et d'une *orgie infernale* ? Berlioz était une sorte de Moyen Âge tardif . Le titre même, « Damnation de Faust », est médiéval . Shakespeare et les autres poètes de la Renaissance et des temps ultérieurs reconnaissent que le sort d'une âme est une question *en instance* jusqu'à la fin du monde. Mais Berlioz n'avait pas plus de scrupules que Dante à anticiper le Jugement dernier. La grossièreté de la scène dans la cave d'Auerbach est également médiévale ; et la *chanson gothique* , sur le roi de Thulé, sonne comme si elle était venue au compositeur comme une réminiscence d'un état d'existence antérieur, tant est merveilleux le pouvoir de la mélodie pittoresque et étrange de transporter l'esprit dans un état moisi et étrange. monde hiérarchique avec des villes fortifiées et des rues étroites, avec le terrorisme et les chambres de torture, avec les croisades et les chevaliers errants, avec des hauteurs de sainteté impossibles et des profondeurs inimaginables de diabolisme. Mais ce n'est pas aux défauts ou aux qualités enracinés dans le médiévalisme du compositeur qu'il faut rechercher la popularité que l'œuvre a acquise dans ce pays quelque trente-quatre ans après la production originale à Paris et qu'elle a conservée depuis. Ce que le grand public apprécie, c'est le superbe chœur des paysans au début, l'arrangement de la Marche de Rácoczy , qui est le plus beau morceau de musique militaire qui existe, le chœur et la danse des sylphes, la Romance de Marguerite et la Sérénade de Méphistophélès. Peut-être aussi bon nombre d'entre eux prennent-ils une sorte de plaisir non régénéré aux chants de rats et de puces, tout en désapprouvant au fond de telles choses, et bien sûr ils aiment la ballade du roi de Thulé, car aucun musicien à ce jour tout le monde peut ne pas percevoir le charme de cette merveilleuse mélodie. Il séduit de nombreux auditeurs qui n'ont aucune idée qu'il y a là quelque chose de gothique ou de médiéval .

Les célébrations du centenaire.

10 décembre 1903.

Berlioz était le Colomb de la musique ; il découvre le Nouveau Monde. Par sa théorie et sa pratique de l'orchestration, il a tellement élargi et enrichi les ressources sonores que tous les compositeurs contemporains et ultérieurs capables de comprendre son message ont éprouvé une immense exaltation — le sentiment que des possibilités nouvelles et jusqu'alors inimaginables s'ouvraient devant eux. Le point de départ de ses voyages mémorables fut l'idée de ce qu'on appelle la « musique à programme ». Comme Wagner, il percevait qu'après Beethoven, la musique symphonique ne pouvait plus faire grand chose selon les anciennes lignes, mais que la musique pourrait apprendre à caractériser beaucoup plus finement qu'elle ne l'avait jamais fait auparavant. Sa prodigieuse réforme, élargissement et enrichissement de l'orchestration s'est entièrement réalisé sous l'influence du désir d' une caractérisation plus forte et plus fine , d'un jeu d'émotion et de suggestion graphique plus varié et intéressant. Bon nombre de musiciens et de mélomanes reconnaissent aujourd'hui l'énorme mérite de l'orchestration de Berlioz, mais considèrent que, comme Moïse, il n'a pas été autorisé à entrer dans la terre promise où il avait conduit son peuple ; ou, plus littéralement, que Berlioz n'a pas été capable de faire vraiment bon usage de ses propres découvertes, dont l'importance doit être reconnue dans la musique de Wagner, Dvoràk , Tchaïkovsky et d'autres qui ont appris de Berlioz, plutôt que dans sa propre musique. musique. Tout en admettant que des hommes ultérieurs, tels que ceux mentionnés, ont utilisé l'instrument de Berlioz dans un but plus spirituel ou avec une plus grande portée épique et dramatique, le mélomane à l'esprit ouvert ne peut guère nier que les compositions de Berlioz, considérées comme absolues, œuvres d'art, comprennent un éventail majestueux de chefs-d'œuvre. Des choses telles que le Te Deum et la Messe des Morts portent, dans leur immensité de conception sans précédent, l'empreinte d'une imagination comparable seulement à celle de Michel-Ange. Ce sont de puissants fragments d'œuvres plus vastes jamais réalisées — impossibles à réaliser. L'œuvre la plus connue de Berlioz — et la plus parfaite, dans l'ensemble, des œuvres étendues — est le « Faust », qui ne doit pas être considéré comme une version lyrique du « Faust » de Goethe, mais plutôt comme une mise en musique de le récit de "Faust" à la manière racée et drastique des pièces de marionnettes médiévales , le drame de Goethe n'étant utilisé que dans la mesure où il offre des suggestions de scènes d'animation bien salées et drastiques qu'aimait Berlioz. Berlioz était un romantique français typique. Sa musique manque absolument de l'élément éthique si fort chez Bach et Beethoven. Mais il avait un sens puissant et véritablement poétique du merveilleux, du beau, de l'étrange et du caractéristique. Dans son "Faust", il atteint à maintes reprises l'excellence typique. Ce ravissement du printemps qui est l'un des grands thèmes poétiques impérissables n'a nulle part été mieux rendu en musique que dans les premières pages de "Faust" (orchestre et voix de ténor), et les chœurs paysans qui s'ensuivent sont de loin la meilleure expression musicale de cette « gaieté brûlée par le soleil » qui, en dehors du monde de l'art, n'est possible que sous un ciel du sud. La Marche de Rácoczy orchestrée par Berlioz est non seulement la plus belle pièce de musique militaire au monde, mais elle est infiniment loin devant la meilleure pièce suivante. L'énergie, la gaieté et l'éloquence tumultueuse de la section finale (tout à fait propre à Berlioz, bien sûr), nous donnent le symbole musical de "La Gloire", cette conception importante qui a joué un rôle dans l'histoire pendant trois siècles. La scène sur les rives de l'Elbe est tissée de rayons de lune et de fantaisies vaporeuses qu'aucun autre compositeur n'aurait pu réaliser. Le rythme de la sérénade Méphisto est trop beau pour ce monde. Ici, le compositeur réussit à exprimer le diabolique sans aucune suggestion directe de méchanceté – simplement en créant le rythme et l'accent d'un rire trop monstrueusement sincère et plein de sang pour un simple homme. Un autre miracle est la "Chanson Gothique " (sur le roi de Thulé), qui est, pour ainsi dire, l'essence distillée de tous les romans médiévaux sur des jeunes filles amoureuses regardant depuis leurs fenêtres. Dans la dernière partie, le compositeur devient victime de son génie maléfique — le *macabre* — et le terrible regard du fou est perceptible dans la « Chevauchée vers l'abîme » et dans les hurlements et les baragouins des démons, qui n'ont absolument pas la signification de l'œuvre. démons dans "Gérontius", et nous montre simplement le compositeur se livrant à son goût pour les horreurs grotesques des vieilles pièces de miracles. La dernière partie de la composition ne doit pas être prise trop au sérieux. Même dans la première partie, on trouve un exemple du penchant particulier du compositeur pour les fonctions religieuses. Mais cela aussi doit être légèrement ignoré et pardonné en considération du festin que l'œuvre dans son ensemble offre à l'imagination et du vent salin vivifiant du génie viril et affirmatif du compositeur.

CHAPITRE IV.
——LISZT

·

Symphonie "Faust".

21 novembre 1902.

Il faut noter avec tristesse que la Symphonie "Faust" est tombée à plat lors de sa première représentation à Manchester. Il semble y avoir quelque chose dans notre tempérament national qui fait qu'il nous est particulièrement difficile de pénétrer le secret de Liszt et d'apprendre à comprendre sa langue tonale. Dans la société musicale du continent, "ne pas aimer Liszt" est considéré comme une caractéristique fixe de l'Anglais, et les quelques Anglais qui ont appris à aimer Liszt se souviennent du processus progressif par lequel leurs oreilles se sont ouvertes, comme l'apprentissage d'une langue étrangère. une fois qu'on a grandi. Certains compositeurs ont une manière de s'exprimer qui peut être perçue à moitié inconsciemment ; mais pour les Britanniques, en tout cas, celle de Liszt n'est pas de ce genre. La patience, l'étude persistante, la réflexion, l'observation, la comparaison, outre une oreille assez subtile, sont nécessaires pour la comprendre, et nous n'avons pas l'habitude de prendre la musique au sérieux (sauf dans l'abstrait) ni d'y accorder toute notre attention. Ainsi, une chose comme la Symphonie "Faust" nous passe au-dessus de la tête comme s'il s'agissait d'un poème en langue étrangère dont nous ne comprenons que le rythme. C'est dommage, car pour ceux qui comprennent, le poème est très grand et splendide. Comme un ancien marin fantomatique, l'esprit du maître nous tient « de son œil brillant » et parle comme quelqu'un qui est plein de matière et de sagesse et qui est un maître de la vie. Son histoire est la vieille histoire de Faust et Gretchen – non pas la version de Berlioz se terminant par la Damnation de Faust, mais la version originale de Goethe qui traite de l'élaboration du salut de Faust (la différence entre les deux étant en réalité assez considérable) – et en racontant cette histoire, il transmet au cœur des leçons bien trop délicates pour être décrites. De nombreux compositeurs ont composé la musique de "Faust", sous une forme ou une autre. Spohr et Schumann, Berlioz et Boïto , Wagner et Liszt, tous ont rendu hommage à l'intérêt inépuisable du thème, outre Gounod, le plus superficiel et par conséquent le plus connu de tous. Mais même chez Gounod, il y a un peu de vraie musique de Faust, très peu. On le retrouve dans les premières mesures de l'ouverture, dans la Sérénade de Méphistophélès et, pourrait-on ajouter, dans la chanson sur le roi de Thulé, même si Berlioz a fait bien mieux. L'Ouverture « Faust » de Wagner est une composition assez remarquable, et elle se rapproche le plus de la Symphonie de Liszt. Mais c'est beaucoup trop unilatéral pour rivaliser d'intérêt avec la formidable composition de Liszt, qui semble saisir le sujet dans son ensemble et en arracher le cœur même, avec une sorte de puissance imaginative qui rappelle celle de Victor Hugo, bien que le toucher soit plus vrai . Il commence par Faust solitaire dans son bureau, plongé dans une sombre méditation, dont la musique expose chaque phase (à celui qui l'écoute assez attentivement) – orgueil intellectuel, réduit à l'impuissance dans la tentative de résoudre « l'énigme de la terre douloureuse ». ; la tranquillisation de l'esprit par des influences mystiques semblant émaner d'un monde supérieur ; puis le réveil de la douleur dans la conscience étouffée et charmée. Ici, la musique, remontant l'accord avec chaque note précédée du demi-ton au-dessus, sonne comme une série de soupirs brisés. Et maintenant nous rencontrons quelque chose de tout à fait nouveau. Un thème plaintif à la clarinette, auquel répond un seul alto, symbolise la vision de la compagnie féminine. L'espoir se réveille et la force de la nature de Faust s'affirme dans le splendide thème en mi majeur pour grand orchestre, destiné à jouer le rôle principal tout au long de l'œuvre. Le mouvement est long, réfléchi et non moins propice à l'invention qu'à la couleur riche et éclatante . Dans le deuxième mouvement, intitulé « Gretchen », on retrouve une atmosphère tout à fait différente. C'est un digne pendant de l'épisode de Gretchen dans le poème de Goethe — sans doute la meilleure image d'une jeune fille, du point de vue de l'homme, qui existe dans la littérature. Le contraste entre Gretchen, sans fantaisie et aimante, est indescriptiblement beau. Il n'y a rien dans toute musique de plus riche et de plus ravissant que la scène d'amour qui s'ensuit, qui rappelle le moment du premier acte de "La Walkyrie " où les portes s'ouvrent et révèlent au regard enchanté des amoureux le paysage printanier baigné au clair de lune. Mais Liszt est ici plus pertinent que Wagner. Puis vient Méphisto avec sa danse diabolique, transformant tout en dérision, jusqu'à ce qu'une lumière descende du ciel, où l'âme de Marguerite apparaît parmi les anges, et « l'esprit qui nie », le masque arraché, recule, tremblant et déconcerté. Ici, le « chœur mystique » exprime l'idée maîtresse du drame de « Faust » : « L'âme de la femme nous entraîne vers le haut et vers l'avant ». Une œuvre telle que la Symphonie « Faust » s'écarte du modèle classique dans la mesure où elle est unifiée entièrement par des principes dramatiques et caractéristiques et nullement par des principes architecturaux. Il peut également être considéré comme trois croquis de personnages qui, à l'aide de références croisées, racontent ensemble une histoire. Quiconque est versé dans la musique moderne, en entendant pour la première fois cette composition, ne peut que s'étonner du nombre d'idées, ensuite utilisées par d'autres compositeurs, qu'elle contient. Le cas le plus flagrant est la transformation musicale juste avant l'entrée du « Chorus mysticus », qui a été transmise corporellement par Wagner, avec seulement des changements tout à fait sans importance, dans le troisième acte de « Die Walküre », après les mots : « So streif ' ich dir die Gottheit ab." Mais des dizaines d'autres idées se trouvent ici à l'état embryonnaire dans "Tristan" et "Siegfried" de Wagner et "Jusqu'à Eulenspiegel " de Strauss .

Concerto pour pianoforte en mi bémol.

13 novembre 1903.

L'attitude du public musical de ce pays à l'égard de Liszt est aujourd'hui le trait le plus insatisfaisant et le plus anormal de la situation musicale. Il n'est pas possible de nommer quelqu'un qui ait fait plus que Liszt pour créer tout ce qu'il y a de meilleur dans le monde musical moderne. Il a créé la technique du pianoforte sans laquelle les œuvres ultérieures de Beethoven n'auraient jamais pu être interprétées, il a inauguré une nouvelle ère de la musique symphonique en inventant le Poème symphonique et il a été le premier à comprendre et à interpréter Wagner. Mais nous persistons à commettre notre erreur historique et traditionnelle. Nous n'apprécions pas la continuité de l'art musical et nous n'apprécions pas les influences stimulantes et formatrices d'école. C'est la même chose aujourd'hui qu'il y a cent cinquante ans, lorsque nous préférions Haendel, qui n'a jamais influencé utilement aucun autre compositeur et qui représentait essentiellement la fin d'un développement, à Bach, qui est l'influence formatrice la plus grande et la plus féconde. de tout âge musical, et qui a puissamment influencé tous les compositeurs de génie ultérieurs, à l'exception de deux ou trois des races latines. Au début du XIXe siècle, nous avons commis exactement la même erreur à l'égard de Mendelssohn et de Schumann ; voilà qu'on recommence en préférant Tchaïkovski à Strauss. Mais pire encore est notre erreur de refuser d'écouter Liszt, sans qui ni Tchaïkovski ni Strauss n'auraient pu exister en tant que personnages musicaux. Hier encore, le superbe Concerto en mi bémol de Liszt a été joué et accueilli avec une sorte de tolérance. Très beau jeu, semblait penser le public ; mais quel dommage que la composition ne valait pas la peine d'être entendue ! Il s'agit pourtant du concerto le plus brillant et le plus divertissant. Aucune personne véritablement passionnée par la musique n'a jamais abordé la musique sans préjugés et ne l'aime pas, et - ce qui est plus remarquable - l'effet de la musique sur tous ceux qui l'étudient en vue de la jouer est si grand qu'elle invariablement surmonte les préjugés anciens et profondément enracinés. Mais, pour le grand public, il n'est pas plus notoire que le « Messie » de Haendel soit une œuvre grande et admirable que le fait que les compositions originales de Liszt soient horribles. Aussi, lorsqu'on joue une œuvre de Liszt , ils n'écoutent pas, mais se résignent à s'ennuyer ; et ainsi même une œuvre comme le Concerto en mi bémol, qui a un caractère très populaire et exempt de tout ce qui est tourmenté ou obscur, en plus d'être le concerto pour piano le plus brillant qui existe, tombe dans des

oreilles apathiques et ne provoque que des applaudissements timides destinés
exclusivement à le soliste.

CHAPITRE V.

——

WAGNER.

"Faust dans la Solitude."

15 février 1900.

La biographie musicale enseigne qu'une dure lutte, non seulement pour la reconnaissance mais aussi pour l'existence, est l'expérience normale d'un grand compositeur. Quelques grands musiciens et chanteurs font fortune, mais jamais les grands compositeurs, et la plupart d'entre eux ont dû endurer le stress de la pauvreté jusqu'à la fin de leur vie. On peut cependant douter qu'un autre grand compositeur ait jamais sondé les profondeurs de la misère humaine, comme le fit Wagner lors de cette première visite à Paris, entreprise dans l'espoir de faire fortune au Grand Opéra. On suppose généralement que le génie est conscient de ses propres pouvoirs et qu'il envisage l'avenir avec une confiance sereine. Mais malheureusement, il existe aussi la vanité, c'est-à-dire la conscience illusoire de pouvoirs qui n'existent pas ; et un homme de génie qui, sans moyens privés, avait abandonné son emploi et avait emmené lui et sa femme faire un long voyage à l'étranger pour se faire reconnaître dans "la ville Lumière", doit, au cours de trois années infructueuses , j'ai ressenti quelque chose de pire que de l'inquiétude. Que Wagner ait ressenti cela n'est pas une question de spéculation mais d'histoire. Il a décrit comment, alors qu'il méditait sur le sujet du « Hollandais volant », il envoyait chercher un pianoforte pour voir si, après les corvées mesquines et la misère abjecte de ces années-là, « il était toujours musicien ». Wagner n'était pas un homme ordinaire. Tout chez lui était d'une plus grande ampleur : sa folie et sa témérité n'étaient pas moins que son talent. Bien que plus sensible que d'autres au moindre inconfort, il montrait, sous une accumulation de misères qui eût simplement écrasé presque n'importe qui d'autre, une énergie et une réaction prodigieuses. Il n'avait pas réussi à faire jouer son "Rienzi" à Paris. Depuis trois ans, il avait continué ses efforts infructueux pour obtenir une audition à l'Opéra ; et une crise de découragement effroyable s'ensuivit, quand, à la ruine, à la mendicité et au sentiment de s'être ridiculisé, s'ajouta une crise d'une douloureuse maladie de peau qui le tourmenta par intervalles toute sa vie. Or c'est précisément à cette époque de crise qu'il écrivit l'Ouverture « Faust », son chef-d'œuvre au sens strict du terme ; c'est-à-dire la première œuvre de sa maîtrise ou de sa puissance mature. Ainsi, au lieu d'être écrasé, Wagner se retrouve soudain à puiser dans la force de réserve de son génie pour produire une œuvre qui se situe presque au niveau de la troisième ouverture « Léonora » de Beethoven. Car l'Ouverture de Faust est une image sonore d'une énergie, d'une noblesse et d'une beauté extrêmes, défiant absolument toute comparaison avec tout autre que Beethoven, et atteignant une sorte d'éloquence démoniaque que Wagner lui-même n'a jamais retrouvée, jusqu'à très tard dans sa vie, pendant la période de "l'Anneau du Nibelung".

Les drames "Nibelung".

11 mai 1903.

Quoi qu'il ait pu se passer les années précédentes, il n'était guère possible de quitter le théâtre après la représentation du "Götterdämmerung" de samedi avec une quelconque disposition à satiriser la direction pour l'échec des effets scéniques dans la scène finale. Au cours de la semaine, la plus grande œuvre de Wagner avait été présentée avec une intelligence beaucoup plus brillante et des ressources plus adéquates que jamais dans ce pays, et il était dommage qu'il y ait une légère humiliation à la fin. On peut en effet douter que le "Ring" dans son intégralité ait jamais été mieux réalisé, car l'étonnante excellence de l'interprétation orchestrale était dans une large mesure égalée par les chanteurs, et la réalisation dramatique des intentions du compositeur était partout bonne. sauf dans certaines parties du prologue, et a fait preuve de génie positif à certains moments de chacun des drames principaux formant la trilogie. L'impression générale était donc celle d'une grande tâche noblement exécutée, et le pétillement final, aussi ennuyeux et pénible soit-il pour les régisseurs, ne pouvait paraître qu'une affaire insignifiante à tout spectateur reconnaissant. C'est une affaire terrible que ce *final* du "Götterdämmerung". Conçu dans un climat de protestation frénétique, il porte une marque particulière d'extravagance et de violence. Il montre Wagner comme un anarchiste du type Bakounine , entreprenant pour ainsi dire de « saisir tout ce triste schéma de choses » et de « le briser en morceaux », au hasard que la nature pourrait ensuite « le remodeler plus près du cœur ». désir." Une vie de nobles efforts et de grandes réalisations, avec à peine d'autre réponse du monde que le crépitement des épines sous un pot, avait produit chez Wagner une telle amertume d'esprit dont les petits hommes sont sauvés par leurs limitations naturelles, et c'est cette amertume de esprit qui trouve son expression dans l'écrasement, l'incendie et la noyade du *final du "Götterdämmerung"* . Les héros et les demi-dieux, renonçant à un conflit désespéré avec la laideur et la méchanceté du monde, entraînent le ciel et la terre dans une seule ruine rouge. Telle est la signification d'un tableau qui ne vaut pas la dîme du temps, des ennuis et des dépenses qui y sont consacrés.

En engageant le Dr Richter pour la production de 1903, les autorités de Covent Garden ont clairement indiqué que cette fois, les absurdités des artistes vedettes qui font des coupes pour leur propre convenance et sacrifient les intentions du compositeur à la vanité de l'interprète ne seraient pas tolérées ; et en même temps , ils donnaient au public la seule garantie possible d'une répétition adéquate. Pour obtenir ce privilège, Londres a dû attendre vingt-sept ans depuis la première production à Bayreuth, bien que "La Walkyrie " et "Siegfried" aient été intégrés depuis longtemps au répertoire ordinaire de Covent Garden. Il ne fait guère de doute que « l'Or du Rhin » est, à tous égards importants, la partie la plus difficile à rendre efficace de « l'Anneau ». De caractère épique plutôt que dramatique, il présente à l'acteur une tâche peu familière. Il se retrouve à représenter une créature à peine individualisée et à participer au jeu des forces élémentaires plutôt qu'aux passions humaines. Cela explique en grande partie le fait que la performance de l'Or du Rhin la semaine dernière soit tombée très en dessous du niveau de tous les autres. Le représentant d'Albéric dans la première scène semblait s'intéresser très peu aux ébats amoureux avec les jeunes filles rhénanes. Il avait apparemment adopté le point de vue du nain comme une créature simplement avide et haineuse, et avait négligé « l'impulsion féconde » – pour emprunter l'expression de M. Bernard Shaw – qui pousse Albéric vers les jeunes filles du Rhin ; car son jeu était tout à fait faible et inutile, et il ne lui était pas non plus possible d'exécuter les indications scéniques qui obligent Albéric à escalader les rocailles et à se précipiter après les filles du Rhin avec « l'agilité d'un Cobold ». étant beaucoup trop précaires et les filles du Rhin trop restreintes dans leurs déplacements. Dans cette première scène, le lever du rideau révèle quelque chose comme le côté vitré d'un immense aquarium, et c'est apparemment à l'effet général du tableau tel qu'il était présenté pour la première fois que toute l'attention des artistes scéniques avait été accordée. Nibelheim , avec les cliquetis des Nibelungen au travail de leurs forgerons, était assez bien rendu, mais ici encore le rôle d'Alberic était inefficace et il y avait beaucoup trop de joliesse et de variété de conte de fées dans l'aspect de sa foule d'esclaves. A Bayreuth, ces victimes de sueur et de conditions de travail inadéquates sont représentées avec une horrible vérité comme une foule serrée de petits hommes de la terre, poussés ici et là par les malédictions et les fouets de leur maître, et, au lieu d'être dans une certaine mesure ornés et différenciés. , uniformément crasseux et abject. La beauté scénique n'a jamais été aussi déplacée que dans la présentation de la scène à Covent Garden. Le décor était le meilleur dans la scène finale, où les dieux traversent le pont arc-en-ciel jusqu'au Valhalla. Dans l'arc-en-ciel, il y avait une curieuse prédominance de teintes « verdure- yallery » à l'exclusion des couleurs primaires , mais elle s'inscrivait assez bien dans un tableau de scène assez efficace avec un édifice préhistorique sur les hauteurs à gauche. Ici, le seul point d'infériorité par rapport à la présentation de Bayreuth résidait dans le contexte météorologique. Après le magnifique orage orchestré , le ciel est censé s'éclaircir et les dieux entrer dans leur nouvelle demeure au milieu de la lueur d'un coucher de soleil des plus radieux. Mais les secrets de l'effet atmosphérique et de l'apparat des nuages semblent rester pour le moment exclusivement entre les mains de Bayreuth et de Munich, et ces choses, bien qu'elles appartiennent au cadre plutôt qu'au drame essentiel, semblent avoir occupé une place importante dans l'imagination de Wagner lorsqu'il conçu le « Ring », et donc avoir une certaine importance.

II.

L'interprétation de "La Walkyrie" de mercredi contrastait fortement avec l'embarras et le simple pittoresque de la présentation de "L' Or du Rhin " . Une interprétation dramatique de Wagner comparable à l'interprétation musicale que nous tirons de la tradition Liszt-Bülow-Richter n'est pas à prévoir pour le moment ni pour un certain temps. Mais, en tenant compte de la différence de niveau entre les arts musicaux et les arts scéniques, qui est simplement un phénomène de notre époque, on peut très bien être reconnaissant pour une telle restitution de l'arrière-plan et du cadre scéniques propres à la musique, comme cela a été donné à Covent Garden sur tous. mais la première des quatre soirées de la production de cette année. Dans le premier acte de "Die Walküre ", le décor était adéquat et une performance étonnamment équilibrée a été donnée par M. Van Dyck (Siegmund), M. Klöpfer (Hunding) et Mme. Bolska (Sieglinda). A la fin de la seule scène où les trois figurent ensemble, Sieglinda , renvoyée par son mari, se tient à la porte de la chambre ; Siegmund, qui a raconté son histoire, est assis de l'autre côté de la scène, la place centrale étant occupée par Hunding aux sourcils de scarabée. C'est un moment marqué par le destin à la manière particulière de Wagner. Rien de certain n'est connu ou décidé, mais des regards pleins d'interrogation et de suppositions ravissantes ou sinistres passent entre les trois, dont la musique interprète les genres de suspense aux couleurs variées. Ici, l' *ensemble* était vraiment admirable, le stress et l'atmosphère particulière de ce moment, gros du destin, ayant été captés avec succès. Tout au long de l'acte, la souplesse et la ressource de M. Van Dyck ont été parfaitement illustrées, la silhouette sombre du Hunding de M. Klöpfer contrastant efficacement, tandis que Mme. Bolska a fait beaucoup par un jeu d'acteur intelligent et un bon chant pour compenser un certain manque d'adaptation personnelle au rôle.

Le majestueux Wotan de M. Van Rooy était très présent tout au long du drame. Une rare hauteur de conception marque presque tout ce que fait M. Van Rooy. En revanche, il manque quelque peu de souplesse, ici et là, sacrifiant en quelque sorte l' *ensemble à sa propre imitation rigoureuse et ultra-héroïque.* Ceci est particulièrement visible dans les scènes plus douces, comme les adieux avec Brynhild. Ce n'est que dans les scènes où Wotan est courroucé ou opprimé par « l'orbe trop vaste de son destin » que M. Van Rooy réussit complètement. Son plus beau moment est dans le rassemblement des Valkyries, où ces terribles jeunes filles guerrières conversent dans une musique aussi sauvage et tumultueuse que celle qui monte d'un grand parlement d'oiseaux, jusqu'à ce que Wotan frappe du pied et que toute la bande se précipite vers leur chevaux et partez en roue et en galopant dans les nuages.

Il n'est pas facile de rendre justice à la Brynhild de Miss Ternina . Sans doute un spécialiste de la formation vocale pourrait-il avoir quelques objections à élever contre la manière dont telle ou telle note a été produite, et quant à son imitation dans les scènes précédentes, où Brynhild brandit sa lance et chante « Hoyo - to- ho", on pourrait se demander s'il est suffisamment robuste. Mais dans l'ensemble, cet artiste semble présenter un cas d'adaptation presque providentielle à la tâche d'incarner la plus grande héroïne de Wagner. Quel que soit le point de vue où l'on considère son imitation, elle semble meilleure que ce à quoi on pourrait raisonnablement s'attendre. Une personnalité très riche et harmonieuse en est la base. Correspondant pleinement à M. Van Rooy en termes d'ampleur et de dignité de conception, elle surpasse de loin son distingué collègue en tact et en intelligence, qu'il s'agisse de la gestion des draperies, de l' habillage d'un cheval ou de toute autre question secondaire sur laquelle le bon le développement d'une image scénique peut en dépendre. Sur le plan vocal aussi, Miss Ternina est pleinement à la hauteur de cette tâche colossale, et sa Brynhild est ainsi une révélation vraiment merveilleuse du meilleur de l'art de Wagner. Brynhild est sans conteste la plus belle création individuelle de Wagner. Dans une série de scènes sans précédent , il nous montre le développement de la jeune guerrière en une femme parfaite, chaque phase de ce développement étant touchée par une sorte de pouvoir démoniaque qui fait qu'il est impossible à quiconque de passer à côté de l'essentiel. Dans le deuxième acte de " Walküre ", Brynhild arrive sur les rochers dans son armure étincelante , avec un casque, un bouclier et une corselet d'acier. Lors des adieux avec son père obstiné, qui, contre son meilleur jugement, a cédé la place aux conseils de Fricka, cette Mme Grundy du Valhalla, les insignes de sa Valkyriehood commencent à tomber, en prévision du processus d'humanisation. cela doit être achevé lorsque Siegfried, dans le drame qui s'ensuit, enlève le corselet d'acier pour le festin nuptial. Sous nos yeux donc, petit à petit, Brynhild se transforme, rendant pour nous visible et rythmée la vie héroïque à chaque instant. Elle est le vase dans lequel Wagner a versé le plus beau cru de son génie. Aucune caractéristique malhonnête de l' *Uebermensch* , telle qu'elle se développe si librement dans le Siegfried du "Götterdämmerung", ne peut déformer la figure et la mélodie de la superbe héroïne, qui jusqu'à la fin rayonne d'une vie intense et intacte. Restituer de manière adéquate une telle conception - de manière adéquate tant pour nos yeux que pour nos oreilles - n'est pas une mince affaire, et c'est l'œuvre de Miss Ternina qui mérite bien d'être comptée, avec l'interprétation orchestrale du Dr Richter, parmi les gloires de la présente production.

III.

"Siegfried est une révélation de la vie sensuelle dans sa plénitude naturelle et joyeuse. Aucun vêtement historique n'obscurcit sa forme, ni ses mouvements ne sont gênés par aucune force extérieure à lui. L'erreur et la confusion nées du jeu sauvage de la passion font rage autour de lui et impliquent lui dans la destruction. Mais tant que cette destruction n'est pas surmontée, rien dans l'environnement de Siegfried ne peut arrêter sa propre impulsion, même en présence de la mort, il ne se laisse influencer par aucune autre influence que le courant agité de la vie qui coule en lui. , et la vindicte sont également étrangères à sa nature, tout comme tout désir d'amour découlant de la réflexion. Chacun de ses mouvements est déterminé par le flux direct de force vitale gonflant les veines et les muscles de son corps pour l'accomplissement ravissant de leurs fonctions. ".

Tel est, selon son créateur, le héros central des drames du Nibelung, que la plupart des critiques méconnaissent encore désespérément, alors que les meilleurs des acteurs qui doivent le représenter semblent avoir depuis longtemps maîtrisé son secret. C'est un fait bien connu que l'instinct cultivé d'un bon acteur va souvent là où toutes les critiques actuelles tournent mal, et aucune figure du drame mondial, ancienne ou moderne, ne démontre ce point d'une manière plus remarquable que Siegfried. En effet, pour tout acteur possédant les qualités personnelles et vocales nécessaires, ce rôle peut très bien susciter un fort attrait. Il est dépourvu de toute subtilité, exigeant simplement qu'il connaisse ses mots et ses notes et qu'il ne laisse pas la teinte native de sa résolution s'effacer avec la pâleur de la pensée. M. Kraus, le Siegfried des représentations de Covent Garden, a bien fait dans les domaines les plus essentiels.

Mais bien plus remarquable que n'importe quelle imitation particulière était la capture du ton et de l'atmosphère appropriés dans presque toutes les scènes importantes des trois drames principaux. La forge rougeoyante au fond de la forêt vierge au début de "Siegfried", le jeu de la lumière du soleil à travers les branches en mouvement qui terrifie tant le nain habitué à un environnement souterrain, le travail du forgeron très réaliste, tous ces accessoires du tableau de la jeunesse divine ont été bien faits, et l'exaltation particulière du petit matin de ce premier acte a été réalisée avec succès . Il en était de même pour les terreurs féeriques de la grotte du dragon et les splendeurs feuillues de la clairière dans laquelle Siegfried conversait avec les oiseaux. Là où il y a place à amélioration dans la mise en scène de ces drames à Covent Garden, c'est avant tout dans le contexte météorologique de « Rhinegold » et « Götterdämmerung » ; deuxièmement, dans la Chevauchée des Walkyries, qui jusqu'ici n'a été réalisée d'une manière suffisamment fougueuse qu'à Paris ; troisièmement, dans la scène finale d'incendie et de ruine. À l'heure actuelle, la scène finale est beaucoup trop élaborée. Tous ces bris et chutes de bois sont une erreur. Un dessin chaotique peint sur une feuille de toile peut être déposé au moment opportun avec un meilleur effet aux yeux des spectateurs, en plus de l'immense avantage de ne produire ni bruit ni poussière, de coûter peu et d'être totalement maîtrisé. [1] La méthode actuelle de rendu de la scène est trop coûteuse, trop bruyante et trop dangereuse. Le bâtiment du Valhalla devrait être visiblement le même que dans la scène finale de « Rhinegold ».

splendeurs musicales du "Ring" n'ont été révélées au public britannique comme ces trois dernières semaines. L'éloquence venteuse et trouble de la musique de la « Walküre » et le pathétique héroïque des adieux de Brynhild ont depuis longtemps été assez bien appréciés, mais ce n'est pas le cas des chants de forge de « Siegfried », dans lesquels Wagner jette une énergie presque fabuleuse dans l'image du jeune homme typique chantant à son travail, résumant tout ce qu'il y a de meilleur dans cet enthousiasme du travail qui est peut-être la meilleure partie de notre héritage du XIXe siècle. Ces chansons ont pu, dans la production récente, se développer sans coupures ni distorsion. Le rythme musclé, le bruit de fer , le pétillement et le tumulte de l'instrumentation - tout cela est ressorti comme jamais auparavant lors d'une représentation dans ce pays. Il en va de même pour le long duo amoureux de Siegfried et Brynhild et le trio ravissant des Filles du Rhin dans le dernier acte de "Götterdämmerung". Mais, en dehors de ces moments éblouissants, les interprétations ont été, dans leur intégralité et leur excellence soutenue, une extraordinaire révélation de la puissance du compositeur dans l'utilisation du symbolisme musical. Juste avant le lever de rideau du premier acte de "Siegfried", on entend le gémissement ou le grondement du nain du Nibelung, entrant à la neuvième mineure en même temps que le thème martelant. Cela semble simplement comique et trivial. Mais de même qu'une faute personnelle, d'abord observée comme quelque chose de drôle, peut, dans l'expérience de la vie ou l'étude de l'histoire, se transformer en une source de méfaits épouvantables, de même, à mesure que ces drames progressent, voyons le symbole de la haine des Nibelungen se développer à partir d'un grognement comique dans ces cris monstrueux et innombrables qui déchirent le monde et consternent l'âme au milieu de l'horreur grandissante de la tragédie du "Götterdämmerung". Ceux qui ont l'habitude de bavarder sur le *Leitmotiv* comme s'il s'agissait d'une panacée pourraient utilement prendre note de quelques-uns de ces points. Les symboles de haine du Nibelung ne sont pas plus efficaces ni en aucun cas mieux réalisés que les autres symboles de « l'Anneau », mais ils sont plus courts et plus singulièrement orchestrés, et donc plus faciles à suivre.

Quant à l'interprétation que fait le Dr Richter de ces scores gigantesques, on en a peut-être assez dit. Le musicien exécutif moderne ne peut aborder une tâche plus grande que celle dans l'exécution de laquelle le fondement de la réputation du Dr Richter a été jeté lorsque l'œuvre a été entendue pour la première fois il y a vingt-sept ans en présence du compositeur, et nous avons eu la chance de entendre à nouveau son interprétation faisant autorité. Si Wotan avait compris son métier aussi bien que le Dr Richter, Valhalla n'aurait jamais connu de problème.

Les Fêtes de Bayreuth.

23 juillet 1904.

En dehors du Théâtre Wagner et des travaux qui y sont liés, Bayreuth est une « Résidence » délabrée , avec un « Vieux Château » du XVe siècle, un « Nouveau Château » du XVIIIe et d'autres reliques de la Cour, peu soigneusement conservées, qui Les margraves franconiens y ont longtemps séjourné. De résidences de campagne et de « plaisirs », conçus à la manière trop fantastique du potentat de l'Allemagne du Sud, il y en a plus d'un dans le quartier , et de telles choses contribuent sans aucun doute à créer une atmosphère favorable aux plaisirs artistiques. La fumée de l'entreprise industrielle moderne n'est pas inconnue ici, mais dans l'accomplissement de la partie de son destin qui est liée au drame wagnérien, Bayreuth est aidé par les vallons et les avenues majestueuses du Hofgarten , sinon par les fantastiques usines hydrauliques. de l'" Eremitage ".

Le Festival , symbole concret de la mission artistique de Wagner, se trouve actuellement au zénith de sa prospérité. Cela fait vingt-huit ans que le théâtre a été ouvert et vingt et un depuis la mort de Wagner, et la seule chose que Bayreuth craint désormais, c'est la piraterie américaine. Les calomnies les unes après les autres ont été réduites au silence et, au cours des années passées, l'institution semble n'avoir fait que gagner en solidité et en dignité. Elle a formé un public international doté d'une intelligence moyenne un peu plus élevée que partout ailleurs ; et s'il y a certains éléments faibles et erronés dans l' organisation interne , ils ne sont pas si mauvais qu'ils gâchent le résultat combiné du talent brillant et exceptionnel avec lequel presque tous les départements - musical, dramatique, scénique, architectural, mécanique et administratif – est travaillé. On pourrait dresser une longue liste des points sur lesquels le Théâtre Wagner est un peu meilleur que tout autre du genre. Par exemple, la situation et les approches sont plus agréables, les sorties et entrées sont plus commodes, la ventilation est beaucoup plus satisfaisante, l'acoustique est beaucoup plus fine, les distractions pendant la représentation sont moindres grâce à des dispositions particulièrement bonnes, structurelles et autres, et grâce au départ matinal et aux longs intervalles, le public est moins fatigué ; la machinerie scénique fonctionne mieux et la discipline en coulisses est plus rigoureuse. L'orchestre, outre qu'il est plus avantageusement placé, est plus grand et a une capacité d'exécution moyenne plus élevée. Par conséquent, outre l'enthousiasme wagnérien particulier, il y a de quoi attirer les personnes qui s'intéressent de quelque manière que ce soit au drame musical et, en fait, le public comprend généralement des dizaines de musiciens bien connus de différentes parties du monde dont les propres les tendances sont tout sauf wagnériennes.

"Parsifal."

24 juillet 1904.

Le deuxième jour de ce festival, "Parsifal" a été donné pour la 122e fois à Bayreuth, où, depuis la production originale de 1882, il constitue l'élément principal de tous les festivals, à l'exception de celui de 1896. Toute tentative de décrire les impressions de la représentation doit être précédé d'un ébranlement de soi, libéré de cette influence hypnotique qu'exerce l'art de Wagner dans sa dernière phase. Le rideau tombe sur le premier acte, les lumières s'allument et l'on émerge rapidement dans la lumière du jour pour se retrouver une fois de plus au milieu d'une foule internationale bavarde mais bien élevée qui déambule dans l'espace sablonneux ceinturé de plantations. de chaque côté du théâtre. Ce n'est pas tout à fait la même expérience que celle d'un enfant qui se réveille d'un rêve importun, car le sentiment qu'il ne s'agit pas de son propre rêve mais de celui d'un autre est particulièrement fort, accompagné d'un sentiment d'étonnement total qu'il soit possible pour la conscience d'un personne adulte à être emportée dans le monde onirique d'un autre. Vient ensuite une réflexion plus approfondie et la question inévitable de savoir comment cela se fait. Est-ce principalement au moyen de la musique, qui traverse les chambres de la conscience comme les vapeurs d'un anesthésique , ou la puissance particulière réside-t-elle dans les symboles dramatiques, pour l'élaboration desquels les essences les plus subtiles d'une centaine d'arts semblent avoir été conçues ? réuni? Toutes les objections à « Parsifal » semblent se résoudre en fin de compte en méfiance à l'égard de quelque chose de si onirique, et onirique d'une manière si inexprimablement douce et luxueuse. Tout cela est rythmé par les mouvements lents et musicalement ordonnés des chevaliers du Graal, qui sont si sacrés qu'ils ressentent le péché comme une douleur corporelle ; il est solennel avec un apparat hiératique et riche de l' éclat des étoffes coûteuses et de l'éclat des broderies et des bijoux ecclésiastiques. Dans le premier et le dernier acte, il y a une atmosphère de sanctuaire chrétien, et le deuxième acte, se déroulant dans le jardin de Klingsor , semble représenter les plaisirs du péché imaginés par le plus innocent des moines médiévaux . Le moraliste orthodoxe considère tout cela avec une certaine méfiance comme tendant à créer un dégoût pour le travail acharné et l'eau froide. Mais qu'il se souvienne des méfaits commis par les puritains au XVIIe siècle et qu'il fasse attention à la façon dont il le frappe avec le marteau iconoclaste. Quoi qu'il en soit, "Parsifal" est certainement le spectacle théâtral le plus merveilleux au monde et, en tant qu'œuvre ultime d'un homme qui, toute sa vie, a été considérablement en avance sur toute autre personne dans la connaissance de l'art théâtral, il mérite être traité avec une certaine mesure de respect.

Ce que Bayreuth accomplit lors d'une représentation de "Parsifal", dans le fonctionnement fluide et harmonieux de ressources scéniques infiniment complexes, est sans précédent, et la mise en scène presque miraculeuse a été la semaine dernière à son meilleur. Les lentes transformations du premier et du dernier acte s'effectuent en parfaite correspondance avec les suggestions musicales. L'effondrement soudain du jardin de Klingsor en ruine et en désolation a également été parfaitement réalisé, et dans toutes les évolutions élaborées des serviteurs et des érudits des chevaliers, il n'y a jamais eu l'apparence d'un faux mouvement. Un trait particulièrement admirable était la coordination fine du schéma musical dangereusement compliqué dans la dernière partie du premier acte, où le chef d'orchestre doit maintenir ensemble un corps de chanteurs et de musiciens répartis sur quatre niveaux différents : l'orchestre en dessous. sur la scène, les chevaliers assis aux festins d'amour ou manœuvrant sur la scène, les savants plus âgés sur la première galerie du dôme et les plus jeunes savants au sommet. Tous les chants choraux variés des garçons et des hommes étaient magnifiquement exécutés ; les seules erreurs ont été commises par Amfortas et Titurel . Le chef d'orchestre était le Dr Muck, de Berlin, dont *les tempi* semblent avoir été jugés trop lents par certains *habitués* , bien que son interprétation ait été reconnue comme étant irréprochable à tous autres égards.

"L'anneau."

28 juillet 1904.

Le festival de cette année comprend deux présentations complètes de la tétralogie "Ring", dont la première a débuté lundi. Il semble généralement admis ici que l'interprétation du Prologue ("Rheingold") donné ce jour-là était la meilleure qui ait jamais été réalisée. Cette année, le Dr Richter était à la barre pour la première fois, et la fonction générale qui a été un grand facteur de la réputation de Bayreuth depuis l'ouverture du Théâtre Wagner en 1876 est rapidement devenue perceptible dans la force plastique du rendu orchestral et de l'exécution consommée. un savoir avec lequel tout était disposé de manière à donner à chaque interprète la meilleure chance possible de rendre justice à lui-même et à son rôle. D'ailleurs, « L'Or du Rhin » est, de tous les drames wagnériens, celui le mieux adapté pour mettre en valeur avantageusement l'art de Bayreuth. La mise en scène est des plus extraordinaires. Toute l'action se déroule dans les nuages, dans les eaux, ou là où les forges résonnent dans les cavernes enflammées de Nibelheim , et aucun des personnages n'est un simple être humain. Les dieux, les déesses, les géants, les nains et les nymphes des eaux constituent le *dramatis personæ* , et le drame dans son ensemble est plus complètement en dehors du domaine de l'art lyrique ordinaire que toute autre œuvre musicale ou dramatique. Il est donc naturel que Bayreuth, qui est le seul théâtre consacré au drame musical à ne pas être gêné par les traditions lyriques, ait la prééminence dans la mise en scène et la présentation dramatique de « L'Or du Rhin ». Il n'y a pas de rôle pour une prima donna ou un ténor principal, et tout dépend d'une sorte de jeu de personnages extraordinaire créé par Wagner, ainsi que de ces personnages richement animés de la mythologie nordique qui représentent si efficacement les forces naturelles et les impulsions psychiques de ses plus grands et poème le plus caractéristique. La personne la plus importante est Loge, le Dieu du Feu rusé, qui est loin d'être sûr d'avoir fait preuve de sagesse en rejoignant la société Wotan and Company.

Lors de la grande renaissance du "Ring" ici en 1896, l'imitation de Loge par feu Vogel de Munich fut un élément brillant. Vogel était à l'époque reconnu comme le meilleur Loge, et son rôle revient désormais au Dr Otto Briesemeister, qui, avec un costume beaucoup moins efficace que celui de son prédécesseur, danse très intelligemment tout au long de son long et important rôle. Mais parmi les artistes de la scène, c'était M. Hans Breuer, le représentant du mime nain, à qui revenaient les principaux honneurs de la représentation de lundi. Déjà en 1896, M. Breuer était le mime de Bayreuth et depuis lors, il semble avoir constamment amélioré sa présentation. Il est désormais brillant au-delà de toute expression. Mime (ou Mimmy , comme le nom a été bien anglicisé) est peut-être la mieux inventée des figures purement grotesques de Wagner – mieux individualisée que son maître, le sinistre Alberich, représentant l'or comme une puissance mondiale, pour qui Mimmy est obligé de faire le travail du forgeron. travail. Du début à la fin, le rôle pose des problèmes inconnus à l'acteur, car jamais auparavant on n'avait tenté de donner un véhicule musical à de tels pleurnicheries, grimaces et grognements. Mais ces problèmes ont tous été résolus par M. Breuer d'une manière qui semble définitive. Il a pénétré jusqu'à la moelle de la conception du compositeur et nous offre une figure qui rayonne à chaque instant d'une puissance imaginative. La puissante brutalité élémentaire du Fafner de M. Johannes Elmblad est presque aussi bonne, à sa manière très différente, - un autre cas d'acteur complètement identifié avec le rôle particulier, - et le deuxième géant (M. Hans Keller) était à la hauteur de son collègue et de MM. Breuer et Briesemeister dans une interprétation pantomime expressive de la musique. Le trio enchanteur "Rhine Daughter" de la première et de la dernière scènes a été magnifiquement rendu, la manœuvre de nage de la scène précédente étant probablement mieux réalisée que jamais. En plus de rendre justice au drame en tant que tableau allégorique de la vie à la lumière de certaines idées du XIXe siècle, le spectacle était particulièrement une bonne révélation de ses qualités amusantes et naïvement divertissantes. Considérant le spectacle simplement comme un conte de fées mis en scène, on ne pouvait que le qualifier de très bon, et cet aspect de la question n'a certainement jamais été aussi bien mis en valeur auparavant.

"L'anneau."

30 juillet 1904.

On a trop ridiculisé ceux qui, à l'époque où les œuvres de Wagner étaient nouvelles pour le monde, les déclaraient impossibles à exécuter. Après avoir assisté à une série complète des drames qui composent le programme du festival de cette année, je suis profondément impressionné par la nouveauté de l'art qui s'est développé, principalement dans ce lieu, sous la pression des exigences particulières de Wagner. Le metteur en scène et l'acteur chanteur, tout autant que l'orchestre et le chef d'orchestre, ont été contraints d'acquérir une nouvelle technique. Il est même possible d'indiquer approximativement l'ordre dans lequel les techniques particulières requises par Wagner ont été développées. Bien sûr, l'instrumental est venu en premier, car sans lui, il n'y aurait pas eu de tentative de présenter le nouvel art au monde. Ici, l'influence la plus importante, outre celle du compositeur, fut celle de Liszt, Bülow et Richter, les premiers piliers de l'école wagnérienne. Ensuite surgit une nouvelle race de chanteurs dramatiques, dont Schnorr von Carolsfeld, Niemann et Materna furent les premiers exemples ; et la clé de l'énigme de la musique fut trouvée. Mais l'art de Wagner est complexe. Comprenant, comme il le fait, tous les éléments de la tragédie, qu'Aristote décrit comme ayant la musique pour l'une de ses parties, ainsi qu'une présentation scénique moderne, il est en effet un peu plus complexe que tout autre art connu, et c'est pourquoi il a pris tellement de temps pour en maîtriser la technique. Dans le monde civilisé d'il y a à peine vingt-cinq ans, il était encore inconcevable que le drame et la musique d'une même œuvre puissent avoir de l'importance. Une pièce de théâtre avec un peu de musique accessoire était une chose familière, tout comme un opéra au cadre dramatique conventionnel ayant pour seul but l'étalage avantageux de broderies musicales. Mais une œuvre dramatique avec la musique comme partie intégrante était hors de portée de tout ce qu'on croyait alors possible, et longtemps après que la nouvelle race de chanteurs dramatiques eut surgi les problèmes particuliers de *mise en scène* et de direction scénique que le drame wagnérien pose. les cadeaux sont restés sans solution. Cependant, il n'a pas fallu livrer une telle bataille sur la présentation scénique comme cela avait été le cas pour la musique. Il y avait le théâtre de Bayreuth, qui disposait de beaucoup de temps et, depuis peu, de beaucoup d'argent pour résoudre les problèmes scéniques et mécaniques ; et très lentement, ils furent élaborés. L'amélioration depuis 1896, date à laquelle j'ai vu ici le "Ring" pour la dernière fois, est énorme, et de la puissante trilogie telle que présentée maintenant, ce vieux sentiment de matériel maladroit, encombrant et ingérable a dans une large mesure disparu - pas, en fait, au même mesure dans les quatre parties (prologue et triple drame). Le changement et l'amélioration sont les plus frappants dans "Rheingold", qui, avec tout son attirail mythologique et thaumaturgique, était autrefois considéré comme particulièrement maladroit et plein de mauvais quarts d'heure, malgré le génie qui scintillait ici et là. Maintenant que la mise en scène est perfectionnée, elle ne gêne plus les interprètes et ne détourne plus l'attention du spectateur, et l'on peut profiter sans entrave de l'histoire, avec toute sa richesse imaginative et sa qualité aristophanique , telle qu'elle est interprétée par un groupe d'acteurs et des actrices qui maîtrisent parfaitement leur métier particulier. "Rheingold" est désormais perçu comme une comédie pleine de tragédie. Malgré le courant de forces qui provoque des méfaits monstrueux, il s'agit d'une comédie aristophanique aussi approfondie que pourrait l'être tout ce qui a des personnages et des images nordiques au lieu d'helléniques. La scène dans laquelle les différentes utilisations de l'or sont expliquées par Loge, avec des commentaires interpolés délicieusement humoristiques de Fricka (la Mme Grundy du Valhalla) et d'autres, mérite l'attention de tout philosophe ; et pourtant, cela et d'autres passages de valeur similaire passaient inaperçus. Parallèlement à la mention dans mon ancien message des réalisations de MM. Briesemeister, Breuer et Elmblad en tant que Loge, Mimmy et Fafner respectivement, il aurait dû y avoir une référence à la Fricka de Mme. Reuss-Belce , qui était tout simplement parfait dans la scène où cette digne dame s'approche de Loge pour demander si l'or ne peut pas aussi servir à fabriquer de jolis ornements pour dames.

En ce qui concerne la Walkyrie et Siegfried, qui figurent depuis longtemps au répertoire de Londres, de Paris et d'autres capitales, la supériorité de Bayreuth est beaucoup moins certaine, c'est-à-dire de Bayreuth telle que représentée par les représentations de cette année. . Il y avait de sérieuses faiblesses chez deux des trois grands protagonistes, Wotan et Brünnhilde, et pour cette faiblesse aucun degré de compétence dans la présentation des décors finement fantastiques et toujours changeants ne pouvait compenser, ni même la superbe interprétation orchestrale. Le Siegfried de M. Ernst Kraus était cependant, dans l'ensemble, une performance très frappante, comme ce fut le cas à Covent Garden en 1903. C'est dans les Actes I qu'il fut le meilleur . et ii. de "Siegfried" - la forge de l'épée et le meurtre du dragon, précédés et suivis de la merveilleuse *rêverie forestière* , - et ce fut le moins bon dans la scène "Götterdämmerung", où le héros raconte l'histoire de sa jeunesse à son compagnons de chasse. Ici, un certain manque de ressources dans l'expression purement lyrique était un défaut grave. Mais dans l'ensemble, M. Kraus semble être le meilleur Siegfried d'aujourd'hui – le meilleur, en tout cas, de ceux qu'on peut amener à jouer le rôle sans mutilation.

Aucune excellence dans la mise en scène et dans l'interprétation générale ne pourrait obvier ou atténuer sensiblement le caractère insatisfaisant de

"Götterdämmerung". Le drame final de la série "Ring" reste un monstre terrible parmi les œuvres dramatiques de l'humanité, avec un premier et un deuxième acte mornes, dans lesquels il semble se passer peu de choses en dehors de l'accumulation de nuages d'orage sombres. L'animation féroce du rassemblement des vassaux dans la salle des Gibichungs a produit jeudi le plus grand effet dont elle est capable ; mais l'atmosphère de ces scènes où se déroule la tragédie de la malédiction pesant sur l'Anneau restait, comme auparavant, presque intolérable ; et malgré la ravissante musique fille du Rhin du troisième acte, la beauté romantique de " Erzählung " (histoire de la jeunesse de Siegfried) et la grandeur monumentale des scènes funéraires, le dernier jour de la trilogie nous a laissé le sens ancien. d'oppression. Comme la plupart des gens le savent, tout le drame du "Ring" a commencé dans l'esprit du compositeur avec "La Mort de Siegfried" - cette partie qui s'appelle maintenant "Götterdämmerung" - et les trois autres parties ont été écrites pour y conduire. Néanmoins le noyau originel reste le produit monstrueux d'une imagination désordonnée, tandis que les trois parties, conçues comme quelque chose de secondaire, forment une série de chefs-d'œuvre. Les livres, on le sait, ont leur destin, et le sort de celui-ci n'est pas des moins curieux. L'expérience de cette année, tout en tendant à montrer que les défauts supposés de "Rheingold", " Walküre " et "Siegfried" disparaissent presque entièrement dans un rendu harmonieux de toutes parts, laisse avec un sentiment fortement accru du final. l'insatisfaction inhérente au drame .

CHAPITRE VI.

TCHAÏKOVSKY.

Symphonie n°5 et autres œuvres.

21 janvier 1898.

L'expérience consistant à consacrer tout un concert divers aux œuvres d'un seul compositeur est presque toujours hasardeuse. Nous doutons qu'un autre compositeur que Wagner ait jamais résisté de manière tout à fait satisfaisante à une telle épreuve. Il était bien entendu inévitable que la vague de popularité sans précédent, grâce à laquelle la symphonie « Pathétique » de Tchaïkovski a été portée à travers le pays au cours des deux dernières années, ait eu pour résultat de mettre sur le devant de la scène d'autres œuvres du même compositeur. Ce résultat n'est en aucun cas à regretter. Tchaïkovski est un compositeur tout à fait intéressant. Sa puissance et son originalité ne peuvent guère être contestées aujourd'hui, et, quel que soit le verdict sur son art rendu par ceux compétents pour juger du moment où l'excitation de la nouveauté sera passée, un fait semble déjà être tout à fait clair, à savoir qu'il était un grand maître de l'orchestre. Ecouter la musique de Tchaïkovski pendant une soirée entière et comparer les nouvelles impressions avec les anciennes impressions aurait pu révéler plus de défauts et de limites que de mérites ; mais l'expérience confirme à nos yeux l'idée selon laquelle le compositeur russe doit pouvoir prendre rang, aux côtés de Berlioz et de Wagner, comme un maître consommé et original de l'orchestre, considéré comme moyen d'expression. Il appréhende l'orchestre moderne comme s'il s'agissait d'un seul instrument. Il le balaie comme un puissant virtuose au toucher infaillible. Il connaît les suggestions et les puissances qui résident dans le timbre de chaque tuyau, corde et membrane, tout comme un homme connaît les articulations de sa langue maternelle. Il donne une forme extérieure à n'importe quelle tendance musicale qu'il a en tête avec un succès absolu. Bref, il a une capacité consommée pour s'exprimer en musique, et une telle capacité est si rare qu'elle suffit à elle seule à rendre un compositeur très célèbre. Il reste, bien sûr, certaines questions sur le soi ainsi exprimées, et ce n'est que lorsque nous atteignons ces questions que les défauts et les limites de l'art de Tchaïkovski apparaissent. La grande prédominance des humeurs mélancoliques dans la musique de Tchaïkovski est un fait communément observé. Lorsqu'il désire se débarrasser de son état habituellement sombre et maussade, comment s'y prend-il ? Exactement comme on pourrait s'y attendre avec une telle disposition – par une excitation frénétique, par le éclat et l'éclat d'un spectacle militaire ou par une danse orgiaque. Sa musique plus légère est bizarre ou sardonique quand elle n'est pas seulement enivrante. L'énorme prédominance de l'intérêt rythmique sur tout autre type d'intérêt, comme celui de la mélodie ou de l'harmonie, dans la musique de Tchaïkovski , n'a guère pu passer inaperçue ; et le rythme est l'élément le plus bas de la musique ; c'est l'élément représentant l'impulsion animale, comme le montre sa prépondérance dans toutes les musiques religieuses (Palestrina, par exemple). La musique de Tchaïkovski berce, vagabonde, gigue, tournoie et vole bien plus qu'elle ne chante ; et quand il chante, c'est soit profondément mélancolique, amèrement sardonique, soit simplement bizarre. Le compositeur n'a absolument aucune sérénité dans son caractère, aucun amour de la nature ou de l'innocence, aucune naïveté, aucun calme ou sang-froid, aucune activité saine, aucune religion, bien que beaucoup de patriotisme pittoresque et très peu d'intellectualité - juste assez pour le but de expression. Telle est la disposition révélée dans l'art de Tchaïkovski . Comme Rubens le peintre, il ne s'intéresse qu'à l'animalité exubérante, car les Madones de Rubens et autres tableaux quasi religieux sont autant d'études d'animalité exubérante que ses Vénus et ses chasses au sanglier. Tchaïkovski aime aussi la chasse ; bien que ses goûts plus particuliers soient pour le combat, les démonstrations militaires et la danse. Un tel personnage ne pouvait être que profondément mélancolique en l'absence d'une forte excitation. En même temps, il était, comme Rubens encore, un artiste au pouvoir énorme, et ses créations ont leur valeur. La cinquième symphonie, qui a été donnée hier, offre une comparaison des plus intéressantes avec la sixième et dernière. Une nature telle que, selon nous, Tchaïkovski a révélé dans son art ne serait jamais pleinement digne sauf dans un grand chagrin ou dans une situation mettant son patriotisme au premier plan. C'est, croyons-nous, — ajouté à la maturité plus complète de l' art — l'explication de cette grandeur qui a été généralement reconnue comme distinguant la symphonie « pathétique » parmi les œuvres du compositeur. Seule parmi les plus grandes œuvres du compositeur, elle a de la dignité. Le sentiment qu'il incarne est extrêmement profond et sincère. C'est un énoncé d'une forte nature semi-primitive avec un appétit robuste, mais aussi avec une immense capacité de sentiment – sentiment personnel et sentiment familial, tribal ou patriotique. Dans la symphonie donnée hier, en revanche, nous avons un festin de couleurs sonores magnifiques , de figures orchestrales d'une ampleur et d'une ingéniosité étonnantes, ici et là de motifs d'une expressivité poignante, d'une immensité de dessin, d'une énergie surhumaine ; mais la dignité de l'œuvre est gâchée par l'intervention perpétuelle de rythmes tumultueux et frénétiques. Les autres œuvres orchestrales données étaient toutes d'importance mineure. Le meilleur était peut-être l'ouverture de "Roméo et Juliette", abordant un sujet dont certains aspects étaient naturellement adaptés au tempérament du compositeur. Il s'est emparé de ces aspects avec une connaissance de soi infaillible et en a fait un tableau musical éloquent. "Les Variations sur un thème rococo" et "Pezzo Capriccioso" sont deux pièces ingénieuses et bizarres, toutes deux très intelligemment orchestrées, qui ont permis à M. Carl Fuchs d'afficher son admirable maîtrise du violoncelle comme instrument soliste. Ils furent tous deux très finement joués et, surtout le dernier, suscitèrent un enthousiasme considérable. En ce qui concerne l'interprétation, la symphonie mérite également des éloges sans réserve. Dans tout le concert, il n'y a qu'une seule œuvre qui, à nos yeux, porte le sceau de la perfection : c'est la petite chanson « Nur wer die Sehnsucht kennt », qui est digne de figurer parmi les meilleures paroles de Schumann et montre en effet la l'esprit de ce compositeur dans l'une de ses ambiances - celle qui a produit "Ich grolle nicht" - très fortement. Toutes les chansons étaient intéressantes. En fait, la puissance lyrique de Tchaïkovski est si frappante qu'elle peut être placée à côté de sa maîtrise de l'orchestre parmi ces qualités qui font de lui un grand compositeur. Tout ce qui a été dit à propos plus particulièrement des œuvres orchestrales s'applique avec la même vérité aux chants ; ils sont soit mélancoliques, comme le premier, le troisième et le dernier donnés au concert d'hier, soit sardoniques, comme la « Sérénade de Don Juan ». L'éclat, le bonheur, la confiance, la résignation, le respect, le sens du mystère sont des qualités aussi étrangères à la nature du compositeur que la simple jovialité ou le badinage innocent.

Symphonie en fa mineur.

25 novembre 1898.

La Quatrième symphonie de Tchaïkovski , qui constituait l'œuvre orchestrale principale du concert d'hier, est pleine de vie et d'entrain, offrant un aperçu intéressant de ces puissances qui étaient destinées à produire la symphonie « Pathétique ». Composée une quinzaine d'années plus tôt que « Pathétique », la quatrième symphonie représente le compositeur dans un état d'esprit très différent, mais avec à peu près les mêmes puissances techniques. Il est peut-être naturel que les premiers travaux soient plus joyeux ; mais, si l'on considère que le compositeur avait trente-huit ans lorsqu'il a composé cette œuvre antérieure, la musique semble curieusement jeune. La différence entre le style de la symphonie donnée hier et celle de « Pathétique » est presque entièrement d'un genre qui échappe à l'analyse. On ne peut qu'affirmer d'une manière générale que dans le « Pathétique », il y a une profondeur et une énergie de sentiment que l'on ne trouve que dans de véritables grandes œuvres d'art ; aussi qu'il y a un style mûr, apparaissant surtout dans le tact merveilleux avec lequel tant de matériaux riches, hautement colorés et dangereux sont disposés. D'un autre côté, la symphonie antérieure, bien que fortement apparentée à la « Pathétique » en termes d'invention rythmique et mélodique, de figuration, d'instrumentation et de dispositif en général, ne manque pas seulement du tact de l'artiste mature, mais montre également que le compositeur n'est pas sous le choc. l'influence de tout sentiment fort, et se délectant simplement de ses pouvoirs d'orchestration magnifique, de travail thématique ingénieux et de rassemblement de masses sonores en vue d'un effet pittoresque. Tchaïkovski est presque toujours martial dans telle ou telle partie d'une œuvre orchestrale. Dans la grande symphonie, le premier mouvement comporte une section féroce suggérant un véritable massacre, tandis que la plus grande partie du troisième mouvement est un spectacle militaire élaboré. L'œuvre donnée hier s'ouvre sur des accents martiaux, qui reviennent plusieurs fois dans le premier mouvement puis dans le dernier. Le premier mouvement illustre également la pratique du compositeur consistant à introduire une grande partie du développement immédiatement après l'énoncé d'un thème, au lieu d'attendre la section de développement. Bien que chaque élément musical soit révélateur, le mouvement est trop prolixe. Dans l'andantino, il devient vite évident que l'esprit du compositeur est tourné vers sa mélodie populaire nationale, le deuxième thème en particulier ayant une très forte saveur de musique nationale russe. Le mouvement est court et très charmant. On passe ensuite du chant à la danse, le scherzo étant une sorte de danse cosaque orchestrée dans le style le plus piquant, les cordes jouant partout en pizzicato. Là encore le compositeur est irrésistible. La musique est une musique de ballet, pas digne d'une symphonie, mais elle est si exaltante qu'il faut une « trêve avec grimace ». Et le final ? Nous avons déjà déclaré à notre avis qu'aucune musique de Tchaïkovski, à l'exception de sa dernière symphonie, n'avait de dignité, mais probablement dans aucune autre œuvre quasi sérieuse il ne s'est engagé dans un morceau de rodomontade aussi étonnant que celui utilisé ici pour conclure la symphonie. La musique entre comme un showman volubile, battant un tambour en tête d'un cortège et assurant à la foule que jamais au monde rien n'a été vu d'aussi merveilleux que ce spectacle particulier. Le spectacle continue ensuite, semblant s'intéresser aux exploits nationaux qui sont tous illustrés par les commentaires du même showman volubile. Une interprétation méritoire a été donnée à cet ouvrage amusant et, à certains égards, instructif. De nombreux passages d'instruments à vent sont très éprouvants pour les interprètes, en particulier le trombone basse qui, dans le dernier mouvement, doit parfois jouer aussi vite que la flûte ; mais les joueurs ont lutté vaillamment contre ces difficultés et ont rendu justice au score.

Ouverture "Roméo et Juliette".

14 décembre 1900.

Le cas de Tchaïkovski , avec sa grande Symphonie dépassant d'une hauteur incommensurable toutes ses autres compositions de quelque nature que ce soit, est isolé. On est presque obligé de penser à tout le reste à la lumière d'une seule grande œuvre. Voilà quelque chose qui préfigure vaguement le formidable tableau de bataille du premier mouvement. Nous y remarquons une légère suggestion de ce pouvoir de représenter un cœur plein des pressentiments les plus terribles, au milieu de scènes de gaieté et de galanterie, qui donne son caractère particulier au célèbre mouvement 5 à 4 ; et il y a des avant-goûts de l'agitation et de l'excitation rendues sur une échelle gigantesque dans le scherzo, de la note triomphale de la marche, du dernier cri désespéré. Mais tout le reste est faible et fragmentaire en comparaison de la grande symphonie. L'ouverture de "Roméo et Juliette", jouée hier, est probablement la meilleure composition de jeunesse de Tchaïkovski , et c'est certainement celle qui suggère le plus clairement la grande dernière symphonie. La base poétique de l'image tonique est dans une large mesure la même dans les deux cas. Un prologue d'avertissement mène aux scènes de violence et d'effusion de sang. S'en suit une histoire d'amour romantique avec une fin tragique. Tout dans l'ouverture est extrêmement bien fait – la musique de combat est graphique et la musique d'amour est profondément chargée d' émotions – mais son esprit n'est pas du tout shakespearien. Le pathétique névralgique particulier qui hante presque toutes les œuvres de Tchaïkovski nous entraîne dans une atmosphère fiévreuse et contre nature très différente de celle de Shakespeare ; et les combats sont sanglants et réalistes à la manière hagarde de Verestchagin . Comme pour le traitement de « Faust » par Berlioz, il ne faut rechercher aucune sorte de fidélité à l'esprit de l'original. Il vaut mieux se contenter de ce tableau saisissant et éloquent, fondé sur les traits extérieurs d'un poème bien connu mais appartenant essentiellement au monde onirique du compositeur. L'ouverture a été magnifiquement jouée hier. L'interprétation du Dr Richter a pleinement révélé la beauté de l'introduction, où le compositeur avait réussi à trouver une note pathétique contrairement à sa veine étroite et égoïste ou simplement tourmentée habituelle. La fine précision des instruments à percussion dans les sections représentant la lutte des Montagues et des Capulets était particulièrement remarquable ; mais il est à peine nécessaire de mentionner des détails, car l'ensemble du tableau sonore était superbement présenté.

Symphonie en mi mineur.

8 mars 1901.

Il existe une grande diversité d'opinions quant aux mérites de la Cinquième Symphonie de Tchaïkovski . Plus d'un critique londonien a exprimé l'opinion qu'il équivaut au sixième et dernier, bien plus connu. M. Jacques déclare dans l'émission d'hier que, bien que le n° 6 — la « Pathétique » — fasse plus fortement appel aux émotions, le n° 5 est, d'un point de vue constructif, la meilleure œuvre. D'un autre côté, nous avons l'opinion du critique russe Berezovsky – citée avec le compte rendu détaillé de l'œuvre par le même auteur dans un récent livre anglais sur Tchaïkovski – selon laquelle la Cinquième Symphonie est la plus faible de toutes les Symphonies. Il y a quelque chose de plutôt déprimant dans une divergence d'opinions aussi extrême. Cela prouve l'une des deux choses suivantes : soit Tchaïkovski n'est pas un des compositeurs sensés dont les œuvres se situent dans une certaine relation claire avec les besoins musicaux de la nature humaine ; ou bien, malgré notre culture musicale considérablement accrue, nous ne sommes pas plus rapides que les hommes de l'époque de Beethoven dans nos perceptions ; et, en l'absence de perception, nous sommes encore plus liés que ne l'étaient nos prédécesseurs par des notions pédantesques. La réception du grand "Symphonic Pathétique " dans ce pays élimine l'ancienne alternative. Aucune autre œuvre instrumentale n'a jamais suscité autant de véritable intérêt public, et même ceux qui ne sont pas de grands admirateurs de Tchaïkovski devraient, s'ils se soucient de la vie musicale de ce pays, s'intéresser à lui, en raison de l'étonnante emprise soudaine et puissante qu'il prit sur l'imaginaire public. Ce n'est pas dans les éléments extérieurs – comme l'instrumentation, le contrepoint, la forme, etc. – qu'il faut chercher l'explication. Glazounoff n'orchestre pas moins brillamment que Tchaïkovski et possède probablement une plus grande maîtrise du dispositif scolaire, et il en va de même pour Saint-Saëns. Pourtant, aucun de ces maîtres n'a jamais fait ou n'a pu susciter quoi que ce soit qui ressemble à l'intérêt que suscite Tchaïkovski . Nous pensons que le secret de Tchaïkovski réside d'abord dans sa sincérité, son sérieux, son intensité, sa recherche du véritable symbole de son idée ou de son sentiment, son rejet de la simple musique fabriquée. En écoutant Glazounoff on perçoit le trot d'appareil. « Remarquez avec quelle habileté, semble dire le compositeur, avec quelle habileté j'introduis ce thème en augmentation. » Tandis que Tchaïkovski est toujours concentré sur son idée et, lorsqu'il use de stratagème, c'est avec l'air d'un homme profondément sérieux et avide d'une ressource d'expression. Ainsi, le centre de gravité est chez Glazounoff le plus souvent dans le dispositif, chez Tchaïkovski toujours dans le message, et avec ce vague subconscient de l'âme musicale, nous percevons l'un comme un fripon cultivé, l'autre comme un homme avec quelque chose. important de le dire. C'est le premier et principal point. Vient ensuite le don du rythme de Tchaïkovski , la qualité de la musique à laquelle le grand public d' aujourd'hui se soucie le plus. Lorsqu'une personne ayant des notions musicales rudimentaires dit qu'elle aime un bon air, on découvre presque toujours que ce qu'elle aime, c'est le rythme, et que la mélodie peut être librement modifiée sans qu'elle s'en aperçoive. Le même goût existe aux stades supérieurs de la culture. Cent fois plus commun qu'un véritable sens de la beauté mélodique est l'amour d'un rythme puissant qui emporte l'auditeur. Aujourd'hui, Tchaïkovski fait cela pour l'auditeur bien plus souvent que n'importe quel autre compositeur. Il séduit d'abord par quelque chose dans lequel son don du rythme joue un rôle primordial, et, après avoir captivé, il ne nous déçoit pas en disant des choses vides de sens. D'autres points sont son harmonie étonnamment riche, qui n'est jamais tordue et sans conséquence, comme tant d'harmonies de Berlioz, mais développe toujours logiquement et clairement l'immensité de son dessin ; sa chaleur de coloration et sa force pittoresque. Inutile de dire que pour expliquer un succès soudain et signalé auprès du grand public, il faut toujours mentionner les points faibles. Parmi les points faibles de Tchaïkovski, celui qui lui a valu le plus de popularité est son habitude persistante de présenter ses idées d'une manière en quelque sorte équilibrée et antithétique. Il n'attend pas trop d'intelligence de la part de l'auditeur. Il dit d'abord une chose, puis il la répète une octave plus bas ou plus haut et avec une instrumentation différente ; Ensuite, il répète une partie de ce qui vient d'être dit, et le répète une ou deux fois, et ainsi de suite. Et cela ne se fait pas artificiellement ; une telle procédure lui était évidemment naturelle. Au moment où il a terminé, une partie de l'idée a été transmise à l'esprit le plus ennuyeux ; et tout cela est fait avec une harmonie extrêmement moderne et une instrumentation si fringante, brillante et variée que seule une personne terriblement analytique prend note de l'itération thématique. Il est remarquable que, alors que toutes les autres symphonies sont pleines de mélodies populaires slaves, l'invention thématique du « Pathétique » est entièrement originale, jusqu'au moindre fragment. Il n'y a pas un air folklorique du début à la fin. Il suffit de penser au premier thème du premier mouvement rapide pour se rendre compte à quel point le compositeur était énervé. Son originalité est absolue. On peut parcourir tous les compositeurs orchestraux depuis Haydn jusqu'à Wagner et Brahms, en se demandant si ce thème pourrait être de l'un d'entre eux. Evidemment, cela ne pouvait être l'œuvre de quelqu'un d' autre que Tchaïkovski . En entendant ce thème pour la première fois, l'auditeur dresse l'oreille. "Voici un homme qui a quelque chose à dire", pense-t-il. Or, il n'y a rien de tel dans le numéro 5. Le matériel thématique a été obtenu de manière facile, principalement par emprunt. Et la supériorité du grand n°6 est tout aussi remarquable dans la richesse et la spontanéité du développement que dans l'originalité de l'invention thématique. À d'autres égards, les arguments contre le point de vue de M. Jacques sont beaucoup plus solides. Il n'y a pas l'ombre d'une indication dans le n° 5 de la puissance qui a produit cette écrasante image de bataille dans le premier mouvement du « Pathétique », ou du genre complètement nouveau d'éloquence introduit dans le monde de la musique dans le troisième mouvement. — le Scherzo-Marche — du « Pathétique », ou de l'expression poignante sans précédent du Finale. Le cinquième est un bel ouvrage pittoresque, intéressant surtout par l'aperçu qu'il nous donne de ces exercices par lesquels s'est fortifié le génie destiné à produire le n° 6. Nous entendons bon nombre des mêmes effets orchestraux, tels que l'utilisation fréquente de cordes graves divisées et la proéminence des parties de basson. La figuration de la Valse, puis du Finale, offre également un léger pressentiment des merveilles qui nous captivent dans cette dernière œuvre. Mais, avant qu'une comparaison entre les deux soit vraiment possible, il faut éliminer le dernier mouvement du « Pathétique » et le considérer comme se terminant par la Marche, comme le compositeur avait initialement prévu qu'il se termine.

Symphonie "pathétique".

"C'est la huitième fois à ces concerts", disait la programmation d'hier soir , en référence à la grande Symphonie de Tchaïkovski , qui n'a que huit ans. Les représentations à Londres se comptent par dizaines, et chaque fois que de véritables concerts d'orchestre sont donnés dans ce pays, le chant du cygne du défunt maître russe a probablement été entendu plus souvent que toute autre œuvre symphonique. Ne soyons pas trop pressés de protester contre cet état de choses. L'énorme audience d'hier soir – de loin la plus nombreuse de la saison en cours jusqu'à présent – suggère que le public n'a pas perdu son intérêt pour la Symphonie. Nous ne sommes pas non plus en désaccord avec l'opinion du public à cet égard. Il y a une puissance étonnante dans le charme de l'œuvre et dans l'attrait qu'elle exerce sur l'imagination. Depuis quelque temps , nous sommes préoccupés par l'idée qu'elle forme une sorte de pendant de la Symphonie du "Nouveau Monde" de Dvoràk. Dvoràk a capturé dans sa musique l'esprit léger, plein d'espoir, démocratique, optimiste et libre-penseur de la vie américaine, avec son côté supérieur de civilisation furieuse et son dessous de l'humanité primitive (Nègres et Peaux-Rouges) où l'énergie du sentiment est sans commune mesure avec la faculté intellectuelle. Le mouvement lent de Dvoràk est sans aucun doute un hymne à cette humanité primitive, avec un courant sous-jacent de méditation dans la prairie la nuit, dans lequel les mouvements de la sève et la germination des graines au sein d'une nature inépuisablement fertile deviennent pour ainsi dire audibles. C'est quelque chose comme la poésie que Walt Whitman aurait écrite s'il avait été un bien meilleur poète. De manière analogue, Tchaïkovski a rattrapé et fixé dans sa "Symphonie Pathétique " l'âme de la Russie moderne. Tout comme la Symphonie américaine est légère, démocratique, optimiste et libre de penser, la Symphonie russe est langoureuse et opprimée, aristocratique, pessimiste et hiérarchique. L'absence de tout mouvement lent, à l'exception du chant chantant à la fin, est intensément caractéristique. Le compositeur n'a pas d'hymne d'action de grâce ou d'interlude sereinement contemplatif à nous offrir, mais seulement quelque chose à l'atmosphère parfumée et artificielle de la salle de bal, comme un soulagement aux ardeurs et aux terreurs de ses passages militaires et patriotiques. Dans son premier et son troisième mouvement, il nous rappelle que le Russe, malgré toute sa profonde religiosité et son mysticisme, malgré toute son abondance de talent et sa courtoisie exquise dans des conditions normales, vit dans un pays cruel et a en lui d'être plus cruel que tout autre homme blanc moderne. Nous pensons que le chant funèbre de la fin est l'expression la plus puissante d'émotion tragique qui existe dans toute la gamme musicale. Une telle œuvre supportera de nombreuses représentations, surtout dans un lieu où il y a un Richter pour l'interpréter. Bien entendu, ni le « Nouveau Monde », ni la Symphonie moscovite ne peuvent être comparés un seul instant à Beethoven. Des gens comme Dvoràk et Tchaïkovski , appartenant à la marge de la civilisation , ont quelque chose de sauvage, tandis que Beethoven a hérité de la culture de l'Europe centrale et a exprimé dans la musique les émotions d'un personnage tout à fait civilisé . La partie du XIXe siècle postérieure à la mort de Wagner restera probablement dans les mémoires pour l' *avènement* du semi-sauvage dans la musique. Mais, rappelons-le, la musique est un art d'expression, et toute musique profondément et richement expressive est de la bonne musique, quelle que soit l'émotion ou l'idée sous-jacente.

CHAPITRE VII.
——ELGAR

.

"Le roi Olaf."

2 décembre 1898.

M. Edward Elgar semble devoir presque entièrement sa renommée à ces festivals d'automne qui constituent un élément si important de la vie musicale de ce pays. Un organiste, tourné vers la composition sérieuse, occupant un poste dans quelque ville où se tient périodiquement une de ces fêtes, est avantageusement placé pour faire entendre les productions de son génie musical ; et M. Elgar était, et pour autant que nous le sachions, il est toujours organiste à l'église catholique romaine St. George à Worcester. Sa carrière de compositeur de festival date de 1890, année où son ouverture "Froissart" fut produite au Festival de Worcester. Trois ans plus tard, une œuvre chorale – « Le Chevalier Noir » – fut entendue dans la même ville, avec apparemment des résultats avantageux pour la réputation de M. Elgar, car depuis lors il a consacré une grande partie de son énergie à la composition. La cantate jouée hier soir pour la première fois à Manchester semble avoir été la quatrième des œuvres chorales importantes de M. Elgar. Lors de sa première représentation au Festival de Hanley il y a deux ans, elle a attiré beaucoup d'attention et a été saluée par de nombreux écrivains de presse comme une œuvre pour le Festival de Leeds, généralement considéré comme l'événement le plus important de ce genre dans le pays. L'œuvre composée pour Leeds et produite là-bas en octobre dernier s'appelait « Caractacus ». Son style général est similaire à celui de "King Olaf", tout en représentant naturellement une étape ultérieure dans le développement du compositeur. Dans les deux œuvres, on note le même instinct dramatique, le même traitement anticonformiste, la même faculté de véritable invention thématique et le même don inimitable pour l'orchestration. Au fur et à mesure que ce compositeur gagne en expérience, il ne semble pas, comme chez beaucoup d'autres, que ses forces inventives s'épuisent, mais qu'au contraire elles mûrissent et se développent. "Caractacus" est évidemment une œuvre meilleure à tous égards que "King Olaf". Or, tous ces faits font de M. Elgar une personne très intéressante. Les qualités énumérées ci-dessus – don pour l'invention thématique, orchestration ingénieuse et révélatrice, traitement non conventionnel, etc. – sont extrêmement rares et précieuses. Il est tout à fait possible pour un compositeur de mener une longue et fructueuse carrière sans en posséder aucun, et il est donc tout naturel qu'un compositeur qui en possède soit salué avec enthousiasme. Mais, malheureusement, ce ne sont pas les seules qualités nécessaires à un compositeur d'œuvres chorales étendues, et M. Elgar, qui s'élève si loin au-dessus des simples faibles conventions dans sa musique actuelle, n'est pas exempt de l'illusion commune mais des plus malicieuses selon laquelle presque tout il suffira de « vers pour musique ». Il gaspille les ressources de son art remarquable sur un texte qui est par endroits impropre à tout traitement musical et qui est, dans l'ensemble, désespérément décousu, incohérent et ennuyeux. On s'intéresse à un épisode dramatique où une mariée semble sur le point d'assassiner son époux avec un poignard qui brille au clair de lune. Mais le récit s'éloigne vers d'autres sujets ; une nouvelle héroïne, avec des affaires et des intérêts tout différents, occupe l'attention, et on n'entend plus parler de la dame au poignard. Sans doute, le titre « Scènes de » la Saga du roi Olaf semble justifier une telle démarche, mais il n'empêche pas l'intérêt de faiblir ni l'impression générale laissée par l'œuvre d'être fragmentaire et incohérente. Le meilleur de la musique se trouve au début, où il y a un refrain extrêmement fin, "The Challenge of Thor", contenant divers éléments musicaux tous véritablement expressifs et chargés de la même vigueur primitive et racée . Les éléments en question les plus importants sont la musique Hammer, la musique Iceberg, la musique Thunder and Lightning et les accents qui véhiculent le défi du christianisme par la vieille religion nordique. Le plus efficace aussi des solos est le long récitatif de ténor qui suit le grand chœur. Aux mots «écouter les vents sauvages gémir», un accent très original et intéressant commence à se faire entendre dans l'accompagnement. Mais la promesse de ces belles choses n'est pas bien tenue dans la dernière partie de l'ouvrage. Partout les difficultés sont très redoutables, et dans bien des cas elles étaient trop fortes pour le chœur qui, sauf dans "Le Défi de Thor", ne chantait pas d'une manière très libre et très expressive. Ils n'ont pas non plus toujours pris les devants avec précision ; mais, dans une œuvre complexe regorgeant de figures d'accompagnement aux rythmes croisés si déroutants, ces défauts étaient excusables. La cantate ne parut pas faire une grande impression sur le public ; mais nous devrions nous attendre à découvrir que, si jamais M. Elgar avait la chance d'obtenir un très bon sujet et un bon livre, et surtout un sujet et un livre parfaitement adaptés à ses remarquables pouvoirs dramatiques, il produirait quelque chose d'une valeur durable.

Les « Variations Enigma ».

9 février 1900.

Le style de composition appelé « Variations » est un exemple frappant d'une forme primitive qui s'est révélée impérissable. Sir Hubert Parry a souligné que l'idée fondamentale des variations dans la musique instrumentale est coordonnée avec le *canto fermo* et le contrepoint des premiers compositeurs de chorales. Chaque système résultait d'une tentative visant à donner forme et unité à une composition en répétant un thème encore et encore, chaque fois sous un aspect nouveau ou avec une ornementation nouvelle ; bien que l'effet obtenu en enroulant un contrepoint ingénieux pour d'autres voix autour d'un *chant fermo immuable* soit, bien sûr, très différent du trucage de la mélodie elle-même. Dans la musique chorale, le système *du canto fermo* a presque disparu lorsque des principes de structure plus mûrs ont été découverts ; mais la forme variationnelle n'est jamais tombée en désuétude à aucune période depuis son invention. Il a été utilisé par tous les grands maîtres et par beaucoup d'entre eux comme véhicule de grandes et splendides idées. Le progrès général du mécanique à l'imaginaire marque les étapes successives par lesquelles la forme est passée. L'une des principales raisons de sa vitalité est qu'elle permet des traitements dans tous les styles possibles. Les variations peuvent être mélodiques, contrapuntiques ou harmoniques. Un compositeur superficiel peut les réaliser en s'occupant simplement de son thème, un compositeur profond en développant les idées musicales qui s'y trouvent. Ceux de Bach étaient principalement contrapuntiques, ceux de Mozart principalement mélodiques, on pourrait même dire mélismatiques, et Beethoven exécutait des variations de toutes sortes, obtenant dans ses œuvres ultérieures des résultats d'une grandeur insoupçonnée dans la forme. Mais le dernier Beethoven n'a jamais vraiment été suivi par aucun mortel dans la voie austère et merveilleuse qu'il s'est tracée, bien que Brahms et d'autres aient obtenu de lui quelques indices. L'initiateur des variations romantiques modernes fut Schumann, dont les « Etudes Symphoniques » révélèrent une nouvelle source de vie dans la forme, qui s'est révélée moins austèrement inaccessible que celle de Beethoven ; Brahms, Tchaïkovski , et bien d'autres s'en sont évidemment inspirés. M. Elgar entretient une relation particulière avec les maîtres modernes de la forme variationnelle. Il semble très préoccupé par la curieuse idée du portrait musical, qui, là encore, doit son existence à Schumann. La miniature de Chopin apparaissant dans le "Carnaval" de Schumann était le premier, et reste peut-être à ce jour le meilleur, exemple en son genre, et l'esquisse de Mendelssohn formant le n° 24 de "l'Album pour la jeunesse" du même compositeur est également un morceau reconnaissable de portrait musical. M. Elgar a réalisé l'idée à une échelle étendue dans ces variations. Son thème, qu'il qualifie d'« énigme », n'a aucune excentricité. Il s'agit d'un morceau plutôt semblable à une marche, de forme régulière, comportant trois sections, dont la dernière est une répétition de la première, avec une harmonie et une instrumentation nouvelles. Il existe nominalement quatorze variations ; — y compris le finale, en réalité treize, car le n° 10, décrit comme un intermezzo, n'est pas une variation. Chacune des variations, ainsi que l'intermezzo, porte des initiales ou un surnom, qui sont communément supposés représenter les amis du compositeur. Pourquoi une telle chose devrait-elle être supposée, nous ne le savons pas. Il est à la fois possible et permis de représenter des personnes qui ne sont pas ses amis, et certains portraits de M. Elgar nous paraissent extrêmement sévères et satiriques. L'un des premiers numéros, en particulier, donne une vive impression d'une personnalité très antipathique, bavarde, grincheuse, triviale, mesquine égoïste et plutôt singe. Le compositeur fait bien de laisser l'identité de l'original rester entourée de mystère. Les variations sont regroupées selon les principes habituels de contraste, et elles sont toutes extrêmement efficaces. Même si le compositeur qualifie son thème d'énigme — Berlioz appelait son thème de variation dans une des premières symphonies *idée fixe* — on peut difficilement échapper à l'impression qu'il représente le tempérament de l'artiste, à travers lequel il voit ses sujets ; car c'est là, et rien d'autre, ce qui constitue le lien entre toute série de portraits réalisés par la même main. Une merveilleuse ingéniosité se manifeste en faisant varier la relation dans laquelle le thème se situe par rapport au tableau musical. Durant la première partie de l'œuvre, jusqu'à la fin de la sixième variation, l'attitude du public semblait plutôt réservée. Mais un changement commença à être perceptible à partir de la septième variation, appelée « Troyte », un mouvement presto impétueux qui montre une énergie jusqu'alors insoupçonnée. L'attention n'a pas non plus faibli pendant les harmonies nobles et sereines de l'Allegretto qui a suivi. Le « Nimrod » richement organisé , formant le n° 9, mène au délicat et trépidant Intermezzo « Dorabella », qui n'a aucun rapport avec le thème. La onzième variation, intitulée "GRS", est une autre démonstration d' une vigueur abondante , et le "BGN" suivant a pour élément principal une belle mélodie lyrique pour violoncelle. Le n° 13 fait évidemment référence à quelqu'un en voyage en mer, le thème du « voyage prospère » de l'ouverture « Meeresstille » de Mendelssohn étant entendu au milieu de délicates suggestions de sons marins lointains. Dans le finale très long , il y a une écriture polyphonique puissante, et le mouvement se termine par une répétition du thème en augmentation, déclamé avec force par les cuivres lourds avec l'accompagnement de l'orchestre au complet. Le public semblait plutôt étonné qu'une œuvre d'un compositeur britannique ait pu avoir sur lui autre chose qu'un effet pétrifiant. Ils ont applaudi avec l'énergie que méritent la puissance imaginative du compositeur et sa maîtrise de l'orchestre. Le Dr Richter fit signe à M. Elgar, qui était assis parmi le public, et il monta alors sur scène et reçut un accueil enthousiaste du public. Le succès éclatant de cette composition nous rappelle le passage suivant figurant à la fin d'un article de Sir Hubert Parry écrit il y a quelques années : « Il est même possible que, après toute sa longue histoire, la variation offre encore l'une des plus belles compositions. des opportunités favorables à l'exercice de leur génie par les compositeurs du futur. »

"Cockaigne."

25 octobre
1901.

Les compositions les plus récentes du Dr Elgar semblent nécessiter presque autant de discussions que celles de Wagner. Mais, notons-le, ce n'est pas la faute du compositeur, mais le résultat du stade primitif auquel se trouvent encore non seulement la majeure partie de notre public musical, mais aussi nombre de nos « musiciens de premier plan », en ce qui concerne la compréhension de la portée poétique de l'œuvre. une œuvre musicale. À deux reprises ces dernières années, une œuvre pleine de massacres et de frénésie, de réjouissances et de sensualité barbares, d'apparat scintillant et retentissant, et se terminant par l'anéantissement - une œuvre dont le puissant attrait réside précisément dans le fait qu'elle est la plus puissante existante expression musicale de tout ce qui est le plus antichrétien et anticatholique – a été joué sans protestation publique dans une cathédrale britannique. Nous faisons ici bien entendu référence à la « Symphonie Pathétique ». Le Dr Elgar est un autre compositeur dont la musique signifie quelque chose ; mais quelle chance avons-nous de le comprendre ? On tremble devant la tâche de discuter en concert de toutes les questions auxquelles soulève une œuvre telle que l'ouverture de "Cockaigne". Disons d'abord, sans nous arrêter à donner des raisons, que nous pensons que cela vaut la peine d'être entendu et étudié. S'il faut mentionner une ouverture déjà existante pour indiquer à quel type appartient "Cockaigne", il faut évidemment qu'il s'agisse de "Meistersinger". L'élément humoristique est un peu plus important que dans "Meistersinger", et le ton général et la coloration des deux œuvres sont totalement différents. Mais le fait que le compositeur de "Cockaigne" ait pensé à "Meistersinger" est rendu pratiquement certain par un point particulier : l'utilisation d'un thème londonien et du même thème en diminution pour le jeune Londonien, en analogie exacte avec les symboles de Wagner pour les Meistersingers. et les apprentis. De nouveau, l'agitation initiale, cédant la place à une scène d'amour, suggère "Meistersinger", tout comme l'élaboration polyphonique de la partie médiane. Mais il y a une grande différence entre suivre la démarche de Wagner et emprunter ses idées musicales. Dans une certaine mesure, dans la section mi bémol, et plus particulièrement dans son harmonie, on retrouve la saveur de Wagner . Pour le reste, si le procédé semble en tout cas s'inspirer de celui de Wagner, on constate que les matériaux utilisés et le caractère du résultat artistique obtenu sont tout à fait différents de ceux de Wagner. Il y a sept éléments musicaux dans « Cockaigne », dont la signification peut être grossièrement indiquée comme suit : — (1) L'agitation des rues ; (2) une note personnelle virile; (3) camaraderie et échange d'idées entre deux amoureux; (4) des enfants perturbés faisant des farces ; (5) épisode de fanfare militaire ; (6) impressions en passant de la rue dans une église ; (7) nouvelles phases de musique de rue. Des symboles musicaux d'une force plastique très considérable sont inventés pour ces choses et sont tissés dans une image sonore puissante et divertissante avec cette maîtrise de l'orchestre que personne ne peut désormais refuser de reconnaître chez le Dr Elgar. Il travaille toujours avec des lignes définies et ne semble pas se soucier beaucoup de ces effets atmosphériques dans lesquels certains modernes, comme Richard Strauss, sont si forts. La musique a une gamme d'idées et d'émotions bien plus large que ce qui serait possible dans un poème occupant le même temps de récitation. Il nous donne des impressions de Londres de jour et de nuit, impressions en partie réalistes et en partie antiquaires, suivant l'envolée de l'imagination avec une liberté absolue, formant une sorte de parallèle musical aux "London Voluntaries" de Henley.

Et voilà ! l'heure du sorcier
dont la sorcellerie silencieuse et brillante a un tel pouvoir ! Pourtant, les rues, entre leurs carcanets d'or reliant, sont des avenues de sommeil. Mais voyez comment les pignons et les parapets
émergent progressivement d'une beauté et d'une signification ! Et as-tu entendu
Ce petit gazouillis, Se brisant démesurément haut et fort Sur cette atmosphère exquise encore spectrale ? C'est un premier nid à matines ! Et voici un chat rakehell — comme c'est furtif et froid ! Une sorcière passée qui revient d'une danse infâme —
obscène, à trot rapide, voyez sa pointe et fadeThrough des rampes ombragées dans une fosse d'ombre !

Et si cela est efficace, n'existe-t-il pas un certain sonnet de Wordsworth pour prouver qu'un aspect de Londres peut fournir une magnifique inspiration poétique ? Il ne faut pas oublier qu'il y a de l'originalité dans l'émotion aussi bien que dans les idées et les dispositifs ; et c'est là que nous trouvons le Dr Elgar fort – peut-être plus fort que n'importe quel autre compositeur britannique. Outre la capacité technique à s'exprimer en musique, il possède une originalité d'émotion. Il nous emmène dans des régions où la musique ne nous a jamais emmenés auparavant. Quant à son utilisation du procédé de Wagner, c'était également le procédé de Beethoven dans certaines de ses plus belles œuvres. C'est en fait le procédé de tous ceux pour qui la musique est un langage, tel qu'il tend à le devenir de plus en plus depuis l'époque de Beethoven. L'histoire de la musique au XIXe siècle est l'histoire de quelque chose qui devient de plus en plus articulé.

Sans aucun doute, certaines personnes aimeraient demander : aurions-nous dû savoir tout cela, ou une partie de cela, sur l'importance de la musique de « Cockaigne », s'il n'y avait pas eu de programmes ? La réponse est probablement non. Mais la beauté d'une création artistique illustrant un certain sujet peut souvent être perçue lorsqu'on ne peut pas distinguer de quoi il s'agit. Dans un tel cas, le sujet n'est pas « que des bêtises ». C'est la cause stimulante du beau design, et il est très naturel pour ceux qui trouvent le design beau d'aimer savoir de quoi il s'agit. C'est une erreur de penser qu'un jeu déterminé de l'imagination n'a rien à voir avec la composition musicale.

Cela a beaucoup à voir avec cela. Le genre de musique sans jeu de fantaisie sous-jacent n'est que trop familier.

Le nom « Cockaigne » apparaît sous une forme ou une autre dans la vieille littérature anglaise, française, italienne et espagnole, signifiant « le pays des délices ». Le lien imaginé avec « Cockney » est bien plus tardif. « Carols of Cockayne » (1869) de Henry S. Leigh montre la reconnaissance du mot dans le sens de « Cockneydom ». On dit qu'il y a un lien entre « Cockney » et le « coquin » français , et s'il en est ainsi l'appropriation de « Cockaigne » comme corrélatif de « Cockney » est justifiée par la communauté d'origine, tous ces mots étant dérivés du radical de *coquere* (cuisiner). Sans aucun doute, « coquin » signifiait à l'origine « garçon de cuisinier » ou « fainéant dans une boutique de cuisine », et « Cockney » signifiait au début quelque chose du même genre. En même temps, il plane autour du mot « Cockaigne » une certaine suggestivité proverbiale, dérivée de l' époque où il était utilisé dans le sens de « pays des délices », l'étymologie étant oubliée. Il a donc une pertinence particulière comme titre du ton génial et largement humoristique du Dr Elgar.

"Le rêve de Gérontius",

Festival de Birmingham.

3 octobre 1900

"Le Rêve de Gerontius", a appelé son poème le cardinal Newman, avec une modestie exquise. Comment ce poème peut-il être apprécié par ceux qui partagent le point de vue du cardinal Newman en ce qui concerne les questions religieuses est peut-être une question importante, mais qui ne concerne pas la critique musicale ou artistique. Car rien n'est plus sûr à propos de l'art que le fait qu'il soit subordonné à la vision qu'a une personne de la vie. La critique artistique ou esthétique doit être humble et doit s'abstenir de toute intrusion sur le terrain de la foi et de la morale. Indirectement, en effet, l'esthétique peut avoir une influence sur ces sujets plus sérieux. Car n'est-il pas écrit à propos des doctrines religieuses : « Vous les reconnaîtrez à leurs fruits » ? — et rien d'autre n'est dans un sens aussi complet un « fruit » d'une religion qu'une œuvre d'art qui en découle. Néanmoins, la fonction de l'esthétique n'est pas de recommander ou de blâmer une vision de la vie, mais plutôt de rechercher avec quelle éloquence, avec quelle sincérité, avec quelle mesure de puissance convaincante l'artiste expose ses idées et communique ses sentiments, quels que soient ces idées et ces sentiments. peut être. Avec ces réflexions, je trouve nécessaire de fonder mes notes sur le nouveau travail d'Edward Elgar. Les réflexions sont plutôt solennelles, mais le nouvel ouvrage est très solennel. C'est profondément et intensément religieux ; c'est totalement non conventionnel et doit être discuté de manière non conventionnelle. Permettez-moi donc d'abord d'exposer un point de différence avec tout ce que j'ai éprouvé en écoutant d'autres oratorios et cantates sacrées et, si je puis dire, toutes autres œuvres musicales avec des paroles faites par une personne et de la musique par une autre. Le fait est que *cette* musique, dans son ensemble, est susceptible de faire comprendre à l'auditeur la grandeur du poème. Le compositeur n'a pas simplement choisi dans le poème le matériau qui lui convenait. Il a exposé le poème musicalement et, pour l'exposer, il a apporté ce que l'on peut décrire sans inflation comme les ressources de la musique moderne. Nous entendrons sans aucun doute parler de plagiat dans « Parsifal », et il y a en effet beaucoup de choses dans l'ouvrage qui n'auraient pas pu exister sans « Parsifal ». Mais il n'est pas permis à un compositeur moderne de musique religieuse d'ignorer « Parsifal ». On pourrait aussi bien écrire pour orchestre en ignorant l'orchestration de Berlioz qu'écrire n'importe quelle musique sérieuse en ignorant le symbolisme wagnérien. Edward Elgar ne fait rien d'assez affecté pour ignorer le développement que, pour le meilleur ou pour le pire, le langage musical a subi sous la direction de Wagner. Son prélude orchestral revient cependant à un type wagnérien antérieur. Il donne une prévision de toute l'histoire de telle manière qu'à la fin de celle-ci, l'imagination doit être ramenée en arrière. Nous avons la dernière agonie du malade, sa mort et son passage vers l'invisible. Les symboles, bien qu'employés à la manière wagnérienne, sont néanmoins tout à fait originaux, nous transportant dans une atmosphère et un monde absolument éloignés de tout ce qui est wagnérien. Lorsque la voix de Gérontius (assignée à un solo de ténor) entre, nous sommes ramenés au lit de mort, aux prières de Gérontius et de ses compagnons. Une série de chœurs avec des passages intermédiaires et accompagnants pour la voix solo est consacrée au Roi des Terreurs. Ici, la musique touche les différentes notes de toute la gamme des sentiments, de l'agonie des terreurs à la confiance sereine. Après le départ de Gérontius, avec les mots « Novissima hora est », une nouvelle voix entre, celle du prêtre (baryton), scandant « Proficiscere , anima Christiana ». Parmi les supplications pour les défunts figure un chant répété trois fois, chacune des deux parties se terminant par un « Amen » choral qui porte un tendre écho du « Cantus fictus » médiéval . Une longue section de chœur et de demi-chœur amène la première partie de la cantate à une conclusion paisible et priante.

Dans la deuxième partie, l'âme de Gérontius s'envole vers les régions célestes, tenant un colloque avec un ange. Il y a un passage dantesque dans lequel un chœur de démons est entendu par le couple : l'âme et l'ange. Gerontius est encouragé par l'ange. Des échos de voix terrestres, priant pour l'âme du défunt, sont portés de la terre, et à la fin l'âme de Gérontius est affectueusement livrée au Purgatoire par l'ange, pour y attendre en souffrant certes, mais dans la résignation et dans l'assurance de salut.

Naturellement, la note poétique dominante dans une telle œuvre est l'exaltation mystique, tantôt du pécheur contrit, tantôt de l'aspirant saint. Le point culminant principal est atteint, non pas à la fin, mais dans l'hymne des anges, « Louange au plus saint des hauteurs », récurrent avant le départ pour le Purgatoire. Mais toute l'œuvre chante « Louange au Très Saint en Hauteur *et en Profondeur* ». Une note puissamment contrastée se fait entendre dans l'agonie de Gérontius et, surtout, dans le chœur des démons qui apparaît dans la deuxième partie. Ici, la comparaison avec Berlioz est tout simplement inévitable, car la puissance dramatique d'Edward Elgar est comparable à celle des grands maîtres. Ses démons sont bien plus terribles que ceux de Berlioz, qui était matérialiste au sens profond, non pas en vertu de croyances plus ou moins changeantes, mais d'un tempérament inaltérable. Infiniment éloigné de celui de Berlioz est le tempérament révélé dans la musique d'Edward Elgar, qui, comme certaines parties du poème, mérite à juste titre l'épithète « dantesque ».

"Gérontius",

Fête du Bas-Rhin,

Düsseldorf.

22 mai 1902.

"Depuis les temps lointains des grands compositeurs de madrigaux, l'Angleterre n'a joué qu'un rôle modeste dans le concert des grandes puissances musicales. Pour les produits de l' esprit musical , elle a dépendu presque entièrement de l'importation et n'a exporté que des œuvres d'un ordre plus léger." Tels sont les mots avec lesquels l'auteur allemand du programme "Gerontius" , spécialement écrit pour ce Festival, introduit son sujet. La métaphore économique est ingénieuse. Cela n'implique pas trop et ne justifie pas l'état de choses auquel il se réfère. À tort ou à raison, l'Allemagne et le continent européen en général ne pensaient pas que la musique anglaise sérieuse était une chose à prendre au sérieux, et l'auteur y fait référence avec une délicatesse ingénieuse, poursuivant en disant que vers le tournant du siècle un le changement a commencé à être perceptible. Tous ceux qui connaissent les affaires musicales savent comment ce changement s'est produit, même si tout le monde de notre côté de la Manche ne se soucie pas d'admettre ce qu'il sait. C'est avant tout à Edward Elgar – un homme qui a fait de son mieux en vivant tranquillement dans les collines de Malvern, sans position officielle d'aucune sorte, loin des distractions sociales et des conflits du commercialisme – que le changement est dû. La présentation d'une œuvre aussi longue que le "Rêve de Gérontius" lors d'un festival rhénan a une sorte de signification que le public musical anglais ferait bien de considérer. Le programme est sélectionné avec beaucoup plus de soin que celui de nos propres festivals, l'idée n'étant pas du tout qu'il contienne « quelque chose pour tous les goûts », mais qu'il soit caractéristique de l'art musical tel qu'il se présente aujourd'hui, en ne donnant que les éléments les plus typiquement excellents. des compositions plus récentes, et des compositions plus anciennes seulement celles dont on sent que le génie contemporain s'est plus particulièrement nourri. Ce n'est pas un hasard si, à cette occasion, les noms de Haendel, Mendelssohn, Schumann sont absents alors que Bach est très abondamment représenté ; Le nom de Beethoven figure en relation avec la plus moderne de toutes ses œuvres (la Symphonie en do mineur), et celui de Liszt avec sa Symphonie révolutionnaire "Faust". Ce n'est pas un hasard non plus si la préférence est donnée à Strauss parmi les compositeurs allemands et à Elgar parmi les compositeurs anglais. Car ce sont eux qui portent réellement le flambeau, et les Allemands ne doivent pas s'y tromper.

La représentation de "Gérontius" hier soir comportait de nombreux aspects particulièrement intéressants. La partie instrumentale de l'œuvre a été pleinement rendue justice par le magnifique orchestre du Festival composé de cent vingt-sept interprètes. Ces qualités particulières d'imagination qui font du Dr Wüllner , jeune, de loin le meilleur représentant de Gérontius que l'on ait encore trouvé, furent une fois de plus démontrées, et le rôle de l'Ange fut donné par Miss Muriel Foster avec la voix merveilleusement belle et authentique. cela a longtemps été reconnu comme son don le plus remarquable, et avec une éloquence considérablement plus grande et plus expressive que n'importe quelle expérience antérieure aurait pu laisser espérer d'elle. Dans les parties de basse du Prêtre et de l'Ange de la Mort, le professeur Messchaert chantait avec une merveilleuse puissance dramatique, et le demi-chœur, assis en ligne devant l'orchestre, s'acquittait presque à la perfection de la tâche délicate qu'il avait à accomplir tout au long de la scène du lit de mort. J'ai déjà exprimé l'opinion que la section finale de la première partie, commençant par le « proficiscere , anima Christiana » du prêtre, est le moment où l'on prend pour la première fois conscience du véritable génie de la composition ; mais maintenant, après une étude plus approfondie et une autre audition complète de l'ouvrage, je ne suis pas tout à fait satisfait de cette affirmation. C'est peut-être à ce moment-là que bon nombre d'auditeurs prennent pour la première fois clairement conscience du génie du compositeur. Mais en regardant l'extraordinaire éloquence et la beauté du symbolisme musical du prélude et de l'agonie de Gérontius, on s'aperçoit que le *quiétude* qui s'installe dans l'esprit dans la scène qui suit la mort de Gérontius n'est qu'un point culminant dans un processus qui commence réellement avec les premières notes. Le calme céleste du début de la deuxième partie, je l'ai réalisé hier plus profondément que jamais. Aussi splendide que soit le traitement de l'hymne « Louange au plus saint des hauteurs », la section finale n'est pas aussi complètement adéquate que le reste. La vérité est que le compositeur s'est trouvé là en présence d'une tâche qui dépassait désespérément les pouvoirs de n'importe quel mortel à l'exception de Bach. Dans le "Sanctus" entendu dimanche soir, les cercles brillants du chœur céleste sont pour ainsi dire rendus audibles aux oreilles des mortels. Bach ne pouvait le faire qu'une seule fois, et aucun autre compositeur ne pouvait le faire. Elgar donne un hymne magnifique et grandiose à l'Église triomphante, et nous pouvons très bien en être satisfaits. Il est avant tout un compositeur dramatique et, dans les cas où il entre dans le domaine de la musique purement religieuse, il se tourne plutôt vers Palestrina, avec ses « âmes comme de minces flammes montant vers Dieu », que vers le plus grand et le plus serein. l'esprit de Bach.

"Gérontius",

Article préliminaire.

12 mars 1903.

Par son sujet, mais pas par son traitement, cet oratorio — dont la première représentation à Manchester sera donnée ce soir — s'apparente étroitement à la pièce de moralité « Everyman ». Gérontius n'est pas un personnage historique, mais une personne typique, n'appartenant à aucune époque ni pays particulier. Il ressemble en outre à tout le monde en ce sens qu'il est un laïc qui a vécu dans le monde, à la différence de l'Église, et qu'il est simplement un homme simple et bien intentionné, sans qualités très grandes ou brillantes. Le poème sur lequel est fondé l'oratorio commence, plus tard que "Everyman", par la scène du lit de mort, et ne se termine pas avec la mort de la partie mortelle de Gerontius, mais scrute avec mélancolie le monde au-delà et "sous le similitude d'un rêve », raconte en grande partie ce que les saints hommes ont imaginé à propos des expériences des âmes chrétiennes allant à leur compte sous la direction des anges.

Dans l'oratorio, les paroles de Gérontius sont confiées à un ténor soliste qui, dans la première partie, doit prononcer les phrases entrecoupées du malade « proche de la mort », et dans la seconde les ravissements délicatement retenus de l'âme qui « se sent en lui une légèreté inexpressive et un sentiment de liberté", à mesure qu'il prend peu à peu conscience de la présence angélique qui l'entraîne vers les régions célestes. Le seul autre soliste de la première partie est le prêtre (basse), qui prononce le solennel « Proficiscere , anima Christiana, de hoc mundo », alors que l'âme de Gérontius quitte le corps. Dans la deuxième partie, les deuxième et troisième solistes représentent, l'un l'Ange Guide (mezzo-soprano) et l'autre l'Ange de l'Agonie (basse), qui, au moment le plus solennel de l'oratorio, est reconnu par l'Âme comme " le même qui l'a fortifié, à quelle heure il s'est agenouillé, seul dans l'ombre du jardin arrosé de sang. Le demi-refrain de la première partie est le groupe des « assistants », ou amis rassemblés autour du lit du mourant. La fonction du chœur dans la première partie n'est pas définie, mais il peut être considéré comme exprimant les prières et les aspirations d'autres âmes fidèles, conscientes du cas de Gérontius et sympathisant avec lui. Dans la deuxième partie, le chœur est tantôt celui des « angéliques », tantôt celui des démons. Le demi-chœur représente à nouveau les voix des amis sur terre, qui à un moment donné sont imaginées comme redevenant audibles pour l'âme, et participe également à certaines phases du grand hymne « Louange au plus saint des hauteurs », où le l'harmonie vocale se divise en douze parties.

Ceux qui entendront cette musique aujourd'hui pour la première fois devraient se garder de la juger selon de fausses normes. Qu'ils soient préparés au fait que, du début à la fin, il n'y a rien qui ressemble le moins du monde à Haendel ou à Mendelssohn. Sans la moindre intention de faire quoi que ce soit de révolutionnaire, mais simplement en suivant le penchant de son propre génie, le compositeur écarte ici les conventions de l'oratorio tout comme Wagner écartait les conventions de l'opéra, et se justifie tout aussi bien en le faisant. Entendre la musique de "Gerontius", c'est faire la connaissance de la personnalité de loin la plus remarquable et la plus originale qui ait surgi dans la Grande-Bretagne musicale depuis l'époque de Purcell. On pourrait retrouver les manifestations de cette originalité dans l'harmonie, qui montre toujours une touche à la fois sensible et sûre, dans l'orchestration et le jeu du chœur et du semi-chœur, dans l'étonnante douceur et la profondeur de sentiment qui résonne dans l'Ange (mezzo- soprano solo), dans la force et la vérité de l'expression musicale qui, pour l'essentiel, s'étend même à des éléments d'importance mineure dans l'œuvre. Mais pour le moment, ces indications générales doivent suffire, et nous ajouterons seulement l' avertissement que la musique est puissante, subtile et d'une signification multiple, qu'elle ne doit pas être jugée trop hâtivement et qu'elle ne livre le meilleur de ses secrets qu'à quelqu'un. ceux qui écoutent à plusieurs reprises et étudient entre eux.

"Gérontius",

Concerts Hallé.

13 mars 1903.

L'originalité est d'abord désavantageuse pour un compositeur de deux manières. Le plus évident est que les auditeurs trouvent que la musique leur parle dans une langue inconnue ou partiellement inconnue et en sont mécontents ; et ce qui est moins évident, c'est que les musiciens et les chanteurs ne peuvent, en règle générale, rendre justice à un style inconnu.

Lorsqu'il s'agit de faire reconnaître quelque chose de nouveau et d'original, un rendu tout à fait adéquat représente la moitié de la bataille. Une telle interprétation entraîne un sentiment de plaisir et de satisfaction chez les interprètes, et il y a toujours une chance que cela puisse, dans une certaine mesure, se communiquer au public ; tandis que dans l'autre cas, l'embarras des interprètes se manifestera certainement et le public attribuera tout ce qui n'est pas satisfaisant au compositeur inconnu ou insuffisamment garanti. Dans "Gerontius" d'Elgar, l'originalité est forte et indubitable , et les interprètes voient leurs compétences techniques mises à rude épreuve. Mais heureusement le compositeur a l'esprit clair ; il connaît la technique de chaque instrument et ne se trompe jamais. Les artistes interprètes ou exécutants constatent donc que leur tâche, bien que souvent difficile, est toujours possible et, en outre, que le résultat est toujours satisfaisant. Car Elgar a une oreille ; c'est un homme de ton et n'aime pas la musique qui a l'air bien sur le papier mais qui sonne plutôt trouble. Ces points, connus de ceux qui, depuis quelque temps , s'intéressent de près à l'œuvre d'Elgar, permettaient d'espérer que l'exécution à Manchester de son grand oratorio serait un succès éclatant, et peut-être même jetterait une nouvelle lumière sur les mérites de l'œuvre d'Elgar. la composition; et il ne fait guère de doute que l'expérience d'hier soir a répondu à ces espoirs. C'était sans aucun doute le spectacle le plus soigneusement préparé qui ait été donné jusqu'à présent dans ce pays. Le Dr Richter était, pour diverses raisons, particulièrement soucieux que tout se passe bien ; M. Wilson a décidé il y a quelque temps que tout travail consciencieux pouvant assurer une performance digne devait être fait ; les espoirs et les efforts du chef de chœur et du chef d'orchestre ont été secondés par le chœur dans un esprit admirable ; et, bien qu'il semble que pendant un certain temps les difficultés habituelles d'un style inconnu se soient fait sentir, aucune trace de ce genre n'a été observée dans l'exécution, le style remarquablement volontaire et énergique dans lequel les choristes s'étaient débattus avec leur tâche. portant ses fruits dans une interprétation qui semblait spontanée et sans gêne, comme si les chanteurs étaient sûrs des notes et pouvaient consacrer presque toute leur attention au phrasé, à l'expression et aux ajustements dynamiques. La performance orchestrale fut également remarquable au plus haut point . Des passages d'une difficulté aussi particulière que les figures de cordes précipitées, qui représentent les accents de musique céleste entendus par l'âme et l'ange alors qu'ils s'approchent du siège du jugement, sont sortis avec une bien plus grande netteté que nous n'en avons jamais entendu auparavant, et nous avons eu un impression similaire à de nombreux autres moments de la représentation, qui était aussi délicate que précise dans les détails et large dans le style. Mais l'expérience de toutes les exécutions complètes encore données nous porte à penser que la différence entre un succès complet et un demi-succès ordinaire avec cet oratorio dépend plus du semi-chœur que de tout autre point, et c'est là que la prééminence du dernier le rendu de la nuit, parmi tous ceux encore donnés dans ce pays, est le plus incontestable. Bien qu'il ne soit pas placé devant l'orchestre — comme il aurait dû l'être et, nous l'espérons, ce sera la prochaine fois —, ce groupe d'une vingtaine de chanteurs choisis était vraiment excellent. Les voix se mélangeaient bien et leur ton combiné se distinguait clairement de celui du chœur plus large. Aux points notoirement dangereux, comme la rentrée avec le « Kyrie » après l'invocation des « anges, martyrs, ermites et saintes vierges », il n'y avait aucune trace d'embarras, et ils jouaient leur rôle d'hommes un peu plus délicats. unité chorale avec un succès absolu dans la litanie et tout au long du merveilleux chœur final de la première partie, où, comme le suggérait l'analyse originale, les nobles harmonies des pédales symbolisent le balancement des encensoirs d'or, comme les supplications des amis et de l'église. monte jusqu'au trône de Dieu. Parmi les types étonnamment nouveaux d'éloquence musicale obtenus dans cette œuvre par le jeu du chœur et du demi-chœur, il convient d'attirer une attention particulière sur l'unisson du ténor et de l'alto dans le demi-chœur de la p. 108 (nous citons la deuxième édition). Le passage n'est pas difficile, mais réaliser l'effet particulier de ton aussi bien qu'il a été réalisé hier montre un ajustement exquis.

En tant que soliste principal, M. John Coates avait une tâche extrêmement difficile, qu'il a accomplie du mieux qu'il était possible avec le matériel vocal qui lui était assigné par nature. Tout ce que pouvaient faire une connaissance approfondie du rôle, alliée à une grande intelligence artistique, a été réalisé. Sa voix ne se brisait pas sur le si bémol aigu (p. 33) et il semblait bien disposé, malgré sa récente maladie. Même si l'on dit généralement qu'Elgar écrit mieux pour l'orchestre que pour le chœur, et mieux pour le chœur que pour la voix soliste, il a été très finement inspiré lorsqu'il a conçu le rôle de la mezzo-soprano Angel. L'arioso d'ouverture, « Mon travail est terminé », est une chanson des plus charmantes, à laquelle la phrase obsédante « Alléluia » forme une sorte de refrain. Mais même cela – l'un des très rares éléments détachables de l'oratorio – n'est pas le meilleur de la musique de l'Ange. Il est surpassé par l'autre chanson, " Doucement et doucement, chère âme rançonnée ", où la chute de l'âme dans les eaux du Purgatoire est accompagnée d'une musique d'une douceur et d'une tendresse tout à fait surnaturelles. Ce sont des choses qui font qu'il semble presque dommage de discuter de ce travail sous un aspect purement technique. Miss Brema a fait du rôle de l'Ange l'un des rares éléments entièrement satisfaisants de la première représentation, et hier encore, son style noblement expressif a rendu pleinement justice à la merveilleuse beauté de la musique. M. Black était vocalement irréprochable dans le rôle du prêtre qui accélère l'âme de Gerontius, et encore une fois dans celui de l'Ange de l'agonie dans la deuxième partie.

En référence à une composition musicale, le mot « dramatique » doit parfois être utilisé dans un sens différent de celui de « théâtral ». Ainsi, les deux grandes Passions de Bach — la « Saint Matthieu » et la « Saint Jean » — ont toutes deux un élément dramatique si fort qu'à certains moments la musique devient tout à fait dramatique. Pourtant, aucune personne sensée n'a jamais qualifié cela de théâtral, dans le sens d'impropre à une église. Par « dramatique », on entend dans de tels cas deux choses : (1) avoir un matériel thématique conçu avec une certaine vivacité, en référence à une situation ou à une humeur particulière ; (2) développé selon une procédure qui ne sacrifie pas la vivacité à des considérations formelles ou structurelles. En ce sens, nous appelons donc « Gerontius » d'Elgar une composition dramatique du début à la fin. Lui reprocher l'absence de point culminant choral à la manière de Haendel et de Mendelssohn est tout aussi déplacé que ce serait le cas du « Tannhäuser » de Wagner. En revanche, nous ne sommes pas d'accord avec la critique selon laquelle "Gérontius" serait de la musique wagnérienne. À deux endroits, il y a une brève et faible suggestion de « Parsifal », d'abord dans le thème *sostenuto pour cor anglais* et 'celli qui entre dans la cinquante-deuxième mesure du Prélude et revient sous une forme ou une autre à plusieurs endroits au cours du Prélude. d'autre part dans une phrase récurrente pour cordes à l'entrée du récitatif assigné à l'Ange de l'Agonie – et un peu tout au long de ce récitatif, qui rappelle vaguement « Parsifal ». Les autres éléments nous semblent différents de Wagner et de tous les autres compositeurs à l'exception d'Elgar. Il convient de classer ces éléments, non selon le principe technique ou formel habituel, mais selon un principe dramatique. On note, en premier lieu, quatre catégories principales : (1) les purement humains ; (2) l'ecclésiastique; (3) l'angélique; (4) le démoniaque. Le Prélude s'ouvre sur les symboles du jugement et de la prière. Ensuite, le thème du « sommeil » entre, rejoint à la quatorzième mesure par le « Miserere ». La note de sentiment se contracte et s'enfonce jusqu'à l'abaissement total, qui atteint le point le plus bas du thème *de cor anglais* avec accompagnement *tremolando* . Mais maintenant, le désespoir du malade s'exprime dans un grand cri, auquel répond le ton majestueux et sonore qui lui rappelle d'affronter la mort avec espoir. Un élément musical tout à fait nouveau entre avec le thème d'Andantino, développé assez longuement, et éclaire l'avant-dernière section du noble poème symphonique, qui se poursuit jusqu'à ce qu'une brève *reprise* du thème du sommeil suggère le décès de l'âme. De nouvelles phases du thème du Jugement relient le Prélude au récitatif d'ouverture, et ici l'imagination doit être ramenée en arrière, comme d'habitude après le Prélude d'une composition dramatique, qui résume généralement une bonne partie de l'action. Il est donc évident que le Prélude ne concerne que les deux premières catégories énumérées ci-dessus, c'est-à-dire le purement humain et le ecclésiastique, et nullement l'angélique ou le démoniaque. Parmi les musiques angéliques, les éléments principaux, outre ceux déjà mentionnés, sont les diverses phases du grand hymne « Louange au Très Saint des Hauteurs ». L'extraordinaire musique démoniaque offrirait à elle seule matière à essai. Nous ne pouvons ici qu'effleurer quelques traits évidents : la figure de double-cave ascendante en quartes chromatiques, qui est grotesque et semblable à un rat ; la figure en trois parties pour cordes en croches qui s'entend d'abord avec les mots « Entachant l'air sacré », mais appartient plus particulièrement à « dans un ronronnement profond et hideux ont leur vie » ; le formidable fugato « dépossédé, mis de côté, jeté » ; le thème sinistre et inquiétant à quatre notes « À chaque esclave et pieux tricheur » ; le *motif* de l'orgueil démoniaque, p. 83 ; et la prolongation sarcastique du dernier mot de « Il sera esclave contre rémunération ». Le long chœur formé de ces éléments est un fouillis de sons infernaux mais des plus éloquents, dont les énormes difficultés techniques ont été entièrement maîtrisées hier.

"Les Apôtres",

Festival de Birmingham.

15 octobre 1903.

Aujourd'hui, où le nouvel oratorio d'Elgar "Les Apôtres" a été joué pour la première fois publiquement, le contraste était suffisamment frappant avec le jour correspondant du Festival d'il y a trois ans qui a vu la production de "Gérontius" du même compositeur. À cette occasion, l'intérêt des artistes et du public était langoureux. Le fait que la musique d'Elgar était difficile et pénible à exécuter était généralement connu, tandis que son mérite était considéré comme douteux. Les tenants de l'orthodoxie musicale britannique, avec leur foi dans les vertus salvatrices du contrepoint à huit voix, secouaient la tête, les choristes trouvaient leur travail déconcertant et le public doutait que le compositeur fût autre chose qu'un excentrique. Les trois années qui ont suivi ont placé la réputation d'Elgar sur une base très différente. Une vague hostilité envers l'inhabituel et l'inconnu a cédé la place presque universellement à la reconnaissance qu'il est l'un des grands originaux du monde musical d'aujourd'hui ; et il attire ainsi l'attention même chez ceux qui détestent instinctivement à la fois ses méthodes particulières et le genre d'atmosphère générale dans laquelle son art religieux transporte l'auditeur.

Dans "Les Apôtres", Elgar adhère complètement aux principes illustrés par "Gérontius", le premier parmi les œuvres d'origine britannique. C'est-à-dire que la musique est continue, comme dans le drame musical wagnérien. Il n'existe pas dans l'œuvre de « numéro » musical détachable, qu'il s'agisse d'un air, d'un chant, d'un chœur, d'une pièce concertée, d'une marche ou de quoi que ce soit d'autre. Le compositeur possède des symboles musicaux correspondant à des idées, des sentiments, des humeurs, des aspects de la nature ou de la personnalité, des conceptions ou aspirations religieuses, des scènes animées de la vie populaire, des phases de coutumes locales et nationales, des exhortations des anges, des suggestions du diable, des ravissements mystiques, désespoir rebelle; et il utilise ces symboles à la manière d'un langage. Il n'y a pas de travaux mécaniques, pas de réalisation de projets architecturaux avec des matériaux sans vie. Tout dans la partition est vivifié par l'idée. La composition entendue aujourd'hui comprend la première et la deuxième parties de l'oratorio projeté. Dans la première partie, il y a trois scènes : « L'appel des apôtres », « Au bord du chemin » et « Au bord de la mer de Galilée » ; dans la seconde partie, quatre scènes : « La Trahison », « Le Golgotha », « Au Sépulcre » et « L'Ascension ». Après le prologue et le récitatif d'ouverture du narrateur, l'appel des apôtres commence par le changement de garde du Temple à l'aube, les veilleurs sur le toit saluant le soleil levant étant conçus comme les hérauts inconscients du royaume du Christ sur terre. . Ici, le traitement musical est empreint de la plus grande grandeur, et des détails étonnamment vifs et pittoresques sont successivement réalisés, le curieux *melismata oriental* du cri du gardien, accompagné du *Shofar* (trompette hébraïque de corne de bélier), cédant la place au psaume intérieur. le Temple, entre les phrases dont on entend le bruit effronté des portes qui s'ouvrent, tandis que l'air est inondé par la musique précipitée des harpes. Pour le psaume, une vieille mélodie hébraïque est utilisée. Le texte de l'oratorio est si riche en matière que je ne peux même pas tenter ici d'en donner un aperçu, mais je dois renvoyer les lecteurs au livret du chanoine Gorton "Une interprétation du livret" (Novello and Co.). On y trouvera un exposé des sources dont le compositeur a tiré son texte, et en particulier la justification de sa vision de Judas comme d'un homme qui entendait non pas trahir son Maître jusqu'à sa destruction mais lui forcer la main, lui faire déclarer son pouvoir et établir immédiatement son royaume terrestre – une vision pour laquelle il semblerait y avoir une autorité patristique. [2] L'oratorio n'est pas théologique ; c'est une dramatisation du récit évangélique qui peut être comparée au « Messie » de Klopstock. Après les sections introductives, exposant largement le projet de Rédemption tel qu'accepté par le monde chrétien tout entier, mais n'appliquant aucune doctrine particulière, tout l'accent est mis sur l'individualité des personnes - les Apôtres, la Madeleine et la Mère du Christ - et sur le caractère collectif des groupes, comme les femmes scandalisées par les soins de Madeleine et la foule qui crie « Crucifiez-le ! En accompagnement du drame, nous avons le chœur mystique des anges commentant le progrès des affaires terrestres et exprimant la douce et sans passion jubilation des êtres sans péché après l'Ascension. Pour ceux qui connaissent "Gerontius", il est presque inutile de dire que le compositeur est à son meilleur pour interpréter la musique du chœur céleste. Sa merveilleuse faculté de trouver une musique qui correspond inévitablement aux mots, de sorte qu'une fois entendues, les associations semblent connues depuis longtemps, est ici illustrée à plusieurs reprises. Peut-être que les exemples les plus absolument parfaits se trouvent dans les mots « Quelles sont ces blessures dans tes mains ? » et dans la phrase récurrente « Alléluia ».

L'austérité d'Elgar est plus fortement prononcée dans « Les Apôtres » que dans « Gérontius », tout comme son audace dans l'utilisation des ressources spéciales de l'orchestre dramatique moderne pour exposer un thème religieux. Il a laissé derrière lui une vieille manière pompeuse d'oratorio. Il ne recule devant rien dans sa détermination à aller au plus profond de la nature humaine, à rejeter toutes les abstractions et conventions et à illustrer une idée ou un fait de l'expérience religieuse dans sa relation avec la chair et le sang réels. Les parties sinistres de l'oratorio rappellent par leur ton général, leur atmosphère et leur coloration la scène du « Messie » de Klopstock où un ange vengeur transporte l'âme de Judas jusqu'au Golgotha et lui montre là les résultats de son œuvre. Aussi puissante que soit la musique, elle est strictement illustrative et le centre de gravité reste donc dans le texte.

du temps avant que quiconque puisse donner une appréciation sûre des « Apôtres » en tant qu'œuvre d'art. On trouvera peut-être qu'elle se rapproche de "Gérontius" dans quelque chose comme la relation entre la Neuvième Symphonie de Beethoven et sa Septième, l'œuvre ultérieure étant plus profonde et plus significative mais moins parfaitement achevée.

"Les Apôtres",

Article préliminaire.

25 février 1904.

L'oratorio le plus récent d'Elgar, "Les Apôtres", qui sera entendu par le public de Manchester pour la première fois ce soir, se situe à peu près dans la même relation avec les œuvres récentes sous forme d'oratorio d'autres compositeurs que l'un des derniers drames musicaux de Wagner. au genre d'opéra qui était en vogue lorsqu'il commença à écrire. Selon les idées actuelles, justifiées par la pratique de nombreux compositeurs de renom, un oratorio naît par un processus tel que le suivant. Un compositeur cherche un sujet, soit en étant guidé dans son choix par la considération de ce qui est d'une manière ou d'une autre approprié à l'occasion particulière, soit en prenant simplement une histoire de la Bible qui n'a pas été utilisée auparavant, ou pas trop fréquemment auparavant, pour fins musicales. Il s'adjoint alors soit les services d'un librettiste, soit il compose lui-même un livret reprenant l'histoire choisie. Dans l'élaboration du livret, la question la plus importante est de trouver des « opportunités » pour le compositeur : ici un air efficace pour le personnage principal, là un chœur offrant des possibilités d'écriture contrapuntique efficace, partout en tenant dûment compte des intérêts variés. dont le public raffole, et, à la fin d'une partie, prévoir un Final efficace.

Mais l'essentiel est toujours de trouver une sorte d'opportunité musicale reconnue . Personne ne s'intéresse beaucoup au sujet, sauf dans la mesure où il offre une opportunité musicale d'un genre accepté. Il s'agit d'un chœur, d'un air, d'une pièce concertée, d'une marche, d'un air pour une autre sorte de voix et d'un final, avec des récitatifs enchaînés comme un mal nécessaire, et le tout debout ou tombant selon que le compositeur saisit lesdites opportunités et les tourne. rendre compte de la manière acceptée, ou néglige ou omet de le faire. Depuis si longtemps, ce genre d'oratorio a été considéré par le grand public comme le seul possible, qu'aujourd'hui encore, un nombre immense de personnes discutent d'œuvres comme "Gérontius" et "Les Apôtres" sur le modèle ancien. Qu'un musicien doive avoir un esprit et un message auquel les notes et les accords sont soumis est une idée si nouvelle qu'elle est inquiétante, voire immédiatement rejetée comme absurde. Les gens ont tellement l'habitude de dire qu'ils ne se soucient jamais du sujet d'une œuvre musicale ; qu'aucune personne sensée ne le fait ; que si la musique est jolie, l'ouvrage est bon ; et c'est la fin de l'affaire. Mais voilà qu'arrive un compositeur qui fait du sujet sa priorité, écrivant une musique qui n'incite personne à s'y intéresser en dehors du sujet, bref, affichant l'indifférence la plus complète à l'égard de tout ce qu'on attendait autrefois d'un compositeur. , et nous faisant comprendre à tous que, dans une œuvre religieuse, si la musique ne contribue pas d'une manière claire à l'exposition du sujet, elle n'est pas du tout justifiée. À cet égard, « Gérontius » et « Les Apôtres » se ressemblent. Les gens peuvent les prendre ou les laisser, mais ils ne peuvent pas en faire une jolie musique, telle que l'on peut en profiter sans « se soucier » du sujet. Pour Elgar, c'est ainsi qu'il faut jouir avec la tête et le cœur ou pas du tout. Il ne nous permettra pas de jouir simplement avec les nerfs ou en reconnaissant des types de rhétorique musicale approuvés.

Quoi qu'Elgar puisse faire à l'avenir, il ne pourra jamais aborder un sujet plus important que celui exposé dans les deux parties des « Apôtres », qui constituent l'oratorio dans sa forme actuelle. Il s'agit de l'appel des Apôtres et de certains des incidents les plus importants de la vie du Rédempteur au cours de son ministère. Quiconque a l'intention d'entendre l'œuvre devrait lire le récit court et clair donné dans « Interprétation du texte » du chanoine Gorton. L'auteur réussit remarquablement à faire ressortir la profonde cohérence et la perspicacité psychologique qui distinguent si nettement cet oratorio de la plupart des autres. L'attention peut être particulièrement attirée sur la caractérisation des trois apôtres, Jean, Pierre et Judas, exposée principalement aux pages 13 et 15. Le chanoine Gorton nous montre également les sources d'où proviennent certaines des idées les plus fécondes et des symboles les plus révélateurs de l'oratorio. été dérivée. La musique illustre un développement ultérieur dans le sens indiqué par « Gerontius ». Dans les ressources qu'il met en œuvre, le compositeur est un moderne complet. Son orchestre est de grande taille et il ne dédaigne pas les instruments particulièrement modernes ni la tendance moderne à regrouper et à subdiviser de manière élaborée et subtile. Par la qualité de son invention musicale absolue, il se révèle ni un classique ni un romantique, mais un musicien psychologique. Sa toile thématique est l'exact analogue du jeu émotionnel et imaginatif auquel donne lieu l'exposition de l'histoire de point en point, et elle participe ainsi de la nature du langage. Le compositeur ne se soucie pas des opinions acceptées sur ce qui est conforme à la dignité propre de l'oratorio ; mais, confiant dans sa conception d'ensemble pour ennoblir chaque partie, il se permet d'être ici et là extrêmement réaliste, à l'image des grands peintres religieux. Il travaille à grande échelle ; dans le maniement des symboles musicaux , il n'est pas consterné par des tâches qui pourraient bien paraître impossibles, et il rappelle ainsi le compliment qu'Erasmus a fait à Albrecht Dürer : « Il n'y a rien qu'il ne puisse exprimer avec son noir et blanc – le tonnerre et un éclair, un coup de vent, Dieu Tout-Puissant et l'armée céleste.

"Les Apôtres",

Concerts Hallé.

26 février 1904.

Il ne faut pas s'attendre à un rendu irréprochable des "Apôtres". La même chose a été dite de « Gerontius », et la partition de l'œuvre ultérieure transcende encore plus évidemment les pouvoirs des forces musicales les mieux dotées et les mieux disciplinées pour la rendre d'une manière qui « ne laisse rien à désirer ». Tout espoir d'arriver au terme de leur tâche avec un sentiment de complaisance doit être abandonné par le chœur, l'orchestre, les solistes et le chef d'orchestre qui entreprennent d'interpréter "Les Apôtres", qui, en termes de difficulté technique, est une "Symphonie Fantastique". et Masse en Ré combinés. Pourtant, dans un sens relatif, un rendu peut être satisfaisant — dans le sens où il contient la racine du problème, non qu'il soit irréprochable dans tous les détails — et en ce sens nous devrions qualifier le rendu d'hier de très satisfaisant. . L'intonation générale du chœur était meilleure que jamais auparavant, et tout le délicat ravissement flûté des chœurs célestes à la fin sonnait merveilleusement doux et ne montrait pas la moindre trace de fatigue. Le jeu orchestral était plus subtil qu'à Birmingham et semblait mieux justifier les extraordinaires combinaisons de couleurs du compositeur . Il serait difficile de suggérer une meilleure représentation pour l'une ou l'autre des parties solo. Comme à Birmingham, M. Ffrangcon Davies a prononcé les paroles du Rédempteur avec une dignité admirable, et ici et là avec un ton de trompette dans la voix qui aurait pu rappeler à un pèlerin d' Ammergau feu Joseph Mayer. En tant que narrateur et apôtre Jean, M. Coates a donné un rendu digne de son Gerontius plus tôt dans la saison. Dans les parties pour voix de femmes, Miss Agnes Nicholls et Miss Muriel

Foster ont prouvé une fois de plus leur incommensurable supériorité sur les chanteuses de l'ordre des « stars » dans une musique d'une réelle qualité poétique. M. Black a donné une interprétation des plus révélatrices du rôle de Judas qui, comme dans la Passion d' Oberammergau, a une signification dramatique plus grande que tout autre. Toutes les parties solistes, à l'exception de celle du Rédempteur, sont dans certaines sections tellement entrelacées les unes avec les autres et avec le chœur que le résultat combiné l'emporte sur l'intérêt individuel, bien que dans les parties de Madeleine et de Judas il y ait aussi d'importants développements indépendants. Il ne peut y avoir de doute quant à l'excellence générale de l'interprétation, et l'audience était aussi énorme que lorsque "Gerontius" a été donné en novembre ; mais la réception fut très différente. Il y a eu des applaudissements, bien sûr, hier, mais aucune scène d'un grand enthousiasme comme celle évoquée par l'oratorio précédent et plus simple. Certaines personnes semblent être d'avis que la réserve relative du public était causée par l'extrême solennité du sujet ; qu'ils étaient vraiment impressionnés par la musique, mais de telle manière qu'ils n'avaient aucune envie d'être démonstratifs. Il y a peut-être du vrai là-dedans ; mais, « Les Apôtres » étant incontestablement beaucoup plus austère et difficile à comprendre que « Gérontius », nous sommes enclins à accepter l'explication plus simple selon laquelle le public ne l'a pas si bien aimé.

Il semble impossible de nier que la musique des « Apôtres » représente, à bien des égards importants, un progrès par rapport à l'oratorio antérieur. Le thème poétique de l'ensemble de l'œuvre est incomparablement plus ambitieux, et l'invention musicale est, à bien des égards, d'une plus grande puissance. Sur ce point, le cas évident à prendre est l'exemple 3 de M. Jaeger (édition Novello), « Le Christ, l'homme des douleurs », motif dont on *fait* un usage plus fréquent et plus varié que tout autre. Nous constatons ici des progrès incontestables. Dans sa forme la plus simple, le thème est plus intense et plus profond en termes de sentiments que n'importe quel autre dans "Gerontius", et en outre, la manière dont sa signification se développe tout au long de l'œuvre, jusqu'à la phrase de l'Ascension, où il apparaît dans sa forme la plus développée. , mais ce n'est pas la dernière fois, montre une grande avancée dans l'art du compositeur. Là encore, l'intérêt de la musique des « Apôtres » est bien plus varié. Tout le symbolisme faisant référence au Christ dans la solitude fait un appel des plus puissants à l'imagination ; et l'ouverture des portes du Temple à l'aube est une scène d'une force graphique étonnamment et d'un design audacieux. Dans la deuxième partie, la tragédie de la Passion est racontée en quatre scènes d'une formidable intensité, puis, dans la section intitulée "Au Sépulcre ", nous commençons à prendre conscience de l'esprit qui est le bien le plus rare et le plus merveilleux d'Elgar. "Et très tôt le matin", dit le texte, "ils arrivèrent au sépulcre au lever du soleil". On entend alors les observateurs chanter un écho de la musique de la grande scène du lever du soleil au début. Après une douzaine de mesures, les notes flûtées d'un chœur céleste commencent à se glisser, et nous avons alors un exemple de cette *naïveté*. médiéval auquel fait ici et là allusion la deuxième partie de "Gérontius". Une sorte d'exaltation surnaturelle commence à résonner dans la musique. La Résurrection a apporté un fait nouveau dans un monde douloureux. C'est une aventure sublime, à la nouvelle de laquelle le ciel et la terre bouillonnent en chantant. Dans tout le reste de l' œuvre, le compositeur crée ce sentiment de multitude qui appartient à certaines parties de l'hymne « Louange au plus saint » de l'oratorio précédent. Mais le ravissement angélique qui accompagne la Résurrection et l'Ascension chez les « Apôtres » est bien plus grand et plus merveilleux. La tension céleste se répète de tant de manières différentes que l'air semble en être plein, et elle ne perd jamais son caractère angélique en devenant militante ou affirmée. Cela reste jusqu'à la fin une efflorescence de chant - le ravissement sans péché, sans conflit, infatigable et doucement flûté du chœur céleste, se mélangeant ou alternant avec les tons plus substantiels des saints hommes et femmes sur terre. Elgar peut aussi nous rendre le chagrin des anges. C'est ce qu'il fait dans une page d'une beauté sans précédent, décrivant comment Pierre, après avoir renié son Maître, sortit et pleura amèrement. Cette page à elle seule pourrait bien sauver la composition de l'oubli.

Les parties les moins convaincantes de l'oratorio sont les sections ii. et iii., spécialement les parties consacrées aux Béatitudes et à la conversion de la Madeleine. C'est évidemment une œuvre dont les secrets ne peuvent être pénétrés qu'à l'aide de nombreuses auditions et de nombreuses études. À l'heure actuelle, nous sommes disposés à considérer « Gérontius » comme l'œuvre d'art la plus parfaite, bien que les beautés individuelles des « Apôtres » soient plus grandes et plus merveilleuses. Presque tout dans l'oratorio ultérieur est plus fort. Les symboles de l'Église montrent une avance sur les parties correspondantes de "Gérontius" à peine moins remarquable que les symboles du chœur céleste. L'étrange élément de l'Ancien Testament lié au service du Temple montre une fois de plus une puissance imaginative d'un genre tout à fait nouveau, enrichissant merveilleusement l'arrière-plan de la composition, et la force tragique des scènes de la « Passion » est immensément plus grande que tout ce qui se passe dans « Gérontius ». Mais avec notre niveau actuel de connaissances, il nous manque dans les "Apôtres" cette unité artistique suprême qui nous a poussé à décrire "Gérontius" comme une perle parmi les oratorios.

"Dans le Sud."

4 novembre 1904.

L'ouverture la plus récente de Sir Edward Elgar, « In the South », possède un caractère pittoresque, ou plutôt une sorte de puissance graphique, née d'un jeu profond de l'imagination. Dans l'invention thématique, elle est peut-être plus fortement empreinte de l'originalité d'Elgar que toute autre œuvre. Son ton, son atmosphère et sa coloration sont quelque chose d'essentiellement nouveau en musique, la seule allusion à l'influence d'un autre compositeur se produisant dans le solo d'alto, qui porte une légère suggestion de "Harold en Italie" de Berlioz. Mais, étant un élément secondaire dans la dernière partie de l'Ouverture, il doit être considéré simplement comme ce genre de référence qui est aussi admissible en musique qu'en littérature. Le thème *grandiose* commençant en la bémol mineur, suggéré par les vestiges romains de La Turbie , est si frappant qu'il a déjà acquis bien des surnoms. Le thème du « rouleau à vapeur », comme on l'a appelé ; ailleurs, le thème de la « botte de sept lieues », le « Jack le tueur de géants » et, chez les Allemands, le thème du « Siebentöter ». En tout cas, il s'agit d'une pièce d'expression musicale des plus extraordinaires, d'un genre à peine annoncé par aucun autre compositeur, sauf une ou deux fois par Beethoven, qui a été le premier à chercher et à trouver le symbole musical des grandes forces historiques ou cosmiques, ou de l'émotion. agitée dans la conscience humaine par le jeu, ou les séquelles, de telles forces. Une chose reste à dire sur cette Ouverture. La démarche du compositeur est un compromis entre l'ancienne procédure par le développement thématique et la plus récente par la suggestion dramatique, et il ne réussit pas toujours complètement à fusionner les deux, comme le fait par exemple Beethoven dans sa plus grande "Leonora " ; mais ici et là, il laisse surgir le sentiment que l'un interfère avec l'autre. En particulier, la composition peut être reprochée à une certaine faiblesse dans le développement thématique ; mais cela ne l'empêche pas d'être, dans son ensemble, un tableau de ton très frappant, beau et original. L'interprétation du Dr Richter a très finement révélé tous les points forts. Il a économisé trois minutes du temps du compositeur en prenant les sections *vivace* à un tempo un peu plus rapide. Comme à Covent Garden en mars dernier, M. Speelman a joué le solo d'alto occasionnel avec une merveilleuse beauté sonore.

"L'Ode du Couronnement."

3 octobre 1902.

J'ai écouté l'Ode du Couronnement avec une grande curiosité, me souvenant du sort ordinaire qui frappe les compositeurs patriotes et me demandant ce que Sir Edward Elgar penserait de ce sujet. Je trouve qu'il s'est laissé inspirer par la nymphe de la même source d'où jaillissaient ces deux délicieuses marches de Tommy Atkins connues sous le nom de « Pomp and Circumstance ». C'est une musique populaire d'un genre qui n'a pas été créé depuis longtemps dans ce pays, à peine depuis l'époque de Dibdin. C'est du moins ce que l'on peut dire des meilleures parties, comme le solo de basse et le chœur "Britain, request of thyself", et le solo de contralto et le chœur "Land of Hope and Glory". Le premier est une musique martiale, le second une sorte de chant de parade de l'Église ayant le souffle d'un hymne national. C'est la mélodie qui apparaît comme deuxième thème principal de la marche plus longue "Pomp and Circumstance", dont je suggère qu'elle soit aussi large que "God Save the King", "Rule Britannia" et "See the Conquering Hero", et est peut-être l'air de plein air le plus vaste composé depuis "Freude schöner " de Beethoven Götterfunken ." De plus, il est typiquement britannique, à la fois costaud et léger. Il est étonnant d'entendre des gens critiquer Elgar pour avoir utilisé cette mélodie dans deux compositions différentes. Je trouve cela très naturel chez un compositeur, pour qui la musique est un langage. dans lequel, voulant redire exactement la même chose, on n'a d'autre choix que de le dire dans les mêmes notes. D'ailleurs, de tels airs sont composés moins d'une fois en cinquante ans. Comment alors reprocher à Elgar de n'en pas composer deux en cinquante ans. six mois ? Le chœur s'en est régalé, tout comme le public. Quant aux parties sentimentales de l'Ode, je les trouve franchement peu inspirées.

CHAPITRE VIII.

RICHARD STRAUSS.

"Don Quichotte,"

Düsseldorf.

26 mai 1899.

Richard Strauss est désormais incontestablement la figure la plus marquante parmi les jeunes compositeurs allemands. Il est né à Munich en 1864. Très jeune, il maîtrise les différents arts de la composition et produit des œuvres qui font preuve d'originalité et de puissance. Parmi ces premières œuvres, on peut citer un Quatuor à cordes produit en 1881 et une Symphonie entendue pour la première fois l'année suivante. En quelques années, il compose également une Sonate pour violoncelle, une Sérénade pour instruments à vent, un Concerto pour violon, un Concerto pour cor, ainsi que des chansons et des pièces pour piano. Ces premières œuvres montrent l'influence des modèles classiques et, dans trois cas, respectivement la Sonate pour violoncelle et les Concertos pour violon et cor, l'influence de Mendelssohn. Plus tard , Richard Strauss devint un disciple de l'école Wagner-Liszt et adopta le Poème symphonique comme principal moyen d'expression. Sa belle Sonate en mi bémol pour pianoforte et violon marque l'étape de transition. Dans sa phase ultérieure, Strauss apparaît comme un psychologue et un *esprit fin* . Son étude de la philosophie de Nietzsche apparaît non seulement dans son « Zarathoustra », mais dans presque tous ses « Poèmes symphoniques ». Le « Heldenleben » pourrait très bien être qualifié de l' expression nietzschienne « Der Uebermensch ». Strauss semble donc se trouver par rapport à Nietzsche à peu près dans la relation que Wagner entretenait avec Schopenhauer, et il est curieux que dans chaque cas le musicien s'écarte quelque peu violemment du goût de son maître philosophique. Ces deux philosophes – les deux seuls qui se soient véritablement intéressés à la musique moderne – avaient tous deux un goût musical assez rudimentaire, quoique de bon goût dans la mesure du possible. La préférence de Schopenhauer allait à Rossini et celle de Nietzsche à Bizet, et même si le style de Wagner diffère *toto cœlo* de celui de Rossini, l'incroyable richesse de détails imaginatifs de Strauss et son indifférence au charme rythmique le marquent comme quelque chose de très différent de ces compositeurs « halcyoniens » que Nietzsche aimait. Il est peu probable que Strauss devienne populaire en Angleterre, mais deux ou trois de ses plus grandes œuvres orchestrales, et notamment le « Heldenleben », trouveraient probablement la faveur d'une partie du public anglais. Pour les mandarins et pour la majorité, il est et doit rester un anathème.

Le troisième et dernier jour de ce Festival, "Don Quichotte" de Strauss était l'œuvre sur laquelle se concentrait le plus la curiosité du public. Dans ces "Variations fantastiques", on retrouve le compositeur adoptant une fois de plus un style aussi franchement grotesque que dans "Till Eulenspiegel ". La longue et importante introduction se situe en relation avec le reste de l'ouvrage qui, à ma connaissance, est unique. C'est une préparation au thème principal, soulignant successivement toutes les différentes sortes de significations censées être contenues dans ce thème. Nous avons d'abord une phrase naïve, guindée et pompeuse suggérant l'absorption de Don Quichotte dans les romans de chevalerie. Les passages suivants évoquent la pose galante du héros et la grande prédominance de l'imagination sur la raison qui le conduit dans des aventures grotesques. La méthode psychologique du compositeur l'amène à insister sur la crise qui constitue le *point de départ* de la carrière de Don Quichotte : un vœu d'expiation des péchés et des folies. Nous obtenons enfin le thème dans sa forme complète, un chef-d'œuvre de caractérisation drôle , et immédiatement après le trot prosaïque de Sancho Panza. Dans la première variation, un élément musical est introduit, typique de l'idéal féminin de Don Quichotte : la Dulcinée de Toboso . Cela se termine par l'incident du moulin à vent. On entend le balancement aérien des voiles du moulin, l'approche furieuse du chevalier et son renversement soudain. La variante n°2 donne la rencontre avec le troupeau de moutons. Dans la troisième, nous avons un colloque entre Don Quichotte et Sancho, formant un mouvement élaboré. Vient ensuite la querelle avec les pèlerins, puis la scène dans la taverne où Don Quichotte se fait régulièrement initier à l'ordre de chevalerie en gardant toute la nuit la garde de son armure . Le n° 6 représente la scène de la paysanne prise pour Dulcinée, et le n° 7 la promenade des deux compagnes sur des chevaux de bois à la foire. Les numéros 8 et 9 concernent le bateau enchanté et les prêtres pris pour des magiciens. Le n°10 raconte le combat désastreux avec le Chevalier de la Lune Brillante. Il y a aussi un final qui expose les rêveries de Don Quichotte dans sa vieillesse et, enfin, sa mort. Aux éléments purement grotesques s'ajoutent de nombreuses touches d'une merveilleuse beauté poétique, parmi lesquelles on peut citer la scène de la veille de minuit de Don Quichotte et, surtout, le morceau final, un soupir d'un pathétique ineffable. D'un autre côté, on peut objecter à la rencontre avec le troupeau de moutons que de tels sons n'appartiennent pas réellement au domaine de la musique, mais plutôt à celui des imitations de cour de ferme. Dans l'ensemble, "Don Quichotte" me paraît une œuvre moins admirable que le " Heldenleben ", entendu la veille. L'élément principal de l'interprétation de mardi a été la superbe interprétation, par le professeur Hugo Becker, de Francfort, du solo de violoncelle qui, tout au long de l'œuvre, est identifié à la personne du héros titulaire.

"Don Juan,"

Article préliminaire.

17 janvier 1901.

"Don Juan", bien que beaucoup moins excentrique que la plupart des autres "Poèmes symphoniques" de Richard Strauss, est un exemple typique de son orchestration extrêmement riche et efficace. Il illustre également la qualité particulière de sa conception, remplie d'une multiplicité düreresque de formes et de détails, son indifférence à la symétrie et au flux rythmique soutenu, et son effort systématique pour rendre le médium musical moins vague et plus articulé qu'il ne l'a jamais été. en élargissant la gamme d'expression émotionnelle, en aiguisant les instruments de représentation graphique et en explorant les chemins mystérieux du monde sonore. Deux figures imaginaires issues de la littérature espagnole sont devenues la propriété de l'humanité. Si Don Quichotte est isolé, sans aucun analogue proche dans les romans d'autres pays, Don Juan - une création un peu plus tardive - a beaucoup de points communs avec plusieurs héros de la légende germanique, tels que Tannhäuser, le chasseur sauvage et Faust. Le parallèle le plus proche se situe entre Don Juan et Faust. Tous deux sont des esprits rebelles ; mais Faust est ruiné par l'orgueil intellectuel, Juan par la passion sensuelle. Comme ces deux sortes de révoltes appartiennent aux faits persistants de la vie, ni Juan ni Faust ne peuvent jamais cesser d'être intéressants. Il est tout naturel que chacun d'eux fasse l'objet d'innombrables pièces de théâtre, poèmes, romans, opéras et ballets. Le schéma poétique qui constitue la base du Poème symphonique de Richard Strauss est remarquablement simple. Il n'y a pas d'incident de nature précise. Don Juan est simplement conçu comme personnifiant l'affirmation la plus directe et la plus vivante de ce que Schopenhauer appelait la « Volonté de vivre ». Il n'est amoureux d'aucune femme en particulier, mais de toute la beauté et du charme qui caractérisent la femme. Il a un nouveau type d'amour pour chaque type de beauté. Défiant les lois des dieux et des hommes avec une imprudence démoniaque, il se précipite d'une jouissance à l'autre, laissant derrière lui la traînée de victimes en pleurs, tandis qu'il reste lui-même l'incarnation de la gaieté, car le remords est inconnu à son cœur et il ne suit jamais. une histoire d'amour un instant plus longue qu'elle ne l'amuse, et il n'est jamais à court de nouveaux délices. La musique de Strauss nous plonge d'emblée dans ce tourbillon de gaieté enivrante. S'ensuit une série d'épisodes d'amour, chacun étant individualisé avec une subtilité étonnante. Ce n'est bien entendu pas une nouveauté que les éléments masculins et féminins soient clairement distinguables dans la musique ; mais la richesse des ressources dont Strauss fait preuve dans ces dialogues de badinage et de passion constitue une originalité d'un genre très remarquable. Après plusieurs épisodes de ce genre, voici une section symbolisant un bal masqué très fortement empreinte du génie humoriste musical du compositeur . Dans la dernière partie, l'esprit de Juan commence à faiblir. Les réminiscences des épisodes précédents reviennent avec un changement inquiétant dans la coloration émotionnelle , et à la fin Juan se retrouve face à face avec les braises noires et froides de son cœur autrefois si brillant.

Beethoven protestait contre la profanation de la musique par un sujet aussi scandaleux que l'histoire de Don Juan. Mais Mozart a produit à partir du même sujet l'opéra primé de tous les temps. Il semble aussi que Richard Strauss en ait fait son chef-d'œuvre.

"Don Juan,"

Concerts Hallé.

18 janvier 1901.

Il ne fait aucun doute que la Fantaisie "Don Juan" de Strauss a été accueillie hier par de nombreux applaudissements. Mais on peut se demander si l'enthousiasme qui s'exprima ainsi n'était pas dû plutôt à l'orchestration audacieuse et hautement pittoresque qu'aux qualités essentiellement musicales de l'œuvre. Richard Strauss postule un public d'une grande activité mentale. Il s'attend à être compris instantanément, au lieu de laisser une idée musicale s'imprégner progressivement de l'esprit de l'auditeur, comme le faisaient les compositeurs plus âgés. Afin de stimuler une telle activité mentale , il utilise constamment des effets étranges et violents. D'où l'irritation des musiciens orthodoxes, qui, entendant tant de bruit et de tintement, concluent trop vite qu'il n'y a rien derrière ; tandis que peut-être, s'ils écoutaient un peu plus longtemps, ils commenceraient à découvrir que Strauss possède presque tous les dons qu'un compositeur ait jamais eus, tous les dons, sauf ceux d'un ordre très profond ou très sublime. Sa capacité à inventer des matériaux thématiques correspondant exactement à une humeur particulière est presque aussi remarquable que celle de Wagner. Le début de la Fantaisie "Don Juan" est caractéristique de cet état d'esprit excité si fréquent chez le compositeur. Un passage commençant par une montée des cordes nous montre Juan lancé dans sa carrière. Actuellement, un passage rapide, principalement en triolets, pour le bois, les vents et ensuite les cordes, suggère la chasse avide du plaisir. Ensuite, l'impétueux Don est lui-même caractérisé . De ces éléments se compose une image sonore d'une gaieté enivrante. Suivent ensuite les épisodes d'amour, le plus beau étant celui où le hautbois a la mélodie tandis que les cordes graves *a divisi ajoutent un* accompagnement riche et sombre . La scène du bal masqué ressemble, par endroits, un peu à une parodie de la musique de « Vénusberg ». Cela nous amène à la scène dans laquelle Juan est frappé par une calamité, probablement un coup d'épée. Alors qu'il reste frappé, les souvenirs des jours passés refont surface sur lui. Il a un ou deux retours momentanés de son ancien feu et de son énergie. Mais enfin son heure arrive et son âme s'en va avec un frisson. Strauss sait rendre une telle scène merveilleusement poignante. Sa réalisation la plus remarquable dans ce genre est le soupir d'adieu de Don Quichotte dans son ouvrage sur ce sujet. Mais son traitement de la mort de Juan est également très puissant.

"Jusqu'à Eulenspiegel ."

14 février 1902.

"Till Eulenspiegel " était le grand *farceur* . Son nom est bien connu des étudiants en folklore. Dans les livres flamands, il figure sous le nom de Thyl Uylenspiegel , en anglais sous le nom de Till Owlglass . Comme d'autres héros de l'histoire populaire, Till repose enterré à plus d'un endroit, chacune de ses pierres tombales étant ornée de ses armoiries : un hibou perché sur un miroir à main. Il était originaire et vivait pour la plupart en Westphalie ou dans un pays du Bas-Rhin ; mais c'était un migrateur, et l'un de ses exploits les mieux authentiques eut lieu en Pologne, où il eut un concours d'adresse avec le bouffon professionnel du roi. Till est l'incarnation de la moquerie, de la satire et de la bouffonnerie, parfois spirituelles et généralement grossières. Il représente un développement littéraire que l'on peut considérer comme une sorte de Scherzo, après l'Andante des Troubadours, des Minnesingers et d'autres poètes de cour, réaction inévitable de l'esprit populaire contre un sentiment trop hautain. La figure légendaire de Till a fait appel avec les résultats les plus extraordinaires à ce compositeur qui le premier a introduit dans le domaine de l'art musical les qualités spécifiques de l'imagination sud-allemande, représentées, par exemple, par Holbein, Dürer et Adam Krafft. Incisif, graphique, orné et doté d'un pouvoir de caractérisation non moins inouï, Richard Strauss dans sa musique est comparable à ces autres maîtres dans leurs réalisations graphiques ou plastiques. Son "Till" rappelle les illustrations gravées sur bois de Dürer sur l'Apocalypse, mais, bien sûr, avec de la couleur ajoutée. Et quelle couleur ! et quelle caractérisation dans la couleur ! Il contrôle l'orchestre précisément comme un bon acteur les tons de sa propre voix. Il sait lui faire restituer les plus belles nuances d'émotion. "Till" est un miracle musical, déclenchant à la fois les sources du rire et des larmes. Il élargit la notion de ce qui est possible en musique, tant les drôleries sont multiples et inconcevables, tant les audaces techniques que le compositeur parvient à justifier sont prodigieuses. Strauss a, en un sens, relancé un art qui aurait existé dans le monde antique : raconter une histoire sous la forme d'une danse. Du point où se fait entendre cette gigue chromatique qui symbolise Jusqu'à errer à la recherche de matière pour exercer ses talents, l'imagination est envoûtée.

Strauss va bien au-delà de Wagner dans l'articulation de ses phrases musicales, et il sait mieux que tout autre compositeur que c'est le domaine spécial de la musique d'exprimer ce qui ne peut l'être d'aucune autre manière

— ce qui est trop délicat ou trop indélicat. , à exprimer de toute autre manière. La qualité la plus merveilleuse de "Till" est son caractère médiéval . Écoutez ces triolets, en harmonie chromatique à quatre voix pour cinq violons solos avec *sordini* , exprimant l'agonie de terreur dans laquelle Till est plongé par sa propre moquerie méchante de la religion. Par de tels procédés, le compositeur évoque l'atmosphère de l'époque, caractérisée par " Furcht auf der Gasse, Furcht im Herzen." Le traitement du prologue et de l'épilogue, où tout ce qui est noir est retiré des thèmes de Till maintenant qu'il est devenu une histoire, est d'une félicité inconcevable.

"Sehnsucht."

18 mars 1902.

La chanson « Sehnsucht » de Richard Strauss soulève bon nombre de questions intéressantes, par exemple celle de savoir si ce n'est pas, après tout, de l'harmonie plutôt que de la coloration sonore que dépend la qualité essentielle de la musique de Strauss ; si l'éminent compositeur sud-allemand aurait jugé nécessaire d'être aussi obstinément galvanique dans sa démarche s'il ne s'était pas adressé à une génération musicale trop friande d'opium avec Tchaïkovski ; Que ce soit avec l'intention d'Eulenspieglish qu'il mette tant de textes de chansons d'amour simples sur une musique qui trahit le mépris du simple lyrisme, ou qu'il se méprenne sincèrement sur la tendance de son propre talent. Ainsi on pourrait continuer indéfiniment ; car c'est l'effet régulier de la musique de Strauss que de transformer l'esprit de l'auditeur en une énorme note d'interrogation. Il faut cependant ajouter une question encore plus importante. Est-ce l'intention délibérée de Strauss d'abolir le rythme ? Aurait-il ajouté au dicton bien connu « *Am Anfang war der Rhythmus* » le cavalier « *aber jetzt nicht mehr* ? » Le "Sehnsucht", trop salé et trop parfumé, était admirablement chanté, et sa fascination, non dénuée d'horreur, était telle qu'il fallut le répéter. Rien chez Strauss n'est plus inquiétant que ses séquelles sur le palais musical. Que l'on aime ou non son style, tous les autres sons sont apprivoisés par contraste, et un compositeur naïf et doux comme Grieg (le Hans Andersen de la musique) semble presque du pain et du beurre.

"Faust Symphonie",

Düsseldorf.

23 mai 1902.

Les nombreux anti- Lisztiens violents en Angleterre devraient être particulièrement prudents en ce moment pour garder leur poudre sèche. Ils vont avoir beaucoup de mal avec cet Eulenspiegelisch M. Strauss. Un groupe important de visiteurs anglais a entendu lundi soir son interprétation de la

"Symphonie de Faust", et ils ne risquent pas de l'oublier. Strauss n'appartient pas au petit groupe de chefs d'orchestre internationaux qui peuvent voyager d'un endroit à l'autre, remportant le succès partout et dans tous les styles de musique. Il n'a pas étudié assez attentivement le comportement du chef d'orchestre pour plaire généralement au public. En même temps, son talent démoniaque se manifeste assez clairement dans sa direction d'orchestre lorsqu'il doit s'occuper d'une œuvre qui fait particulièrement appel à ses sympathies. Il semble que sa mission soit de justifier Liszt après des décennies d'incompréhension et de dénigrement. Son interprétation de la « Symphonie de Faust » fut tout simplement un gigantesque succès. Le stress et l'angoisse du premier mouvement, la douceur et le charme merveilleux de la musique de Gretchen, l'incisivité et la grossesse presque incroyables de la musique caractéristique de la section Méphistophélès du finale, et la grandeur sans précédent de l'idée finale, où le masque est arraché au visage de « l'esprit qui nie » et le « chœur mystique » entre avec la strophe finale, conduisant à l'idée maîtresse de tout le drame, « Das Ewig- Weibliche zieht uns hinan "- ces beautés et splendeurs de la composition ont été révélées avec le contact infaillible d'un maître dans la chair et le sang duquel elle est passée depuis longtemps : et le public, y compris même les visiteurs anglais, l'a ressenti. La "Symphonie de Faust" déclare le compositeur être, dans son attitude envers l'art et la vie, semblable à Hugo, Delacroix et aux autres grands romantiques français, et le résultat de cette attitude semble plus complètement heureux dans la musique que dans la peinture ou la littérature. Cela fait regarder en arrière avec un désir envieux. à la fraîcheur et à la vitalité débordante de ces gars qui ont trouvé un si grand goût pour les grands thèmes humains fondamentaux et des ressources si vastes dans leur traitement. Cela provoque également des réflexions ahurissantes sur la personnalité complexe et énigmatique du compositeur, qui. , malgré toute son orthodoxie religieuse, fut un révolutionnaire artistique plus formidable que Wagner et fut, en fait, l'initiateur de certaines idées wagnériennes particulièrement fécondes. Tout cela et bien plus encore peut être appris des interprétations lisztiennes de Strauss - un sphinx . - comme un personnage qui, tandis que sa tête anormalement grosse se balance au sommet de sa silhouette haute et volumineuse, accompagné de gestes fantastiques, entraîne son auditoire dans une sorte de fièvre phosphorescente, provoquant ici et là un processus d'auto-examen aigu. .

"Tod et Verklärung ."

17 octobre 1902.

Il est difficile de cerner l'état d'esprit qui prévaut dans ce pays à l'égard de Richard Strauss, de Richard II, comme on l'appelle souvent en Allemagne.

Bien entendu, les tenants d'une orthodoxie à tête de navet n'entendront pas parler de lui, pas plus qu'ils n'auraient entendu parler de Richard Ier il y a un quart de siècle, et il semble avoir un effet irritant sur tous les critiques, à l'exception d'un certain nombre très limité de personnes. minorité dont le tempérament possède quelque chose qui leur donne la clé d'une partie, en tout cas, du génie de Strauss. Ce qui irrite les critiques, c'est simplement la difficulté de trouver une formule pour Strauss. Il a la fâcheuse impertinence de ne rentrer dans aucun de leurs casiers. Il est énigmatique, semblable à un Sphinx, une personnalité complexe qu'il n'est pas commode de cataloguer. Cette personnalité complexe, nous ne nous proposons pas ici de l'analyser , mais sur un point nous osons exprimer une opinion définitive. Ceux qui prétendent que Strauss n'est qu'un excentrique se retrouveront tôt ou tard dans l'erreur. Il a dans quelques cas joué des tours au public, mais il n'en est pas moins un maître-compositeur, au sens plein et simple de ce mot, un maître-compositeur au même titre que Mozart. Dans "Tod und Verklärung ", nous le trouvons dans un état d'esprit d'un sérieux absolu. Le thème est une scène de lit de mort, la fantasmagorie d'un cerveau malade pendant les derniers instants de la conscience terrestre, la lutte finale contre la mort, puis une merveilleuse suggestion de réveil à l'immortalité. La composition est donc, comme l'a souligné un critique allemand, le pendant du « Gerontius » d'Elgar, en ce qui concerne le sujet ; mais à aucun autre égard les deux ouvrages n'ont de similitude. Les qualités auxquelles le nom de Strauss est le plus souvent associé – réalisme audacieux et grotesque, figuration et coloration orchestrales magnifiques et enivrantes – sont ici complètement en suspens. Dans l'ambiance de la section d'ouverture, il y a une parenté avec le troisième acte de "Tristan" - le même silence et la même oppression de l'antre du malade - mais pas dans le traitement musical qui, chez Strauss, fait beaucoup plus référence aux détails extérieurs (*par exemple* , le tic-tac de l'horloge) qu'avec Wagner. Les notes d'introduction sont pleines d'une puissance étrange et mènent à un « Seelenmalerei » délicieusement pathétique. Dans la section agitato qui suit, tout auditeur familier avec d'autres poèmes symphoniques du même compositeur – plus tôt ou plus tard – sera probablement surpris de sa relative modération et de sa retenue dans la description des terreurs de la lutte contre la mort. On ne peut nier que Strauss soit très préoccupé par de telles idées. Il a mis en musique l'article même de la mort à au moins quatre occasions différentes ("Tod und Verklärung ", "Don Juan", "Till" et "Don Quichotte"). L'accrochage de "Till" est d'un réalisme incroyablement drastique, et le dernier soupir de Don Quichotte est la chose la plus surnaturelle de toute la musique. La mort de Don Juan est purement *macabre* ; mais dans "Tod und Verklärung ", une certaine suggestion du *macabre* cède la place à quelque chose de très différent : la suggestion de l'âme s'élevant vers l'immortalité ; et ainsi commence la section finale, dominée par le noble et beau thème de la « transfiguration ».

Les admirateurs du compositeur qui « ont toujours pensé qu'il était un Chinois païen » trouveront ici matière à réflexion . Car la chose est trop bien faite pour ne pas avoir été sincèrement ressentie.

"Zarahoustra."

29 janvier 1904.

" Aussi sprach Zarathustra" ("Ainsi parla Zarathustra") est la première œuvre de la manière la plus avancée de Strauss. Elle est composée pour l'énorme orchestre suivant :—Un piccolo et trois flûtes ; trois hautbois et un cor anglais ; une clarinette en mi bémol, deux clarinettes en si bémol et une clarinette basse en si bémol ; trois bassons et un contrefagot ; six cors en fa, quatre trompettes en do, trois trombones et deux tubas basses ; batterie de bouilloire, grosse caisse, cymbales, triangle et glockenspiel ; une cloche en mi ; un orgue, deux harpes et les instruments à archet habituels ; et les exigences techniques *des* interprètes sont aussi exceptionnelles que le nombre d'instruments utilisés. C'est un exemple aussi frappant de l'énergie du Dr Richter qu'il n'aurait pas dû reculer devant la tâche d'interpréter une partition aussi vaste et déroutante, que de son ouverture d'esprit qu'à son âge il aurait dû se soucier de mettre en avant le plus de choses possible. des compositions typiquement avancées et modernes - c'est pour cela que nous considérons le "Zarathoustra" de Strauss comme étant à la fois respectueux du sujet et du traitement. Nous doutons qu'un autre musicien vivant de l'âge du Dr Richter possède au même degré cette élasticité juvénile qui peut rendre pleinement justice aux œuvres d'une jeune génération. De plus, il n'est pas particulièrement straussien . Il sait simplement, comme le savent tous ceux qui sont au courant des affaires musicales d'aujourd'hui, que Strauss est un compositeur d'un talent très grand et imposant, et il pense que dans un centre musical tel que Manchester, ses œuvres les plus importantes devraient être connues. Ainsi, malgré une attitude plutôt décourageante de la part du public et des ennuis supplémentaires qu'on ne peut guère estimer, il en donne de temps en temps. Ce n'est pas plus le Lancashire que Londres qui, parmi les centres musicaux britanniques , a montré la plus grande appréciation de Strauss, le grand et typique moderne. C'est la région du pays desservie par l'Orchestre écossais, où "Tod und Verklärung " a déjà été choisi pour être interprété lors d'un concert *plébiscite* . Cela semble tout à fait naturel, car "Tod und Verklärung " est la plus claire, la plus simple et la moins hétérodoxe des œuvres orchestrales de Strauss, et beaucoup plus facile à comprendre à la première écoute que la Symphonie en do mineur de Beethoven. En fait, il a été reconnu comme un classique presque partout, même s'il est encore ici soupçonné d'être une simple excentricité. Nous ne pouvons qu'espérer qu'après avoir entendu « Zarathoustra » — ce qui est certainement une commande assez importante – certains de nos objecteurs de conscience reconsidéreront leur position. Ce qui est extraordinaire, c'est qu'il a été mieux accueilli que le "Tod und Verklärung " , beaucoup plus compréhensible . Cela était sans doute dû en partie à un pur étonnement, mais aussi, pensons-nous, à la perception que, quoi qu'il puisse y avoir d'autre dans l'œuvre, il y a une certaine grandeur de perception. Il n'est guère possible d'écouter dans un état d'indifférence complète l'image sonore d'ouverture du lever du soleil, avec son grand ton naturel et retentissant, qui rappelle l'introduction du "Rheingold" de Wagner, et les harmonies de trompette qui suivent les trois notes de le thème de la nature sans âme. Le plan du poème symphonique qui se déroule progressivement est l'un des plus clairs. C'est sur le même plan que le discours de saint François sur « La Joie Parfaite », cité par Sabatier dans les « Fioretti », où le saint homme, pour mieux faire comprendre à frère Léon en quoi consiste la joie parfaite, énumère d'abord une série des choses en lesquelles elle ne consiste pas, puis, après avoir écarté les opinions erronées correspondant aux diverses étapes du chemin ascendant vers la vraie sagesse, nous dit enfin ce qu'est la joie parfaite. La sagesse de Zarathoustra est, bien sûr, très différente de la sagesse de saint François, mais sa méthode pour l'inculquer est la même. Lui aussi a mortifié la chair avec le « Hinterweltler » (peut-être que « other-worldlings » est l'équivalent anglais le plus proche), et s'est jeté pour changer dans le vortex des plaisirs excitants – les « Freuden und Leidenschaften » qu'il appelle, comme qui devrait dire les « fruits et les passions de la jeunesse ». Il est caractéristique qu'il donne la priorité à la religion et aux plaisirs passionnants ensuite. Il « fréquentait également avec enthousiasme les médecins et les saints et entendait de grands débats », cette expérience étant symbolisée par la « Fugue de la science » de Strauss. Mais aucune de ces choses, nous fait-il comprendre, en utilisant avec insistance le thème du « dégoût », n'est une perle de grand prix, ni une joie parfaite, ou quoi que ce soit de ce genre. L'avant-dernière partie du poème symphonique traite de la conversion de Zarathoustra en philosophe dansant – de son apprentissage de la grande leçon selon laquelle il faut « se débarrasser de la lourdeur » ; et ici, bien entendu, le musicien est parfaitement dans son élément. La conclusion est très remarquable et surprenante. Strauss a déclaré que toute la composition n'est qu'un hommage au génie de Nietzsche, mais il est impossible de résister à l'impression que, par la manière de la fin, il s'est efforcé de suggérer une amélioration par rapport à Nietzsche - et il pourrait bien être content de lui-même. , et donc un peu autoritaire, après avoir produit ce " Tanzlied " (une sorte de valse pour demi-dieux ou " Uebermenschen "), qu'il a fait bien mieux qu'aucun autre compositeur ayant jamais vécu n'aurait pu le faire. Il termine par une image nocturne en si majeur contre les notes finales dont le thème persistant de la nature en do majeur réaffirme une fois de plus comme une basse pizzicato ; - en mots, "mais vous avez laissé l'énigme de la terre douloureuse tout aussi irrésolue".

comme c'était le cas auparavant, malgré toute ta sagesse. Que cette fin soit plus pertinente que celle de Nietzsche ou non, il est vraiment merveilleux que les notes de musique puissent parler si clairement, et même dire quelque chose d'assez important.

"Ein Heldenleben ",

Société orchestrale de Liverpool.

8 février 1904.

Nous avons ici à traiter de la dernière phase de Strauss, et pour arriver à une véritable évaluation de « Heldenleben », nous devons nous rappeler que Strauss est un réformateur et le chef reconnu d'un parti qui, que cela nous plaise ou non, a joué et joue un grand rôle dans le monde de la musique. Le principe central de l'école de Strauss repose sur l'observation parfaitement juste que le développement général de la musique au cours des deux derniers siècles montre des progrès continus vers une plus grande articulation, et qu'il n'y a aucune raison de considérer ce progrès comme ayant atteint son stade final avec Berlioz. Liszt et Wagner. Brahms et les néoclassiques étaient sur une mauvaise voie, estiment-ils, et c'est la mission de Strauss et de ses proches de ramener l'art sur les voies du véritable progrès. Cela montre dans quel sens Strauss est qualifié de réformateur. C'est le sort habituel des réformateurs de dépasser le cap ; M. Weingartner pense que Strauss l'a fait très sérieusement dans ses trois derniers poèmes symphoniques : « Zarathoustra », « Don Quichotte » et « Heldenleben », et je suis contraint d'adhérer au point de vue de M. Weingartner. Dans chacune des trois œuvres citées, il y a beaucoup de choses que seul le génie aurait pu produire, mais aussi quelque chose qui lui est étranger. La perpétration d'une cacophonie délibérée dans un but symbolique est rencontrée pour la première fois dans « Zarathoustra », où elle se déroule de manière hésitante et retenue et à très petite échelle. Dans "Don Quichotte", le même procédé est utilisé sur une plus grande échelle et avec beaucoup plus d'audace, et dans " Heldenleben ", il a donné lieu, dans la section "combat", à un mouvement étendu que je ne peux qu'appeler une atrocité. Cette section présente le compositeur dans une ambiance d'extravagance sans précédent. Si l'on considère l'harmonie dans le sens le plus étendu possible, elle reste néanmoins une chose en dehors des limites de laquelle se situe le tableau de bataille de Strauss. Il ne parvient donc pas du tout, à mon avis, à poursuivre le progrès de la musique vers une plus grande articulation. Ce n'est pas de la musique et ne fait rien pour la musique. C'est une excroissance et un défaut monstrueux - un produit de la folie musicale, ne portant aucune trace de ce génie qui a produit le beau et parfait "Tod und Verklärung " et le Scherzo orchestral superbement racé et concis "Till Eulenspiegel ".

L'expression de tels points de vue entraîne la terrible conséquence d'être identifié aux « Adversaires », que Strauss, désarmant la critique par une méthode nouvelle, symbolise dans les accents horribles cités comme exemples 4 et 5 dans le programme de M. Newman . Mais il faut témoigner selon ses convictions, et j'avoue que je ne peux pas me réconcilier avec la section 4 de « Heldenleben », et trouver dans la section 5 un élément considérable de mystification simplement curieuse. Le principe de « l'écoute horizontale », que préconisent les purs et durs Straussiens , ne m'aide pas. L'écoute horizontale devient, sous la cacophonie meurtrière de cette section de combat, une simple écoute couchée.

Dans d'autres parties de l'œuvre, il y a beaucoup de choses tout à fait dignes de Strauss. La chose la plus attrayante de toutes est peut-être le solo de violon qui représente l'élément féminin dans l'expérience de vie du héros. L'émotion capricieuse de cette partie est rendue par le compositeur avec une touche véritablement magique qui montre avec quelle merveilleuse fraîcheur il conçoit la tâche d'une telle délimitation des caractères dans les tons. Comme la dame straussienne est différente des princesses de Chopin ! Comme c'est infiniment plus subtil, varié, intéressant et psychologiquement vrai ! Le héros, lui aussi, est puissamment esquissé, même si, tout au long de la section qui lui est spécialement consacrée, on est plus conscient du gigantesque que de l'héroïque. La majeure partie de l'invention thématique est révélatrice - peut-être plus que dans "Zarathustra" - et le " Seelenmalerei " dans la musique d'amour et ensuite dans la musique de renonciation est très finement exécuté. Même la satire musicale drastique des « Adversaires » est assez acceptable dans ses premières phases. C'est la polyphonie dans les sections de tempête et de stress qui tourne mal. Le sujet de l'ouvrage dans son ensemble a le mérite d'une intelligibilité générale. Mais le compositeur identifie avec trop d'insistance le héros à lui-même ; il ne maintient pas non plus la cohérence de ton propre à une œuvre d'art. Si les sections 3, 4, 5 et 6 tenaient la promesse des sections 1 et 2, nous aurions une sorte de gigantesque humoresque gulliverien. Mais avec la section 3, une nouvelle atmosphère est évoquée, et désormais l'œuvre gravite d'avant en arrière entre deux éléments inconciliables - l'un drastique, sarcastique et cataplasique , l'autre d'abord subtil, sinueux et émouvant, puis se tournant vers une ambiance. d'exaltation religieuse et de contemplation austère.

Quatuor en do mineur.

10 mars 1904.

Le cas de Strauss est certainement délicat pour les partisans du néoclassicisme de Brahms. Dans des œuvres telles que le Quatuor, op. 13, et la Sonate pour violon, op. 18, écrit il y a vingt ans ou plus, il se déclare un brahmsien absolu , vénérant avant tout la phrase musicale bien construite, utilisant les harmonies étendues et la figuration abondante de la technique moderne pour exprimer des émotions qui n'ont que peu d'individualité et sont simplement typiques. du sentimentaliste allemand convaincu. En effet, il se montre ici un meilleur Brahmsien que Brahms, évitant tous les pires défauts de son modèle, comme ses tâtonnements et ses tâtonnements, ses marmonnements et ses pleurnicheries, et ne sentimentalisant que d'une manière tout à fait saine et avec un flux si abondant et si facile que trouver des fautes semblerait intolérant. Pourtant, malgré toutes ces merveilleuses qualifications pour une grande carrière brahmsienne , Strauss n'en aurait aucune, sauf dans sa période la plus jeune. Depuis de nombreuses années, il affiche un mépris total pour la phrase musicale bien construite ; aussi du sentimentalisme allemand et de tous les autres sujets traditionnels de l'éloquence musicale. En tant que compositeur d'orchestre, il a suivi un chemin d'audace aventureuse sans précédent dans l'histoire de l'art, et il considère sa musique de chambre brahmsienne comme appartenant à un état naissant de son talent. Comme il n'est pas permis aux brahmsiens de dire que ces premières œuvres prouvent l'incompétence de Strauss en tant que compositeur orthodoxe, il ne leur reste plus qu'à dire que la musique de chambre est de loin la meilleure de toute sa production. Tôt ou tard, nous commencerons sans doute à entendre cela, et en attendant, ceux qui aiment les premières œuvres pourront les jouer ou les écouter avec l'assurance réconfortante que le compositeur ne s'y opposera pas, dans la mesure où il a lui-même participé tout récemment à des concerts publics. leurs représentations. Le Quatuor – que le Dr Brodsky et ses associés habituels, assistés de M. Isidor Cohn, ont joué hier – pourrait être considéré comme l'œuvre de maturité de quiconque sauf Strauss. C'est jeune, par rapport au compositeur, dans la base émotionnelle de la musique ; mais pas dans le travail, et encore moins dans l'invention, qui a tout le caractère et le poids communément révélateurs d'une expérience mûre. Bref, c'est un très bon Quatuor du genre orthodoxe, on pourrait même dire l'une des meilleures œuvres existantes pour pianoforte et trois instruments à archet. L'Andante n'est pas une merveille aussi merveilleuse que le mouvement lent de la Sonate pour violon, mais il est presque aussi bon en termes d'invention et tout aussi bon dans son adaptation au médium, c'est-à-dire au groupe d'instruments particulier. Le Scherzo est aussi concis que l'Andante est d'un sentimentalisme éclatant, et les mouvements d'encadrement sont magnifiquement réalisés. Le rendu de cette composition extrêmement intéressante était tout à fait adéquat. Le tempo du Scherzo était plus rapide que celui du compositeur ; mais comme il ne lui est pas possible de maintenir la technique d'un pianiste soliste, il pourra éventuellement éviter pour cette raison un tempo très rapide. M. Cohn a fait ressortir assez clairement tous les passages, même si le tempo rapide a provoqué une certaine sécheresse dans le son des cordes. Les autres mouvements ont été satisfaisants à tous points de vue. Il est intéressant de noter dans ce Quatuor un premier exemple de la tendance de Strauss à associer une certaine ambiance à une certaine tonalité. Il assigne une section contrastée au débit plus facile au si majeur, et tout au long des récurrences, l'affectation des touches originales est préservée d'une manière très différente de la procédure des compositeurs plus anciens. Tout au long de l'œuvre, le lien entre la tonalité et la portée émotionnelle est préservé en détail, et nous notons ici un développement ultérieur du principe qui a incité Beethoven à jeter sa Symphonie du Destin, à la fois sombre et mystérieuse, en do mineur et sa Symphonie rythmique ou dansante en la majeur. , mais qui, de sa part, n'a rencontré qu'une très large reconnaissance.

CHAPITRE IX.
--
MUSIQUE DE CHAMBRE.

Dvoràk
en la majeur.

2 février 1897.

La musique pour pianoforte, combinée avec deux ou plusieurs instruments à archet, est généralement constituée sur des principes tout sauf démocratiques, l'instrument à percussion étant par rapport aux autres dans à peu près la même relation que Jupiter avec ses satellites. Mais le splendide quintette de Dvoràk donné hier soir constitue une honorable exception à ce principe, la préférence bien connue du compositeur bohème pour les instruments à archet ayant apparemment contrecarré la tendance habituelle à donner une trop grande importance à la partie de pianoforte. Tout au long du quintette, il y a une richesse et une fertilité infinies de belles idées. L'allegro d'ouverture repose sur deux éléments principaux qui forment un contraste efficace, l'un se déplaçant principalement dans un double temps syncopé, et l'autre se rapprochant du personnage d'une tarentelle. La partie de pianoforte présente parfois un intérêt indépendant et consiste parfois en de beaux passages d'accompagnement construits à partir d'accords en position étendue. Le deuxième mouvement porte le nom de "Dumka", qui, selon nous, a été utilisé pour la première fois comme nom d'un mouvement musical par Dvoràk , ou en tout cas est devenu familier au monde en général grâce à ses œuvres. Il est dérivé d'une racine slave signifiant « penser » et peut être considéré comme l'équivalent de « méditation ». Il y a plusieurs mouvements particulièrement intéressants et charmants dans les œuvres du compositeur bohème qui porte ce nom, et celui qui apparaît dans le quintette est l'un des meilleurs. Il est dans le mineur relatif de la tonalité d'ouverture et présente le compositeur comme un poète du même genre que Burns – à la fois robuste dans son allure et délicat dans ses sentiments. Ici et là, la partie de piano-forte évoque une suggestion de Chopin ; mais le sentiment courtois de Chopin se fond bientôt dans une veine de sentiment plus large et plus pleine de sang. Le matériau thématique est remarquablement varié et épisodique, tandis que le Scherzo — appelé, comme dans d'autres compositions bohèmes « Furiant » — est compact et exempt de toute trace de tendance décousue. Le final est dominé par un thème dansé en temps double d'une énergie et d'une vivacité énormes.

Dvoràk
, op. 96.

6 décembre 1900.

L'op. Le Quatuor 96 pourrait presque aussi bien s'appeler « Du Nouveau Monde » que la Symphonie. Nous ne savons pas si elle a été écrite pendant le séjour du compositeur en Amérique, mais elle est certainement le résultat de ses expériences américaines, tout comme la symphonie du « Nouveau Monde ». Tous les thèmes de ces deux œuvres sont des mélodies idéalisées de Nègres ou de Peaux-Rouges, et bien que les résultats ne soient peut-être pas aussi merveilleusement heureux dans le Quatuor que dans la Symphonie, ils sont suffisamment beaux pour en faire un élément des plus intéressants dans la musique du la période américaine du merveilleux compositeur bohème. Cette musique a enseigné à certains d'entre nous une leçon assez importante. La valeur de la mélodie populaire est reconnue depuis longtemps , mais jusqu'à ce que ces œuvres de Dvoràk soient connues, on pensait généralement que les airs noirs constituaient une exception au principe selon lequel toute expression musicale sincère, simple et originale avait une valeur artistique. Dvoràk nous a enseigné le danger de considérer toute chose naturelle comme commune ou impure. Il a montré que la mélodie noire peut donner naissance à de belles œuvres d'art tout autant que la mélodie irlandaise, hongroise ou scandinave. Dvoràk est le compositeur le plus impossible à classer. Il est naïf et pourtant maître du design complexe et ingénieux ; un méprisant du dispositif scolaire et en même temps un travailleur accompli dans les formes classiques ; le plus original des compositeurs qui se sont fait connaître dans la seconde moitié du XIXe siècle, mais soupçonné, à l'occasion, du plagiat le plus flagrant. Il est difficile de dire si son invention musicale absolue, son habileté, son goût et ses ressources dans l'agencement des instruments à une seule corde, ou son oreille pour la coloration orchestrale , sont la faculté la plus remarquable. C'est le musicien qui semble avoir peu appris des manuels et des professeurs, et pourtant, par une série continuelle de miracles, il évite tous les pièges qui assaillent le chemin du compositeur ignorant. Il n'est jamais perdu - il ne fait jamais rien de faible ou d'inefficace - mais il nous submerge et nous ravit encore et encore avec son flot inépuisable de mélodies racées et pleines de sang et avec son splendide maniement de n'importe quel instrument ou groupe d'instruments qu'il peut. choisir de gérer.

Beethoven
Razoumoffsky , n° 3.

5 décembre 1901.

Le troisième Quatuor Razoumoffsky figure parmi les compositions de chambre de Beethoven tout comme la Symphonie en do mineur parmi ses œuvres orchestrales. Définir les qualités en vertu desquelles ces deux œuvres apparentées s'adressent si fortement et directement à l'imagination est une question de grande difficulté. Ils appartiennent à la même époque ; et, bien qu'ils soient totalement différents dans la forme et dans les détails, ils sont semblables les uns aux autres dans l'esprit. Tous deux révèlent le compositeur pendant cette période courte mais dorée de sa vie artistique où il en avait fini avec les expérimentations techniques ; et alors que cette austère indifférence à l'égard de la simple beauté sensuelle du son, qu'avec le temps sa surdité inévitablement engendrait, n'avait pas encore commencé. Par conséquent, ces œuvres, même si elles sont loin d'atteindre l'exaltation, l'intensité et la grandeur sauvage de nombreuses compositions de troisième manière, sont plus parfaitement équilibrées. Ils sont également totalement exempts de certains éléments pervers, on pourrait presque dire misanthropes, qui constituent une pierre d'achoppement dans une grande partie de la musique de Beethoven. La félicité de l'invention est telle que chaque nouvel élément thématique frappe l'oreille comme une sorte de révélation. Nulle part il n'y a de développement trop long ou quoi que ce soit qui déroute ou aliène. L'Andante quasi Allegretto du Quatuor révèle le compositeur dans une ambiance rarissime. Sa délicate romance rappelle le mouvement lent du Quintette de Schumann, aussi profond que soit Beethoven. L'harmonie est pleine d'une beauté onirique, et ici et là des accents d'un attrait extraordinairement éloquent donnent cette impression (si fréquente chez Wagner) d'une musique tremblante au bord d'un discours articulé. Un bon exemple est le sol bémol récurrent dans la partie d'alto des mesures 8, 9 et 10 après la deuxième reprise. La basse pizzicato est une autre caractéristique qui attire irrésistiblement l'attention. Les délices sans précédent de cette œuvre enchanteresse ont été ramenés au public par une exécution non seulement magistrale, mais empreinte d'une félicité particulière. Tout dans le merveilleux Allegretto était mis dans une sorte de relief délicat, et le finale fugué était donné avec la plus grande animation et la plus grande perfection de détail.

de Bach
en ré mineur.

15 janvier 1903.

L'association de Lady Hallé et du Dr Brodsky dans le Concerto pour deux violons de Bach a réuni hier, de loin, le plus grand public jamais vu à ces concerts. Le ré mineur, à deux parties solistes, est sans doute le plus beau de tous les concertos pour violon de Bach. Le Largo, coulé dans un moule que le compositeur a utilisé plus d'une fois, occupe évidemment la première place parmi les mouvements de ce genre, en vertu d'une magnificence majestueuse alliée à une certaine douceur royale et à une amabilité d'expression. D'autres exemples peuvent être plus profonds ou plus poignants dans leur sentiment, mais aucun autre n'est aussi riche et parfaitement organisé dans sa structure ni aussi doux et bénin dans son expression. Les deux instruments solistes sont traités par le compositeur sur un pied d'égalité absolue, et la manière dont ses intentions ont été réalisées hier par les deux interprètes magistraux était au-dessus de tout éloge. Pourquoi (on est susceptible de se demander en entendant une telle interprétation) un compositeur, qui pouvait faire chanter quelques instruments si doucement et si gracieusement et d'une manière si parfaitement adaptée à leur génie propre, forçait-il très souvent la voix chantée à suivre un une ligne crabe, à caractère instrumental plutôt que vocal ? Dans les mouvements plus vifs précédant et suivant le Largo, rien n'aurait pu être plus beau que le jeu délicat des deux parties solistes bien assorties, et l'ensemble de la composition n'a rien perdu, ou presque, du fait du rendu de l'accompagnement sur un pianoforte au lieu du petit orchestre. pour lequel il a été initialement noté. En tant qu'accompagnatrice au pianoforte, Mlle Olga Neruda a fait preuve d'une discrétion sans faille et n'a ainsi pas peu contribué à l'impression exquise produite par l'ensemble de l'œuvre.

de Beethoven

.

Dans le Quatuor en si bémol majeur de Beethoven, le dernier du troisième volume, les lignes complexes de la composition ont été mises en valeur avec une admirable unanimité de but, la perfection de *l'ensemble* ne se perdant jamais au milieu du plus grand feu et de la plus grande liberté d'exécution dans les parties rapides. Le Quatuor, qui occupe pas moins de quarante-cinq minutes d'interprétation, est remarquable par un mouvement d'ouverture dans lequel des sections adagio et allegro alternent avec une fréquence capricieuse, par le curieux quatrième mouvement dans une sorte de rythme de Ländler et par la Cavatine en mi bémol qui précède la finale. Il est capricieux et multiple, mais n'a ni le caractère abstrus ni la violence occasionnelle du Beethoven ultérieur, comme le révèlent les derniers Quatuors et Sonates.

Tchaïkovski
en ré majeur.

de Tchaïkovski en relation avec l'Andante, qui fait appel singulièrement à l'imagination. Bien que la base thématique soit évidemment dérivée de la musique populaire et que les sonorités des instruments assourdis soient telles que celles que l'on associe aux « doux airs lydiens » qui jouent simplement sur les sens sans autre signification, il y a dans ce mouvement une étrange exaltation mystique qui on ne le rencontre pas souvent chez Tchaïkovski . Cela ressemble à un rêve de bergers qui surveillaient leurs troupeaux la nuit et entendaient chanter les anges, ou à une illustration d'un thème apparenté dans lequel une note chaleureuse et pastorale est associée à un sentiment pieux et joyeux. C'est ce mouvement qui a tellement ému le comte Tolstoï lorsqu'il en a entendu, en compagnie du compositeur, une interprétation également dirigée par le Dr Brodsky. La suite de cette œuvre belle et enjouée amène à se demander comment le compositeur a pu, si tôt dans sa carrière, faire parler les instruments à cordes avec une éloquence aussi libre, immédiate et naturelle.

**Tchaïkovski
en la mineur.**

26 février 1903.

Les plus étonnants sont les commentaires que l'on entend et lit occasionnellement sur des pièces "In Memoriam" comme le noble Trio de Tchaïkovski , écrit en l'honneur de Nicolas Rubinstein, frère du plus célèbre Anton et pianiste d'une éminence presque égale. La base psychologique de ce Trio est d'une clarté exceptionnelle ; c'est probablement plus clair que dans toute autre composition d'extension similaire. Hier, M. Siloti a joué le pianoforte lors de ces concerts pour la deuxième, sinon pour la troisième fois. Les habitués ont donc eu des occasions exceptionnellement bonnes de se familiariser avec la musique, que nous considérons comme dans l'ensemble le meilleur exemple de la composition de chambre de Tchaïkovski . Comme dans "Wanderer Fantasie " de Schubert , le centre de l'ensemble est le thème du deuxième mouvement, une mélodie belle et expressive qui, dans l'imagination du compositeur, symbolisait évidemment la personnalité de son ami perdu. Les Variations qui s'ensuivent, qui comprennent une valse, une mazurka et d'autres au caractère tout sauf sombre , remontent sur des scènes et des souvenirs liés à cette personnalité, le compositeur s'abandonnant tantôt à une caractérisation vivante , tantôt rejeté dans un style élégiaque. humeur par le retour de la conscience de la mort de l'ami. Parfois, les deux ambiances se mêlent, comme dans cette partie de la valse où le délicat badinage de la partie de pianoforte s'accompagne de la variante tragique du thème central dans les cordes. Le mouvement d'ouverture, " pezzo elegiaco », est dominée par cette variante tragique qui, dès le début, est donnée avec une grande éloquence par les sonorités les plus riches du « violoncelle », une plainte lamentable qui revient sous de nombreuses formes différentes et informe d'une manière ou d'une autre les trois mouvements. En analysant donc la composition, non pas en référence aux détails techniques musicaux, mais psychologiquement, nous constatons qu'elle se compose de trois éléments principaux : (1) l'affection du compositeur pour son ami et le chagrin de sa perte ; là-dessus ; (3) le panégyrique funèbre. Dans une certaine mesure, ces éléments sont entremêlés tout au long de l'œuvre, mais ils dominent les mouvements respectifs tels que numérotés ici, de sorte que, d'une manière générale, on peut appeler le premier mouvement « lamentation », le second « souvenirs ; ", le troisième "éloge funèbre". À tous égards importants, le Trio nous semble tout à fait original, même si, dans quelques points superficiels, le compositeur semble s'inspirer de certains prédécesseurs. Il est probable que la "Wanderer Fantasie " ait influencé dans une certaine mesure la conception générale ; l'ouverture du Finale suggère par son rythme et son atmosphère la partie correspondante des "Etudes Symphoniques " de Schumann, et la courte section "marche funèbre" à la fin contient une référence évidente à Chopin. On ne peut guère entendre une meilleure interprétation que celle de M. Siloti de la partie de pianoforte, qui est partout d'une importance primordiale. Comme le Dr Brodsky, M. Siloti était un ami intime du compositeur, et comme il est également un maître reconnu de la technique du pianoforte et un musicien très accompli, ses interprétations de Tchaïkovski ont une certaine autorité. De plus, aucun instrumentiste vivant ne peut donner vie à une mélodie d'une manière plus suave et naturelle, et les lignes d'une composition trouvent toujours leur place dans ses interprétations. Le Dr Brodsky, toujours à son meilleur dans la musique de son célèbre compatriote et ami, a donné une interprétation très éloquente de la partie de violon, et il a été bien égalé par M. Fuchs, qui, comme auparavant, a fait ressortir le superbe thème d'ouverture avec une chaleur et une ampleur de style étonnantes, et il donna tout le reste de son rôle d'une manière digne de cette belle entrée.

César Franck
Quintette en fa mineur.

12 décembre 1903.

Le Quintette, pour pianoforte et cordes en fa mineur et majeur, est un exemple typique du profond savoir et de l'immense maîtrise technique du compositeur, de son idéal élevé d'artiste musical et de sa merveilleuse originalité . A en juger par une telle composition, on ne pourrait guère revendiquer le don de charme mélodique de César Franck. Il a peu ou pas de lyrisme, et il semble surtout s'intéresser à délivrer la musique de l'esclavage du système tonique et dominant, tout en faisant appel à chaque instrument pour ce qu'il y a de plus caractéristique dans sa ressource technique. Il est ainsi aussi éloigné que possible de Grieg et des chanteurs et danseurs de l'époque récente. C'est un grand maître de la forme, mais il dramatise les formes de musique de chambre tout comme Beethoven a dramatisé la symphonie, conciliant les exigences de structure et d'émotion avec une touche de génie indubitable. Le grand Quintette est écrit pour des interprètes dont la technique n'est soumise à aucune limitation. Chaque partie est intensément vivante et, à de nombreux moments, l'imagination de l'auditeur est transportée dans des régions jamais ouvertes auparavant. La musique prouve que le compositeur a compris son médium avec une extraordinaire

- 138 -

minutie. Certaines de ses progressions audacieuses, ses redoublons persistants et ses passages précipités à l'unisson pourraient, à première vue, être qualifiés d'orchestraux, mais une observation plus attentive convainc rapidement qu'ils ne sont pas orchestraux, mais que le type particulier d'éloquence de la musique appartient essentiellement à l'orchestre. à la combinaison particulière pour laquelle il a été écrit. Le système de clé est déconcertant au premier abord. Le compositeur semble insister sur le fait que deux accords si différents de tonique et de dominante que sont fa majeur et ré bémol mineur (si quelqu'un pense qu'une telle tonalité n'existe pas, il ne peut pas avoir étudié César Franck) feront tout aussi bien l'affaire pour les principaux accessoires d'une composition étendue ; et il a tout le meilleur de l'argument. L'intérêt technique de l'ouvrage est des plus vifs du début à la fin ; mais l'intérêt poétique semble se développer lentement, le jeu imaginatif n'étant nulle part aussi précis que dans le finale, qui commence par de forts passages d'extrême agitation nerveuse et culmine dans un *dénouûment tumultueux* avec une forte insistance réitérée sur les deux accords susmentionnés, au-dessus desquels les cordes se précipitent vers leur point de repos dans un unisson d'énergie et d'ampleur sans précédent. L'émotion subtile et lourde du mouvement lent rappelle Maeterlinck. César Franck (1822-90) était un Liégeois émigré à Paris, où il devint le fondateur de la jeune école française, cette école dont M. Vincent d'Indy est aujourd'hui le principal ornement. Un autre adepte, beaucoup moins vraiment distingué que d'Indy mais plus connu dans ce pays, est Gabriel Fauré. Franck est le seul grand compositeur que la Belgique ait produit à l'époque moderne. La tâche d'interpréter le merveilleux Quintette fut l'une des plus formidables que le Dr Brodsky et ses associés aient jamais entrepris. Mais ils étaient à la hauteur de la situation. Avec un maître aussi ancien que M. Busoni au pianoforte, il ne pouvait y avoir aucune incertitude quant à l'interprétation, et les parties de cordes extrêmement difficiles étaient rendues avec ce calme et cette sûreté de toucher qui seuls peuvent rendre intelligible une composition grande et complexe.

CHAPITRE X.

JOUER DU PIANO.

Reisenauer.

13 février 1896.

L'accueil réservé hier après-midi par le nombreux public du Gentleman's Hall à M. Alfred Reisenauer a été marqué par une grande réserve. Pas une seule fois pendant le récital il n'y a eu de manifestation d'enthousiasme. On ne peut cependant pas dire que la performance n'ait pas été à la hauteur de la grande réputation de M. Reisenauer. Dans son interprétation du "Carnaval" de Schumann, aucun détail n'a été oublié, et l'intermezzo "Paganini", survenant au milieu de la valse lente, a donné un avant-goût des puissances techniques tout à fait extraordinaires qui se sont révélées plus pleinement plus tard. Le finale du " Davidsbündler " a été joué avec moins de bruit et plus de subtilité que ce qui est habituellement accordé à cette marche curieuse, avec la Grossvaterstanz s'insinuant sans être remarquée, tout comme la " Marseillaise " se glisse dans le " Faschingschwank in Wien " du même compositeur. Dans certains numéros, le pianiste avait tendance à préférer des pièces à caractère secondaire et presque trivial, comme le "Rondo à Capriccio" auquel Beethoven a donné le sous-titre fantaisiste "La rage pour le sou perdu s'est envolé dans un caprice". Non pas que ce travail soit totalement frivole. Comme dans presque toute la musique de Beethoven, les sections de travail contiennent beaucoup de choses belles et intéressantes ; mais le thème d'ouverture est aussi simple que le *motif* de la symphonie "Surprise" de Haydn. Dans la première partie du programme , c'est-à-dire jusqu'à la fin des sélections de Beethoven, il y avait relativement peu d'indications sur le véritable calibre du pianiste . Mais dans la transcription de la « Forelle » par Liszt, M. Reisenauer commença à révéler certaines de ces merveilles dont lui et peut-être un autre pianiste vivant ont le monopole. Ce trille interminable, avec le *motif de la chanson* joué librement et de manière expressive par la même main, d'abord en dessous du trille puis au-dessus, était une chose dont il fallait se souvenir. Il n'y avait pas la moindre trace de ces licences que même les joueurs de premier ordre s'accordent communément pour faciliter de telles manœuvres . À l'oreille, l'effet était absolument celui de trois mains indépendantes. La transcription « Erlkönig » est en revanche beaucoup moins impressionnante. Il était exécuté avec un *tempo rubato exagéré* et était tout à fait trop bruyant. Il est difficile de parler en termes mesurés de la Nocturne en ré bémol de Chopin interprétée hier après-midi. M. Reisenauer semble être assez généralement critiqué par les amateurs comme manquant d'« âme ». Mais si c'est le cas, il faut sûrement admettre qu'il s'en sort extraordinairement bien sans. Quoi qu'il en soit, âme ou pas âme, son interprétation du Nocturne fut une révélation. Au milieu d'un pianissimo presque nébuleux, les parties étaient encore différenciées avec une parfaite maîtrise, et dans l'ensemble se déployait une science des gradations de tons probablement unique. Pas une beauté cachée dans la composition n'échappe à ses recherches ou ne dépasse ses pouvoirs d'interprétation. Pour le numéro final, la "Fantasia hongroise" de Liszt fut choisie, et cette pièce tomba encore une fois totalement à plat sur la plus grande partie du public, peut-être en raison d'un manque de familiarité avec le style hongrois. En effet, cette Fantasia est basée sur des chansons populaires hongroises et agrémentée de passages qui sont une sorte d'imitation glorifiée de l' interprétation d' un improvisateur hongrois au "cembalo". Les thèmes des chansons sont parmi les plus beaux et les plus intéressants que l'on puisse trouver dans toutes les Rhapsodies et Fantaisie de Liszt, en particulier la première, qui, dans l'édition de Korbay , est réglée sur les mots "Ils l'ont déposé mort sur la bière drapée de noir". ," et la merveilleuse chanson "Crane", qui colore toute la dernière partie de la Fantasia. Les difficultés de la pièce sont parmi les plus déchirantes que l'on puisse trouver dans la littérature sur l'instrument.

Moszkowski .

18 novembre 1898.

Pour ceux qui connaissaient déjà M. Moszkowski en tant que compositeur, cela a dû être intéressant hier de faire sa connaissance en tant que pianiste. Son jeu est le pendant exact de sa composition. C'est brillant, ingénieux, élégant. Il témoigne d'une connaissance si parfaite de la technique du piano que l'auditeur est susceptible d'être complètement ébloui et d'oublier que notre vieil ami le piano est capable d'autres sortes d'éloquence que l'éloquence de l'étalage technique. En même temps, nous n'avons nullement l'intention de critiquer la performance technique de M. Moszkowski . Bien qu'elle ne soit pas la chose la plus élevée en musique, la technique est une chose très importante et, lorsqu'elle est portée à un tel degré d'excellence, elle a une sorte de beauté autosuffisante qui peut être comparée à l' éclat des perles et des diamants. Peut-être que cela ne veut rien dire ; mais c'est beau, réconfortant, vivifiant. Il remonte le moral un peu comme le champagne, mais mieux que le champagne, et il a toute l'arrogance et la déraison coûteuse qui fascinent tant la haute joaillerie , en commun avec lesquels il semble transmettre une sorte de magnifique protestation contre les faits et les obscurité. Le charme merveilleux de la composition et du jeu de M. Moszkowski dépend en outre du fait qu'il ne tente rien d'autre que ce qu'il peut faire à la perfection. Il sait bien qu'il y a eu un Beethoven et un Brahms pour qui la musique était l'expression d'idées poétiques profondes. Mais de telles idées ne sont pas son affaire. Il les laisse franchement tranquilles, avec la confiance bien fondée que presque tout ce qui concerne une idée servira ses objectifs les plus divertissants. Le Concerto joué hier est une œuvre parfaitement caractéristique. Complètement dénué d'originalité quant au matériau, il est néanmoins monté avec un sens du style à toute épreuve, et tout est si orné et si agencé pour l'instrument soliste qu'on ne s'ennuie pas du début à la fin. Ne serait-ce que comme un recueil de tous les effets musicaux les plus révélateurs qui sont absolument propres au pianoforte, le Concerto restera probablement dans les mémoires. Les deux Mazurkas jouées dans la deuxième partie du concert sont des exemples intéressants de cette forme qu'apparemment seuls les compositeurs d'origine slave peuvent manier avec succès. On peut espérer que quiconque les a écoutés attentivement aura compris le point rudimentaire selon lequel il n'y a rien de commun entre cette danse maladroite de l'Europe occidentale appelée Polka Mazurka et la danse figurative élaborée dont la musique a été si merveilleusement idéalisée dans le monde. Mazurkas de Chopin, Tchaïkovski , Wiéniawski , Moszkowski et Scharwenka.

Busoni.

23 décembre 1898.

Parmi les quatre principaux styles de pianoforte – les styles Bach, Beethoven, Chopin et Liszt – M. Busoni s'est montré un passé maître. On dit que ces quatre styles sont les seuls véritables styles de pianoforte. Mais s'il en est une cinquième qui a une originalité typique et distincte de tous les autres, c'est bien le style de Brahms, et c'est dans ce style que M. Busoni a été entendu pour la première fois hier soir. Son interprétation du premier Concerto de Brahms n'était pas moins magistrale que ses interprétations de Bach, Beethoven, Chopin et Liszt. L'œuvre est d'une importance exceptionnelle. Écrit alors que le compositeur n'avait que vingt-cinq ans, et presque entièrement inconnu, et se révélant, lors de sa première production à Leipzig, avec le compositeur lui-même comme soliste, un échec total, il fut néanmoins, comme la « Révolution française » de Carlyle, le premier ouvrage montrant que l'auteur est un homme de génie authentique et original. On y voit qu'il rejette délibérément tout ce qui était traditionnellement lié à l'idée d'une œuvre de « style concert », n'offrant au soliste aucune des possibilités conventionnelles de démonstration, exigeant de lui la maîtrise d'une technique extrêmement difficile, pleine de doubles notes. des passages pleins de redoublons lourds et épuisants ; exigeant aussi un tact, une intelligence et une présence d'esprit exceptionnelles, comme on n'en trouve que chez quelques joueurs du tout premier rang. La musique du premier mouvement est d'une portée profondément sinistre et tragique, décrivant la rage, le chagrin et l'agitation dans une certaine lutte de l'âme héroïque. Cela n'a rien de divertissant et rien qui favorise un goût superficiel. Il n'est pas étonnant que ce soit un échec à Leipzig en 1859, lorsque ce centre des Lumières fut cédé au culte de Mendelssohn ! Après le compositeur lui-même, le premier pianiste à reprendre le Concerto fut Hans von Bülow, qui, lors d'un concert philharmonique à Berlin, fit reconnaître très tôt son mérite exceptionnel. D'autres interprètes qui ont contribué au succès de l'œuvre auprès du monde en général étaient Madame Schumann et M. D'Albert. À l'heure actuelle, on peut se demander s'il existe un meilleur représentant que M. Busoni. Ce qu'un écrivain allemand a appelé le premier motif « à la tempête » a été livré d'une manière qui montrait une parfaite compréhension de sa portée poétique, et l'éloquence tragique du développement qui a suivi n'a jamais été gâchée ni par une quelconque faute technique ni par une expression inappropriée. . Le « Benedictus » formant le mouvement lent est chargé de ce profond sentiment religieux dont seuls Bach, Beethoven et Brahms ont réussi à exprimer la musique. Il n'était pas moins parfaitement rendu que le mouvement d'ouverture, et le Rondo final a été joué avec une ampleur, une énergie et une maîtrise appropriées des passages lourds et complexes. Ensuite, une autre œuvre pour la même combinaison instrumentale fut jouée, à savoir la "Rhapsodie espagnole" de Liszt, que M. Busoni a traitée à peu près comme Liszt lui-même traitait la " Fantaisie errante " de Schubert, en faisant un arrangement sur le principe du concerto, avec une partie pour pianoforte et accompagnements orchestraux. La Rhapsodie est composée sur le même principe que les Rhapsodies hongroises, avec des motifs majestueux dans la première partie, et ensuite des thèmes dansés avec des variations et des ornements de la manière transcendantale propre à Liszt. L'orchestration de M. Busoni est très intelligente et révélatrice, et en jouant la partie solo, qui est brillante au-delà de toute description, il est pour ainsi dire descendu du piédestal du sérieux et a montré qu'il pouvait aussi, à l'occasion, être simplement divertissant. En guise de pièce supplémentaire sans orchestre, M. Busoni a joué "Campanella" de Liszt, probablement l'étude de concert la plus accrocheuse et la plus difficile qui soit. L'éclat presque incroyable avec lequel il a été interprété a semblé laisser le public à moitié étourdi et totalement captivé.

Busoni.

25 novembre 1904.

Le concert a été remarquable par l'une des apparitions fulgurantes de M. Busoni, dont la fonction particulière, dans l'ordre naturel, semble être de jeter les critiques dans un état de confusion et de perplexité totale. Il a été plus frénétiquement loué et plus sévèrement blâmé que n'importe quel autre pianiste d'aujourd'hui, et il ne manque jamais de justifier à la fois les éloges et les reproches. Il est le Sphinx moderne parmi les musiciens exécutifs, tout comme Strauss l'est parmi les compositeurs. Rien n'est sûr si ce n'est sa puissance technique sans égal et la force étrange de sa propre individualité qui, sans méprise ni conception inadéquate, fait encore violence à tout compositeur, par une sorte de nécessité intérieure. Toutes les accusations, sauf celle d' ennui ou de faiblesse, ont été portées contre M. Busoni, et avec justice. Pourtant, il peut très bien se permettre de sourire à ses critiques ; car la fureur de l'un est un témoignage aussi éloquent que le ravissement d'un autre devant sa prodigieuse faculté de stimulation. La plupart des critiques sont une expression secrète de rage face à l'incapacité désespérée de l'écrivain d'évaluer un talent aussi prodigieux ou de deviner ce qu'il « fera ensuite ». Le Concerto de Henselt , éculé en Allemagne mais presque inconnu en Angleterre, était sa pièce accompagnée hier. C'est l'œuvre la plus considérable de ce curieux compositeur, qui s'est fait une grande réputation de pianiste bien qu'il n'ait presque jamais joué en public, et une certaine réputation de compositeur bien qu'il n'ait jamais rien fait de plus original que le pianoforte Etude "Si oiseau ". j'étais ", et se contentait pour la plupart de donner des reproductions affaiblies des idées de Chopin à peine déguisées par des accompagnements d'arpèges dans des harmonies étendues et des passages ornementaux en notes doubles. Sur quelques points, comme l'utilisation d' octaves *martellato* et de passages d'accords, il avait une technique plus moderne que celle de Chopin ; mais il n'y a aucune justification pour ses compositions sauf une bonne disposition pour l'instrument, du début à la fin, on le trouve cultivant le même genre d'euphonie douce et volumineuse dans laquelle M. Busoni a joué les trois mouvements. son style habituel, résolvant plus intelligemment que quiconque tous les problèmes techniques qu'ils posent. Ses solos non accompagnés furent d'abord deux Préludes étonnamment ingénieux construits sur des thèmes de chorals de Bach, traités comme *des canti fermi* , et accompagnés de passages en contrepoint fleuri, ayant le caractère d'un *obbligato* . Le thème du premier était « Dormeurs, réveillez-vous », et du second le choral connu dans ce pays sous le nom de « L'Hymne de Luther ». Le troisième morceau était la transcription rarement entendue de Liszt de « Beethoven ». Adélaïde."

Borwick.

10 février 1899.

jeu solo, il y a le jeu du pianoforte, dont le niveau élevé est particulièrement caractéristique de notre époque. Le violon a été perfectionné au XVIIe siècle et, bien que la technique du violon ait été développée plus tard à une époque relativement récente par Paganini et d'autres, il n'y a eu au cours du XIXe siècle aucun autre progrès dans un type particulier d'interprétation musicale. comparable aux progrès du jeu du pianoforte qui, outre les améliorations apportées à la construction de l'instrument, sont généralement attribués au génie de Liszt. On oublie parfois que Liszt n'était pas tout à fait seul. Il était l'élève le plus brillant d'une certaine école, à savoir l'école de Czerny. Mais Czerny, bien que probablement le plus grand de tous les pédagogues du pianoforte, n'est pas le seul à être le père du jeu moderne. Il y avait un autre grand pédagogue au système indépendant, il s'agissait de Friederick Wieck, dont l'élève la plus brillante était sa fille Madame Schumann. L'art moderne du pianoforte remonte à l'un ou l'autre de ces deux remarquables professeurs, Czerny et Wieck. Le représentant le plus célèbre de l'école Czerny-Liszt à l'heure actuelle est M. Paderewski, et le représentant le plus célèbre de l'école Wieck-Schumann est M. Borwick. Pendant longtemps, on a supposé qu'aucun membre des races anglophones n'était capable de se classer parmi les joueurs solo de premier ordre, et il est donc encourageant de voir M. Borwick - un véritable Britannique né - occuper la position de il tient désormais. Pour sa première pièce, M. Borwick a choisi, à juste titre, le Concerto pour pianoforte de Schumann, que Rubinstein considérait comme une inspiration non moins heureuse que le Concerto pour violon de Mendelssohn. C'est la plus importante de toutes les œuvres pour piano de Schumann et M. Borwick, en tant qu'élève de l'école Schumann, est bien entendu tout à fait dans son élément lorsqu'il la joue. Hier, il semblait tout à fait bien disposé et il a joué toute l'œuvre avec une pureté de style admirable et une perspicacité dans ses ingéniosités délicates et ses beautés romantiques. Lors de sa deuxième apparition, M. Borwick a joué une Ballade de Grieg sous la forme de quinze variations sur un air norvégien. L'air est plaintif et joli, et l'harmonisation est fortement empreinte de l'individualité du compositeur. Certaines variations contiennent également des exemples de mouvements gracieux, mais il n'y a pas grand chose à dire à leur sujet. Elles ne sont pas du tout comparables aux œuvres modernes typiques sous forme de variations, comme les "Variations Sérieuses " de Mendelssohn , les "Etudes Symphoniques " de Schumann ou les variations sur un choral de Haydn de Brahms. La seule œuvre vraiment remarquable et d'une portée considérable pour pianoforte de Grieg est le Concerto. Cependant, tout ce qu'il était possible de faire de la Ballade l'a été par M. Borwick.

Siloti .

9 mars 1900.

l'émission d'hier , nous savons très peu de choses. Jusqu'à hier, nous n'avions entendu de lui que la familière Romance pour violon. La première audition de sa "Légende" mauresque pour orchestre a laissé une impression de douceur et de charme pittoresque, mais aussi d'un talent à peine égal à la conception et à la mise en page d'œuvres orchestrales étendues. Comme le disent parfois les peintres, l'intérêt du tableau était plutôt littéraire qu'artistique. C'était agréable de lire la jolie histoire du programme accompagnée de la jolie musique de l'orchestre. Mais il est douteux que la musique, par sa propre éloquence, ait pu susciter le désir de savoir quelle était la base imaginative ou narrative de la conception des tons. À l'exception d'une courte section à la fin, contenant quelques légères suggestions de développement, la composition est presque entièrement une œuvre d'arabesque, ce qui est peut-être un arrangement approprié, le sujet étant mauresque. L'étonnant double pouvoir que possédait Liszt pour traduire de l'orchestre au piano et du piano à l'orchestre n'a certainement jamais été égalé chez aucun autre mortel. Il a exécuté ces deux processus avec une habileté consommée. M. Siloti a interprété la partie solo avec la retenue et la maîtrise mûre de ses ressources qui le caractérisent. Il ne déchire aucune passion ; il ne joue pas « dans la veine d' Ercles » ; les ruses des « Oktavenbändiger » ne l'enchantent pas ; il ne chatouille pas et ne gratte pas non plus les notes dans un style velouté et ineffable. M. Siloti est si attentionné qu'il ne veut en aucun cas effacer le compositeur. Il y a une certaine grandeur et douceur dans ses manières. Sa puissance technique est illimitée, mais il n'en utilise pas plus qu'il n'est nécessaire pour faire ressortir la composition, et en ce qui concerne les gradations de ton, le pédalage et toute la gestion du pianoforte - comme moyen d'expression musicale et non comme moyen d'expression acrobatique. — on peut dire que « ce qu'il y a à savoir, il le sait ». Parmi les pianistes distingués de l'époque, il n'y en a peut-être aucun autre dont le style soit un si bon modèle pour les apprenants. Beaucoup d'autres pianistes ont de grands pouvoirs, mais presque tous ont un défaut effrayant, tandis que M. Siloti n'a aucun défaut grave. Il est simple, égal, gentleman, magistral. Il ne cherche pas à éblouir, à dérouter, à imposer, à consterner , à pétrifier, mais simplement à convaincre. Il *fait ressortir la musique* écrite par le compositeur, et c'est ce que doit faire un pianiste. Le groupe de pièces russes joué par M. Siloti lors de sa deuxième apparition nous a semblé, dans l'ensemble, très charmant, notamment le Caprice d'Arensky. La pièce finale de Rubinstein n'était pas tout à fait aussi intéressante, mais elle donnait à l'interprète l'occasion d'offrir au public ce « déchaînement » qui est considéré comme la seule conclusion appropriée d'un groupe de solos de piano ; et il avait en tout cas l'avantage de ne pas être galvaudé.

Rosenthal.

23 novembre 1900.

Une interprétation extrêmement remarquable du Concerto pour pianoforte de Schumann a été donnée par M. Rosenthal et l'orchestre. Dans aucune autre représentation dont nous nous souvenons, l'équilibre entre l'orchestre et la partie soliste n'a été aussi bien préservé. M. Rosenthal jouait avec sa perfection habituelle de maîtrise technique ; son phrasé était merveilleusement intelligent, et la distinction de son style ne se remarquait pas moins dans la douceur chaleureuse et la fantaisie gracieuse de l'Intermezzo que dans le riche et complexe Allegro. Encore une fois, dans le finale, sa merveilleuse précision et son phrasé fin ont permis aux auditeurs d'apprécier toutes *les nuances* de la composition, malgré une tendance à la précipitation perceptible à certains endroits. La formidable fantaisie "Don Juan", pour pianoforte seul, a donné à M. Rosenthal l'occasion de montrer ses pouvoirs techniques dans l'une des compositions *de bravoure les plus audacieuses* qui existent. Chez beaucoup de personnes, la belle frénésie qui fait rage au milieu et à la fin de cette pièce n'éveille aucune sympathie. Il a néanmoins une place légitime au Palais de l'Art, n'étant rien d'autre que le développement logique jusqu'au plus haut niveau possible du style *de bravoure* né avec Liszt. La dernière des deux variations sur « *Là ci darem* » — celle qui précède l'entrée de la chanson champenoise — est la partie de la pièce la plus déroutante et la plus répugnante pour le grand public. Pour cette raison, et aussi en raison de ses difficultés déchirantes, la variante en question est souvent omise. Mais M. Rosenthal n'a rien omis hier. Il a lancé la déclaration de guerre dionysiaque contre toutes les conventions et convenances froides, les priggeries et pruderies de Mme Grundy, qui constituent le contenu réel de la pièce, avec cette puissance technique dans laquelle aucun interprète vivant ne le surpasse. Après de nombreux rappels, il fut contraint de jouer à nouveau ; et, pour le plus fort contraste possible, il donna la Berceuse de Chopin, faisant ressortir avec une infinie subtilité tout le délicat filigrane de clair de lune de la partie droite.

Paderewski.

29 octobre 1902.

Le récital donné hier soir au Free Trade Hall semble avoir été le dernier art de M. Paderewski que nous entendrons probablement avant un certain temps. On ne s'attend pas à ce qu'il revienne à Manchester au cours des prochaines années, et l'occasion semble donc appropriée pour une discussion plus générale sur son jeu que ce qui est habituel dans une simple annonce de récital. Il ne fait aucun doute que M. Paderewski est, dans l'ensemble, le musicien exécutif le plus distingué actuellement devant le public. L'« engouement » pour Paderewski en Angleterre et en Amérique n'est pas une simple question de mode et de folie, mais il est partagé par des experts et des confrères du métier, dont beaucoup sont irrésistiblement fascinés par le jeu de M. Paderewski, même s'ils désapprouvent beaucoup de ce qu'il dit. fait. Pourquoi insiste-t-il pour utiliser un pianoforte au son si dur ? Pourquoi le bruit de sa main sur les touches est-il si souvent audible depuis le point le plus éloigné de la salle, comme un son tout à fait distinct des notes de musique ? Pourquoi ne joue-t-il jamais du Bach ? Pourquoi joue-t-il toujours la deuxième Rhapsodie de Liszt ? Telles sont quelques-unes des questions de cœur auxquelles donnent lieu les représentations publiques de M. Paderewski, et à aucune d'entre elles, probablement, il n'existe de réponse complète et satisfaisante. L'instrument au ton peu profond admet une plus grande clarté dans les basses et a un genre d'éclat plus scintillant dans les octaves supérieures, et M. Paderewski, qui aime tous les passages un peu staccato, le préfère naturellement . La rage de son « con gran bravura » donne plus de charme à son style *grazioso* , par le principe du contraste, point sur lequel il insiste souvent par des alternances rapides des deux styles. La répétition de pièces de spectacle, comme la deuxième Rhapsodie , est excusable chez un pianiste qui parcourt sans cesse les deux mondes et joue devant toutes sortes et conditions d'hommes sur terre et sur mer. Quant à la question de Bach, nous ne savons rien. Il a peut-être même joué Bach dans d'autres régions du monde. La qualité distinctive de M. Paderewski est une certaine énergie extraordinaire – pas seulement une énergie physique unilatérale, ni même une énergie physique et intellectuelle bilatérale ; il s'agit des doigts et des poignets, de l'esprit, de l'imagination, du cœur et de l'âme, et cela fait de M. Paderewski le plus intéressant des musiciens, même s'il est à l'extrême un spécialiste, absorbé par les problèmes de production sonore. , il n'est pas aujourd'hui le maître le plus absolu de son instrument. Son art a une certaine qualité princière. C'est indescriptiblement *galant* et *chevaleresque* . Il connaît tous les secrets de tous les rythmes dansants les plus subtils. Il est une réincarnation de Chopin, avec presque la virilité supplémentaire d'un Rubinstein. Pas étonnant qu'un tel homme fascine, déroute et enchante le public ! Largement surpassé par Busoni dans l'interprétation de Beethoven, par Pachmann dans le toucher qui fait persister la rondeur, la douceur et la plénitude du ton, et par Godowsky dans la maîtrise de la ligne complexe et la puissance d'aspirer la dernière goutte de mélodie de Chaque partie d'une composition, Paderewski reste toujours le plus brillant, le plus fascinant et le plus audacieux des interprètes musicaux actuels, et en le préférant, le grand public a probablement raison, même si l'étudiant passionné de pianoforte en particulier peut apprendre davantage de Godowsky. , et un fervent amateur des classiques musicaux en général, plus de Busoni.

Le programme du récital d'hier était sur le modèle habituel, sauf en ce qui concerne les Variations Paganini de Brahms, dont une sélection des deux volumes a été jouée avec un élan et une incisivité étonnants. La Fantasia peu familière de Schumann a été rendue peut-être un peu plus intéressante que n'importe quel autre interprète n'aurait pu la faire. La Sonate en do dièse mineur de Beethoven a été donnée d'une manière typique des interprétations Beethoven de M. Paderewski, sauf qu'il se trouve qu'il n'y a rien dans le premier et le deuxième mouvements qui soit étranger à son tempérament slave. Le finale, appartenant à cet élément de Beethoven qui fait appel à une nature humaine plus large, semblait fragile. Les pièces de Chopin et de Liszt étaient toutes magnifiquement réalisées. Les longues démonstrations d'enthousiasme dans la dernière partie du récital ont conduit à trois pièces supplémentaires, à savoir un Nocturne de la propre composition de l'interprète, l'inévitable Rhapsodie susmentionnée et la Valse en la bémol de Chopin, avec un mélange de temps double et triple.

Godowsky.

17 mars 1903.

Il est un peu difficile de rendre justice aux qualités du jeu de piano de M. Godowsky sans en dire trop et sans faire des affirmations qui ne sont pas justifiées par les faits. Il ne faut pas oublier qu'il n'existe ni Liszt ni Rubinstein à l'heure actuelle. Ces hommes étaient des géants, de puissantes personnalités qui dominaient le monde musical, étant essentiellement de grands et de bons musiciens. La génération actuelle n'a pas une telle personnalité parmi les artistes solistes. Les talents qui arrivent au sommet montrent une tendance à la spécialisation , et il n'est plus possible de dire qu'un tel est le plus grand pianiste de son époque. On peut seulement dire que M. Busoni est le plus grand musicien qui joue aujourd'hui des solos de pianoforte en public, que M. Paderewski est l'interprète le plus brillant du pianoforte et que M. Godowsky est l'expert le plus absolu dans la production de sons sur le même instrument. Il est indéniable que, si l'on considère l'art de M. Godowsky dans son ensemble, y compris donc la conception musicale, on le trouve imposant. Il ne s'approche jamais à une distance mesurable du mauvais style : il donne toujours une interprétation essentiellement bonne de tout ce qu'il entreprend d'exécuter. Mais ce que l'on admire principalement, ce n'est pas son esprit, son imagination ou son tempérament, mais simplement ses mains – ses poignets et ses doigts chauds, subtils et d'une habileté surnaturelle. Ayant apparemment été averti que l'acoustique particulière de la salle a tendance à faire sonner n'importe quel piano comme si la pédale était enfoncée presque tout le temps, il a évité hier le style incroyablement élaboré dont il s'est fait une spécialité . Mais, outre la perfection sans faille de tous les passages, la série de pièces de Beethoven, Chopin et Liszt offrait de nombreuses occasions d'admirer cette merveilleuse maîtrise du ton qui lui permet souvent de révéler une mélodie fraîche dans des compositions tout à fait familières. Les morceaux les moins affectés par les réverbérations croisées de la salle étaient l'Etude en accords étendus et le Scherzo en do dièse mineur de Chopin. D'un autre côté, quiconque n'a pas entendu M. Godowsky dans des circonstances plus favorables ne peut imaginer, d'après l'expérience d'hier soir, l'effet magique de son exécution dans l'Etude en sol dièse mineur en tierces pour la main droite. En interprétant l'exquise Étude de concert en fa mineur de Liszt, il a délibérément gardé le ton au minimum, pour éviter autant que possible le bourdonnement et la confusion. La transcription de Liszt de l'Ouverture "Tannhäuser" a été utilisée pour la pièce d'exposition que le public attend à la fin d'un récital. Il est caractéristique de M. Godowsky que son amusement favori consiste à réarranger les Études de Chopin – les « Troubles de Godowsky », comme les appelle M. Huneker. Il s'agit notamment de la célèbre combinaison des deux études en sol bémol, où la main gauche doit jouer celle du premier livre tandis que la droite joue l'improvisation legato et staccato du deuxième volume, et une autre dans laquelle trois études en la mineur sont apportées. ensemble de manière contrapuntique. Bien qu'ils soient bien sûr tous un anathème pour le puriste, l'ingéniosité déployée dans certaines de ces choses est si prodigieuse que personne intéressé par le jeu du piano ne peut y être indifférent.

Lamonde.

15 décembre 1903.

Les points forts de M. Frédéric Lamond en tant que pianiste ne sont pas ceux que le grand public apprécie le plus facilement. Il ne fait pas partie des pianistes experts au sens strict du terme, comme MM. Pachmann et Godowsky, pour qui un doigté soigné et une production sonore douce sont bien plus importants que l'interprétation musicale. M. Lamond est avant tout un joueur viril. Son style est large et un peu sévère. Il lui manque la grâce et le charme particuliers de M. Paderewski dans le traitement du rythme dansant, non moins évidemment que cette faculté, semblable à celle d'un jongleur japonais, qui permet à M. Pachmann de tirer du pianoforte un son plus doux et plus doux que jamais auparavant. imaginé possible. Les qualités de M. Lamond sont totalement différentes. Force plastique, maîtrise technique et imaginative des grandes idées des grands compositeurs, ton profond et puissant mais un peu rude, telles sont les caractéristiques de son jeu, et ce sont des caractéristiques mieux appréciées en Allemagne que dans ce pays, où les mélomanes pensent trop de choses simplement douces, simplement adroites et « douces et jolies ». Il est plutôt surprenant qu'aucune de ses récentes représentations à Manchester n'ait inclus un seul exemple de Beethoven, dont M. Lamond est probablement aujourd'hui le meilleur interprète vivant des plus grandes sonates, à l'exception peut-être de M. Busoni. Il avait bien sûr raison de jouer beaucoup de Liszt, mais on peut regretter qu'il ait donné autant de Liszt ultérieur, qui, conscient de lui-même comme le magicien du piano de renommée mondiale, improvisait souvent sur des thèmes plutôt pauvres, comme si ce n'est que pour montrer que n'importe quel thème, aussi faible soit-il, peut être rendu intéressant par son style transcendantal d'ornementation - plutôt que par le précédent Liszt qui a écrit des choses d'une telle puissance et d'une telle éloquence que l'Etude "Mazeppa". L'esprit de M. Lamond semble avoir été récemment tourné vers les Tarantelles Fantasias de Liszt. Il a joué hier la Tarantelle "Venezia e Napoli" au Concert Hallé et la Tarantelle " Muette de Portici", deux pièces qui sont surtout intéressantes car elles prouvent que Liszt pouvait improviser efficacement sur n'importe quel type de matériau thématique imaginable. Il aurait été bien plus intéressant d'entendre le "Mazeppa", que M. Lamond a joué en présence du compositeur et avec sa satisfaction évidente lors de son dernier séjour à Londres, quelques mois avant sa mort en 1886, ou une pièce de cette enceinte. manière précoce. Hier, sa meilleure performance a été dans La bémol Polonaise de Chopin, une composition d'une telle excellence que, si éculée soit-elle, elle ne peut, dans une bonne interprétation, manquer de plaisir. M. Lamond a rendu pleinement justice à la beauté majestueuse des thèmes, qui sont tous absolument bons, et a fait ressortir la célèbre section de *basse ostinato* à certains égards mieux que nous ne l'avons entendu depuis la mort de Rubinstein. Il n'a adopté aucune des versions révisées des passages d'octave de la main gauche privilégiées par certains interprètes modernes distingués. En revanche, il a adopté la version de Rubinstein de la fin, avec l'accord inattendu et révélateur de do majeur juste avant la phrase finale. Dans la Barcarolle en fa mineur de Rubinstein , si intéressante dans le rythme, si originale dans la coloration , M. Lamond n'a pas entièrement réussi, son tempérament ne fournissant apparemment pas la clé de la veine de lyrisme dans laquelle la pièce est conçue. Pourtant, dans le « Liebestraum » de Liszt, il était parfait, même si on aurait pu s'attendre à ce que ses goûts beethovéniens se soient rebellés contre l'atmosphère de serre chaude de la composition. La représentation d'ouverture du "Carnaval" de Schumann était puissante et distinguée, mais son style était trop large pour correspondre au sous-titre " Scènes ". mignonnes ." À aucune de ces occasions récentes, M. Lamond n'a joué quoi que ce soit de lui-même, bien qu'il ait composé beaucoup de morceaux efficaces pour son instrument. Il est sans aucun doute et de loin le pianiste d'origine britannique le plus distingué qui ait jamais existé.

CHAPITRE XI.

—

JOUER DU VIOLON.

Ysaye .

8 novembre 1900.

une musique moderne plus fleurie et plus colorée . Des concertos du grand Bach pour un seul violon solo, seuls deux existent. L'une d'elles, en la mineur, a été fréquemment jouée ici ces dernières années par le Dr Joachim et M. Brodsky. L'autre, en mi majeur, est relativement peu connu. Peut-être que l'accompagnement, qui dans la partition originale est destiné uniquement aux cordes, a été considéré comme plutôt maigre, et la forme extrêmement simple du Rondo final a peut-être également été considérée comme insatisfaisante. Pour l'interprétation par M. Ysaye du Concerto en mi majeur, l'accompagnement a été renforcé par une partie d'orgue écrite par M. Gevaert, directeur du Conservatoire de Musique de Bruxelles, et on ne peut guère mettre en doute que l'œuvre telle qu'il la présente est belle, intéressant et très satisfaisant comme pièce de concert. La partie la plus caractéristique est le mouvement médian qui, comme dans la Sonate de Bach pour le même instrument et dans la même tonalité, est en forme de Chaconne, avec un thème de basse qui se promène librement dans différentes tonalités, tandis que les cordes supérieures jouent une descente et le instrument solo brode. Ce noble Adagio a été interprété de la manière la plus puissante et la plus révélatrice, l'accompagnement étant confié à un petit groupe de musiciens d'orchestre avec l'orgue, et le soliste consacrant toutes les ressources de son art à faire ressortir la délicate figuration de la voix supérieure avec ton ineffablement doux et phrasé subtil. Le premier mouvement est remarquable par une richesse de développement thématique qu'on ne s'attend guère à trouver dans une œuvre composée aussi longtemps avant l'époque de Beethoven, et le finale conclut l'œuvre sur une note de sentiment simple et chaleureux. Si l'on souhaitait un fort contraste avec le style de Bach, le concerto de Saint-Saëns était bien choisi pour le deuxième exemple de musique pour violon. Riche en couleurs et surchargée de délices sensuels, la composition du Français moderne poursuit sa carrière triomphale, comme une belle dame, rayonnante de beauté naturelle et superbement vêtue, spirituelle, gracieuse, charmante et efficace à tous points de vue - peut-être d'autant plus efficace. pour être un peu sans cœur. En interprétant cette musique, M. Ysaye était tout à fait dans sa gloire. Son étonnante chaleur et sa profondeur de ton ont donné une nouvelle éloquence à cette nouvelle phase de la partie solo. Il faisait chanter à son instrument son thème Andantino avec une douceur ravissante, et sa puissance technique écrasante lui permettait de se délecter des passages précipités et volants du finale méphistophélique. Tout était magnifique, y compris même les harmonies de la Coda du mouvement lent, et le Concerto se terminait dans un éclat de triomphe. Il n'y a qu'un seul défaut à trouver à M. Ysaye , c'est qu'il fait paraître tout moderne.

Ysaye et Busoni.

6 février 1902.

Si un autre et plus ancien maître du violon est communément décrit — pour ainsi dire *émérite* — comme le plus grand violoniste vivant, c'est incontestablement à M. Ysaye que le titre appartient dans tout son sens. Une chaleur, une richesse et un bouquet de tons sans précédent, ajoutés à une maîtrise souveraine de la technique et à un tempérament merveilleux , plein d'énergie ardente et pourtant apparemment incapable d'exagération, telles sont les qualités les plus évidentes de l'art de M. Ysaye . Ce n'est pas un véritable classique, comme Joachim. Bach et Beethoven, il les joue en vertu d' *un savoir-vivre artistique infaillible* ; mais il est évidemment en plus grande sympathie pour une Sonate ou un Concerto de Saint-Saëns, une Suite de Vieuxtemps ou une Fantaisie de Wiéniawski . Pourtant, ce *savoir-vivre artistique* est si complet qu'il est presque toujours impossible de trouver à redire à ses interprétations des classiques. C'était le cas hier dans la Sonate de Bach, qui était en tête du programme . Chacun des quatre mouvements témoignait de la maîtrise du joueur de cordes, tout autant que celle du pianiste, M. Busoni, véritables âmes sœurs de Bach et de Beethoven. La Suite de Vieuxtemps, elle aussi, était interprétée avec une telle beauté sonore que la superficialité de la composition était entièrement masquée, le mouvement lent donnant presque l'impression que Bach l'avait écrit. Dans la sonate finale — une œuvre tardive de Saint-Saëns — il est à peine besoin de dire que le jeu du violon était parfait. Certains auditeurs se souviennent peut-être d'une interprétation par le même violoniste du Troisième Concerto de Saint-Saëns lors d'un concert Hallé il n'y a pas si longtemps. Hier encore , nous avons eu droit à un jeu qui déroute les sens et qui semble placer l'intelligence transcendantale du compositeur français au niveau de la véritable puissance imaginative des hommes plus grands. M. Ysaye était extrêmement bien disposé – en fait, au mieux de sa forme – et fut applaudi avec enthousiasme. En guise de pièce supplémentaire, il donna la Romance en sol de Beethoven, dont le rendu était au-dessus de toute critique.

Aussi différents que soient MM. Ysaye et Busoni par leur tempérament et leur caractère artistique, ils se rencontrent en maîtres musiciens, et l'association est au plus haut point intéressante. L'un est tout sens et l'autre tout esprit, et l'on sent que seul l'accomplissement immensément élevé des deux rend l'association possible. Le solo de M. Busoni était la Sonate la plus capricieuse et la plus austère, la 109e œuvre de Beethoven. Tout cela était incomparablement bien rendu, et les Variations du dernier mouvement, qui finissent par se transformer en une sorte de Fantaisie, furent une prodigieuse révélation de puissance technique. Il y a bien longtemps qu'on n'avait pas entendu une telle performance au piano dans cette ville – une performance empreinte d'une beauté austère et d'une idéalité élevée, et libérée de tous les éléments terrestres. Quel autre pianiste aujourd'hui, oserons-nous nous demander, pourrait nous offrir une telle chose ?

Kubelik .

5 novembre 1902.

La popularité dont jouit actuellement M. Jan Kubelik , le jeune violoniste bohème, rend très difficile la critique de sa performance. Il ne doit pas remplir les mêmes conditions que les autres violonistes. Des milliers de personnes qui ne s'intéressent pas du tout à la musique assistent à ses récitals simplement parce qu'il est un animal de compagnie reconnu de la société, et qu'il exige des honoraires qui empêchent les sociétés orchestrales de l'engager. Les restrictions imposées par cet état de choses sont évidentes. Il ne peut jouer qu'avec un accompagnement de pianoforte, ou sans accompagnement du tout ; il est obligé de s'en tenir presque entièrement à une musique de style léger et de valeur artistique seulement secondaire, et pendant une certaine proportion de chaque récital, il doit s'abandonner entièrement au sensationnalisme. Ainsi, après l'avoir entendu jouer à travers trois programmes complets de récital , nous ne nous sentons pas qualifiés pour exprimer plus qu'une opinion très fragmentaire sur son art. Qu'il ait toute la technique ordinaire de l'instrument au bout de ses doigts est un fait notoire. Son ton n'est jamais remarquable par le volume, mais souvent par la douceur. Sa vérité d'intonation au milieu de passages complexes est remarquable et donne à l'ouïe une sorte de satisfaction rare. Sa mémoire semble entièrement digne de confiance et ses manières sont exemptes d'affectation ; mais quant à sa conception musicale, nous pouvons seulement dire qu'elle est tout à fait adéquate à l'interprétation d'un morceau de musique aussi charmant, léger, racé et populaire que la troisième Sonate de Grieg. Le seul morceau de Bach qu'il a joué hier – le Prélude non accompagné en mi majeur – n'était pas particulièrement bien fait, et nous ne savons pas du tout comment il joue Beethoven, Mozart ou l'un des grands maîtres. Ses effets de ton les plus *recherchés que M.* Kubelik semble réserver pour les morceaux de rappel. Dans le mouvement allegretto de la Sonate de Grieg — une petite romance nordique très tendrement nostalgique et pleine d'amour — il n'a pas laissé son violon chanter avec toute la douceur dont il est capable, comme cela a été montré plus tard dans l'arrangement de "l'Ave Maria" de Schubert et dans une Sérénade inédite de l'ami et compatriote de l'interprète, Drdla , toutes deux jouées en supplément à la fin du récital. La musique virtuose, dans l'interprétation de laquelle M. Kubelik est connu pour être un grand expert, était représentée au récital d'hier par les pièces suivantes : - la Fantaisie de Wieniawski sur des thèmes du Faust de Gounod, le caprice de Paganini "I Palpiti " , "le" de Bazzini. Ronde des Lutins ", ce dernier joué parmi les morceaux de rappel. En règle générale, nous n'aimons pas la Fantasia sur des airs d'opéra, mais la Fantasia "Faust" de Wieniawski est écrite avec une ingéniosité et une habileté musicale si merveilleuses qu'elle ne peut pas être placée dans la même catégorie que les simples cordes de mélodies avec des accompagnements superficiels et sections de connexion que sont habituellement ces pièces. La Variation sur le thème de la valse, avec la mélodie en harmoniques et la figure d'accompagnement précipitée dans le ton ordinaire de l'instrument, est une merveille d'audace réussie. Il se trouve aussi que l'interprétation de cette Variation presque impossible a été la chose la plus brillante du récital d'hier.

Kreisler.

6 novembre 1902.

Nous vivons à une époque qui sera probablement connue dans le futur comme la période des violonistes vedettes. Il est curieux de constater comment le monde musical illustre le dicton « Il ne pleut jamais mais il pleut ». À une certaine époque, nous avons une longue série de jeunes pianistes prodiges. Hoffmann, Hegner, Hambourg , ils arrivent rapidement au front, les uns après les autres, de plus en plus jeunes et commençant presque toujours par « h ». Nous entrons ensuite dans la période des jeunes violonistes, commençant par « k ». Kubelik , Kocian, Kreisler se bousculent, chacun provoquant l'embarras des critiques faute de termes d'éloges plus forts que ceux accordés au précédent. Il est vrai que les instrumentistes à cordes ne sont pas d'une âge aussi tendre que l'étaient les pianistes à leur première apparition. Le plus jeune des prodiges du violon était Bronislav Hubermann, qui il y a peu d'années a secoué ses serrures à la Société Philharmonique de Vienne et a réussi à faire tourner les têtes de cet organe auguste, redoutable et sévèrement critique plus qu'on n'aurait cru possible. . Pour le moment, nous nous intéressons principalement à M. Kreisler, qui n'est pas si désespérément jeune, mais est un homme mûr et d'apparence militaire, bien qu'il soit généralement compté parmi les acteurs de la nouvelle école ou de la génération montante. Son programme d'hier s'est heurté aux mêmes objections que celui de M. Kubelik mardi soir. Elle ne contient rien des grands prophètes de la musique, la pièce la plus importante étant la Sonate "Trillo del Diavolo" de Tartini, sans doute l'un des meilleurs exemples de cette école qui s'est développée en Italie peu après le perfectionnement du violon à la fin du XIXe siècle. le dix-septième siècle. Dans un style bien contrasté, c'est la seule autre pièce en plus d'un mouvement qu'il a jouée, à savoir le deuxième Concerto de Vieuxtemps. Dans le rendu de ces pièces, on remarquait une manière particulièrement incisive de donner toute la valeur à tous les détails de la figuration, ainsi qu'un ton chantant d'une qualité riche et étrangement pénétrante. Le style de M. Kreisler contraste fortement avec celui de M. Kubelik . Au lieu de caresser l'instrument et d'en extraire le son, il se débat avec lui et lui arrache le cœur de son mystère. Il ne semble pas non plus se soucier des paganismes crépitants si chers au cœur de M. Kubelik . Ses pièces de la deuxième partie du programme étaient un Larghetto plutôt mozartien tiré d'une Sonate de Nardini (un Italien du XVIIIe siècle) ; un "Tambourin" de Leclair (Français du XVIIIe siècle), très modernisé dans l'arrangement ; une bagatelle appelée « L'Abeille », de Franz Schubert de Dresde, non pas bien sûr le célèbre Schubert, mais un violoniste décédé il y a vingt-cinq ans environ ; un arrangement par Marcello Rossi de la "Chanson sans paroles" en fa, de Tchaïkovski ; et enfin l'Allegretto grazioso de la même Sonate de Nardini, joué en rappel. " L'Abeille ", un savant morceau de triolets en mouvement perpétuel, joué avec une sourdine sur le chevalet, fut bis et répété.

CHAPITRE XII.

LA MUSIQUE AU 19ème SIÈCLE.

La musique anglaise de MJA Fuller Maitland au 19e siècle.

20 mai 1902.

Appliqué à Parry, Stanford ou Mackenzie, nous dit-on, le reproche d'être « universitaire » n'a absolument aucune pertinence. Ces dignes dons sont des artistes créateurs du plus haut ordre possible, à classer avec Bach, Beethoven et Wagner, et il semble donc que vers le milieu du siècle, la musique britannique est apparue comme l'alouette, s'élevant immédiatement vers les airs les plus élevés du monde. welkin; que pour trouver un parallèle à la révélation du génie au cours des cinquante années britanniques qui suivirent, il faut parcourir deux siècles allemands ! Même Beethoven ne doit pas être exclu de la liste des choses auxquelles correspondaient nos alouettes, nos cygnes, nos géants, nos héros, nos anges et nos demi-dieux ! Or tout cela représente un état de choses assez déplorable. Pourquoi - je ne peux m'empêcher de le demander une fois de plus - qu'à l'heure actuelle, dans ce pays, des absurdités bien pires soient écrites sur la musique que sur le théâtre, la littérature ou tout autre sujet apparenté ? La production de « Paolo et Francesca » a récemment fait grand bruit, et pourtant aucun admirateur de M. Stephen Phillips n'a jugé nécessaire de l'appeler l'égal de Shakespeare. Il y a certainement cette excuse pour M. Fuller Maitland, que dans la presse londonienne de ces dernières années sont apparues beaucoup d'extravagances du genre opposé - une dénigrement excessive et, dans quelques cas, franchement brutale de Parry et Stanford et de leur école - et peut-être le La principale responsabilité des absurdités hystériques de ses partisans repose sur certains opposants qui ont attaqué sans se soucier ni des faits de l'affaire, ni même de la décence commune. En tout cas, on est arrivé à un état de choses dans lequel l'un des partis hurle : « C'est une farce incompétente ! tandis que l'autre crie "Génie du plus haut niveau !"

En attendant, qu'en est-il de la vérité et de la monnaie critique ? Et n'est-il pas dommage que M. Fuller Maitland ait raté l'occasion que lui offrait l'écriture de cette histoire de repousser la frénésie polémique et de revenir à un esprit plus judiciaire ? Nous qui travaillons dans le monde musical, nous savons tous parfaitement – que nous décrivions Parry et Stanford comme des « universitaires » ou que nous protestions contre cette épithète – qu'ils sont des hommes de haute distinction qui ont joué un rôle majeur et brillant dans le monde musical anglais. renouveau et ont généralement bien mérité de la république musicale. Pour ma part, tout en reconnaissant pleinement leur éminence tant par leur talent que par leur caractère, je suis d'avis que leurs prétentions à être considérés comme des artistes créateurs absolus sont habituellement exagérées par leurs partisans dans la presse. L'apparition de Parry fit sensation. Sa maîtrise imposante de la polyphonie chorale était quelque chose de nouveau dans la musique anglaise. Sa grande intelligence, sa grande sympathie et sa gentillesse, sa virilité et son industrie, toutes ces qualités réunies pour susciter des espoirs enthousiastes. Mais, comme l'écrit M. Fuller Maitland à la page 185, « au fil des années, le groupe de compositeurs tombera dans une perspective de plus en plus vraie ». Un certain nombre d'années se sont déjà écoulées depuis ces premières compositions, mais l'estimation enthousiaste initiale n'a pas été justifiée. En dehors du cercle de ses élèves et de ses amis personnels, personne ne semble désormais s'intéresser beaucoup à sa musique. Ici, dans le nord de l'Angleterre, les sociétés de concert constatent que l'admiration du public à son égard est en train de disparaître rapidement. Il y a trois ans , son "Job" et "Blest Pair of Sirens" ont été donnés ici, mais depuis cette occasion, son nom est une sorte de terreur pour nos sociétés de concerts. Une expérience fréquente concernant la musique de Parry est que, alors qu'une première écoute impressionne par sa masse et son énergie ou par ses touches dramatiques frappantes et non conventionnelles, la deuxième écoute et les suivantes sont décourageantes. "Job" est le cas le plus favorable parmi les œuvres chorales et orchestrales que j'ai entendues. Il est entièrement artistique dans sa conception et non conventionnel dans son traitement. De plus, l'interlude lyrique de la chanson du berger facilite très heureusement la première partie, et M. Plunket Greene est toujours éloquent dans les « Lamentations ». Néanmoins, j'ai trouvé la deuxième audience une triste expérience. Or, l'impression qu'il y a quelque chose qui ne va pas dans la musique de Parry – malgré tout le savoir, les ressources, les larges sympathies, l'intelligence, etc. qu'elle démontre – est sans aucun doute une impression très générale. Il est extrêmement rare de trouver une personne non personnellement attachée au compositeur reprenant une de ses œuvres, grandes ou petites. La popularité personnelle du compositeur est grande, mais en dehors du cercle enchanté, personne ne semble prêt à dépenser un shilling pour écouter ses œuvres ou à risquer un shilling pour les donner. M. Fuller Maitland dit que les sociétés chorales provinciales sont fidèles à Parry, et cela peut être vrai dans certains cas. Pour une société habituée à s'occuper des cantates du Dr Gaul, j'imagine que Parry semblerait le septième ciel de l'art. Mais dans les grands centres ou partout où il y a des âmes ardentes pour ne pas se tromper sur ce qu'il y a d'authentique dans la musique, un regain d'intérêt pour Parry me semble très improbable.

Dans le pire des cas, *par exemple* dans « Le Roi Saül », il fait appel ; à son meilleur, *par exemple* dans "Soldier's Tent" (chanson avec accompagnement orchestral), il convainc presque. Mais les horreurs des masses sonores vides lancées à la tête dans les chœurs de « Saul », ou des taches violettes de l'orchestration wagnérienne associées à des phrases vocales ineptes dans le monologue principal du même oratorio, ces horreurs sont si authentiques, alors que le Le charme d'une chanson comme "Soldier's Tent", où le compositeur reste relativement bien au fait et compose avec une pertinence relative, est encore quelque peu douteux. Une remarque de M. Fuller Maitland m'aide à trouver une explication possible de quelque chose qui ne va pas. Il salue « l' humour délicat » de « When icicles hang by the wall » dans les paroles anglaises de Parry. Je n'ai certainement jamais entendu cette chanson, mais j'ai dû la lire quelque part, car je me souviens très bien de l'accompagnement humoristique et expressif des mots « la toux noie la scie du curé ». Cela me revient également que d'autres passages, comme tout ce contrepoint à huit voix à la fin de « Blest Pair of Sirens », paraissent extrêmement bien sur le papier. Il est donc possible que la clé du mystère réside dans le fait que la musique de Parry est analogue à ces pièces qui se lisent bien mais jouent mal. Peut-être que la façon d'en profiter est de le lire et d'admirer la fertilité de l'appareil tout en prenant grand soin de ne jamais l'entendre, et ainsi d'échapper à la conscience du fait que le vin réel de cette musique, lorsqu'elle s'écoule, n'est pas tout à fait authentique. ; que, malgré une plénitude notable du corps, la qualité est granuleuse, la saveur quelque peu âcre et d'encre, le bouquet artificiel et composé de multiples façons.

La racine du mal que je considère réside dans le fait que le compositeur - malgré tous ses grands et imposants pouvoirs, son goût raffiné, son savoir profond et varié - manque de sûreté de toucher et, par conséquent, de capacité à établir cette correspondance entre la forme et l'idée. sans lequel une œuvre d'art ne peut réellement exister. M. Fuller Maitland affirme au nom de Parry et de son groupe qu'ils "ont des ressources bien plus étendues dans les différents styles de musique" que, par exemple, les Russes modernes, et cela nous ramène au reproche véhiculé dans l'épithète " académique." Pour les musiciens déterminés à occuper des postes officiels et à réussir dans une carrière mondaine, il est de la première importance de « faire preuve de vastes ressources dans les différents styles de musique », et dans le vaste corpus des compositions de Parry, je trouve bien plus de preuves de désir. de montrer des ressources aussi étendues que de l'impulsion artistique de faire une musique absolument authentique. Sullivan, avec ses objectifs et ses idéaux bien inférieurs, est pour moi une personnalité mieux équilibrée et un artiste plus véritable. Une grande partie de sa musique dans les opéras-comiques est tout à fait pertinente. La forme extérieure correspond à l'idée intérieure d'une certaine manière absolue et définitive, sur laquelle il n'y a pas d'erreur possible. D'où la netteté de l'individualité musicale ou de la physionomie de Sullivan. Il n'avait pas l'intention de montrer des ressources, mais de modeler son matériau en conformité avec son idée, et, parce qu'à son meilleur, il avait le pouvoir de le faire, sa physionomie nous est claire et son art vital. Il apparaît donc qu'un commercialisme tel que celui de Sullivan fait moins de dégâts que des tendances académiques comme celle de Parry.

Dans le cas de Stanford, j'ai souvent protesté contre l'usage aveugle de l'épithète « universitaire ». Il me semble que ses compositions sur des sujets irlandais doivent être considérées à part de tout le reste. Aussi déplorable que soit cette veine brahmsienne qui traverse une grande partie de sa musique non irlandaise, il le fait réellement dans ses " Phaudrig ", " Shamus " et Irish Symphony et dans beaucoup de ses chansons irlandaises, s'échappe complètement de sa salle commune et donnez-nous de la musique en plein air. Sans aucun doute, comme le souligne très justement M. Fuller Maitland, l' humour des scènes de Dogberry dans le dernier opéra de Stanford est admirable. Ce sont les scènes dans lesquelles le compositeur a le plus suivi le modèle du « Falstaff » de Verdi. Ailleurs, il a entrepris d'être plus original et n'a pas aussi bien prospéré. La musique des scènes d'amour est terrible. Toutes ces choses tordues et intelligentes ne peuvent jamais avoir qu'un effet effrayant, affligeant et aliénant sur une âme dans laquelle subsiste la moindre étincelle de jeunesse ou de sympathie pour la jeunesse. L'intelligence musicale de Stanford, dépassant celle de tout autre mortel à l'exception de Camille Saint-Saëns, a été son fléau. Son sens de l'humour est également perversement ajusté. Lorsqu'il s'agit d'un sujet autre qu'irlandais, cela est toujours susceptible de l'induire en erreur, et je suis convaincu que c'est l' humoriste tout autant que le don en lui qui lui rend aujourd'hui impossible de traiter un passage d'amour autrement que par un sujet irlandais. un style froid, astucieux, allusif, intelligible seulement pour les initiés. Il était un homme très différent en 1881 lorsque son « Bower of Roses by Bendeemer's Stream » fut entendu pour la première fois. Non pas qu'il ait encore complètement perdu sa faculté de tendresse lyrique. Si le sentiment est associé à un enfant, ou imprégné d'un sentiment d'étrange et d'inquiétant, ou mêlé à un sentiment patriotique (irlandais), il peut toujours trouver le symbole, comme sa musique toute récente sur "Songs from the" de Moira O'Neill. Glens of Antrim" le prouve abondamment. Mais il semble avoir perdu la note de chaleur et de simplicité propre au romantisme juvénile. Un cas particulier parmi les compositions de Stanford est représenté par la Symphonie irlandaise, à propos de laquelle M. Fuller Maitland n'a rien à dire. Ici, malgré le sujet irlandais, la robe transparaît dans une certaine mesure en un seul endroit, à savoir la section de développement du premier mouvement. Le critique conventionnel trouve à redire au scherzo sous forme de gigue irlandaise comme étant antisymphonique , comme il l'est sans aucun doute. Mais il serait plus logique de suggérer que le compositeur aurait dû décider d'être totalement antisymphonique tout au long de l'œuvre, en mettant son premier mouvement en harmonie avec la fine improvisation du sennachee qui vient en deuxième position, la magnifique gigue racée et le final plein d'entrain. On aurait ainsi dû avoir une Irish Rhapsody en quatre mouvements sans aucun défaut. Même maintenant, la seule touche du mauvais génie du compositeur qui se manifeste dans le premier mouvement est trop légère pour gâcher l'œuvre, qui a longtemps été une joie et qui ne semble pas perdre de son charme. Il me semble donc que Stanford est un homme bien trop bon pour un « universitaire », même si je ne peux nier que l'épithète soit en réalité justifiée par plus de la moitié de l'ensemble de ses travaux publiés.

Après tout, il était peu probable que l'efflorescence soudaine de la musique anglaise, consécutive à une longue période de stérilité, conduise immédiatement à des fruits d'une maturité complète. Nous avons maintenant atteint la deuxième génération depuis le réveil, et il serait dommage que nos meilleurs hommes d'aujourd'hui n'aient aucune avance sur les dirigeants qui se sont manifestés il y a trente ans.

Article du Centenaire.

1er janvier 1901.

À l'aube du XIXe siècle, la musique était au plus bas dans ce pays. Purcell était mort depuis plus de cent ans, et Haendel depuis environ quarante ans. L'esprit du puritanisme avait tué le chant des madrigaux de l'Angleterre shakespearienne et supprimé toute autre manifestation du génie musical populaire. Charles II. était revenu de son long séjour à l'étranger avec un mépris pour la musique anglaise, à la fois sacrée et profane, qu'il n'hésitait pas, comme le montre le Journal de Pepys, à exprimer en public, et ainsi les réjouissances de la Restauration n'apportèrent aucune renaissance à la musique anglaise. art national. Il n'était pas non plus probable que la situation, en ce qui concerne l'influence de la Cour, doive être améliorée par la maison de Hanovre — au moment de son accession, une race d'étrangers n'ayant aucune sympathie pour le développement national de l'art. Une lettre de Lord Chesterfield [3] écrite lorsque son fils séjournait à Venise, pour le mettre en garde contre tout « chant, cornemuse et violon » est caractéristique de l'opinion que les Anglais cultivés avaient de la musique vers le milieu du XVIIIe siècle. de l'Italie. Il fait comprendre au jeune homme qu'il n'est pas convenable à un gentleman de participer à de telles choses, même s'il peut payer un violoniste pour jouer avec lui. Ailleurs aussi, Lord Chesterfield se montre encore plus écrasant. Il insiste sur le lien inévitable entre la musique et la basse compagnie. La lettre de Venise a été écrite en 1749, six ans après la première représentation du « Messie » à Londres et dix ans avant la mort de Haendel. C'est peut-être pour cette raison que la vision de la musique de Chesterfield était à cette époque exceptionnelle. Mais elle a dû devenir plus répandue au cours du demi-siècle qui a suivi, et la vision de la musique comme un art inférieur, représentée sous sa forme extrême par Lord Chesterfield, est loin d'avoir disparu à l'heure actuelle. En même temps, pour expliquer pleinement le faible niveau de goût musical dans l'Angleterre de 1801, il faut tenir compte de la négligence relative de toutes les affaires, sauf politiques et militaires, causée par les formidables agitations de la Révolution française et des guerres napoléoniennes. .

Dans la première année du XIXe siècle commence la carrière triomphale de John Braham, le premier des trois grands chanteurs ténors anglais qui ont successivement orné les cent années suivantes. Braham était un bon chanteur, mais peut-être le compositeur le plus déplorable qui ait jamais réussi à imposer ses bêtises à un public de mauvais goût. Sa "Mort de Nelson" persiste jusqu'à nos jours, pour justifier ceux qui partagent les opinions musicales de Lord Chesterfield, et même ce mélange impardonnable de dérapage sentimental et de cock-a-doodle-doo sans enthousiasme semble avoir été un exemple relativement favorable des compositions avec lesquelles Braham a régalé le public londonien au cours des premières années du siècle. La scène de ses premiers triomphes fut le Covent Garden Theatre, où il avait l'habitude de se produire dans des spectacles d'opéra composites, son propre rôle étant presque invariablement écrit par lui-même. Quelques années après les *débuts londoniens* de Braham, les mélodies au sifflet de Sir Henry Bishop suffisaient à faire de lui le compositeur le plus populaire de l'époque. En 1810, lorsque Bishop devint directeur de Covent Garden, aucune des institutions qui ont joué un rôle important dans le progrès musical du siècle n'existait encore dans ce pays. Il est vrai que le Festival des Trois Chœurs se tenait régulièrement depuis très longtemps déjà. Mais il n'y avait pas de Société Philharmonique, pas d'opéra véritable, pas de concerts populaires de musique de chambre le samedi et le lundi, pas d'Académie ou de Collège de Musique, pas de Crystal Palace ou d'orchestre Hallé. Les grandes associations chorales, indépendantes des autorités de la Cathédrale, n'étaient pas encore constituées et l'Angleterre était beaucoup trop isolée du reste du monde en ce qui concerne les affaires musicales.

Il est curieux de constater à quel point la chute de Napoléon correspond précisément au début de choses meilleures dans le monde musical anglais. Leipzig fut combattu en 1813, et plus tôt cette année-là - comme avec le pressentiment qu'une ère était proche dans laquelle il serait possible de cultiver les arts de la paix - un groupe de musiciens se réunit à Londres pour discuter de la formation d'une Philharmonie. Société. L'événement est d'une importance frappante. Jusqu'ici, la musique n'avait prospéré que sous le patronage des Seigneurs Temporels et Spirituels ; mais le *souffle* de la Révolution française avait passé sur le monde, et il était temps que la musique

– qui avait délaissé la perruque et les grâces courtoises et était parvenue chez Beethoven au point de vue purement humain – s'établisse sur une base plus large. . Rendons ce qui est dû au digne évêque. Personne bien intentionnée, quoique compositeur trivial, il a contribué à la fondation de la London Philharmonic Society, qui fut la première société en Europe et dans le monde, consciemment créée pour la promotion de l'art musical et dans aucun autre but.

En jetant maintenant un coup d'œil sur l'activité musicale dans d'autres pays, nous trouvons nécessairement l'attention concentrée en premier lieu sur la figure héroïque de Beethoven, qui cette année-là (1813) avait déjà offert au monde son Héroïque, son ut mineur, sa Pastorale et sa Septième Symphonie, outre son Concerto pour violon, les Quatuors Razoumoffsky , les Sonates de Waldstein et Appassionata , son unique opéra "Fidelio", ainsi que la troisième ouverture "Leonora", et bien d'autres œuvres d'un génie imposant. Cependant, la signification réelle de Beethoven était encore insoupçonnée dans la philosophie de l'humanité en général, même si quelques personnes éclairées, résidant pour la plupart à Vienne, en soupçonnaient vaguement. Mozart était mort avant l'aube du siècle, et Haydn peu après, après avoir démontré l'excellence incomparable de cette école viennoise (fondée sur les enseignements du "Gradus ad Parnassum " de Fux), qui avait très tôt attiré Beethoven, Rhénanie de naissance, dans son cercle enchanté et l'y garda pour le reste de sa vie. Au cours de la première année d'activité de la London Philharmonic Society, la musique de ces trois musiciens – Haydn, Mozart, Beethoven – constituait la base des programmes de concerts . La deuxième année fut la première représentation en Angleterre de l'Héroïque. D'autres œuvres de la plus haute importance du même maître suivirent bientôt et, en 1817, une tentative infructueuse fut faite pour inciter Beethoven à venir lui-même en Angleterre et à diriger ses propres compositions pour la Société. De cette manière, une connexion fut établie entre ce pays et le grand courant central de la vie et de l'énergie musicale de l'époque.

Beethoven était le colosse qui a comblé le fossé entre les deux grands pays du classicisme et de la romance. Parmi les compositeurs romantiques, Weber, le fondateur de l'Opéra national allemand, est le premier né. Sa musique a été entendue pour la première fois en Angleterre dans les années vingt, l'opéra "Oberon" étant présenté à Covent Garden sous sa propre direction. Un autre grand compositeur romantique né avant la fin du XVIIIe siècle était Schubert – un homme de génie merveilleux mais très malheureux, destiné à ne rencontrer pratiquement aucune reconnaissance de son vivant. Beaucoup plus tard, il fut découvert et introduit dans ce pays par Sir George Grove. Cependant, la véritable période de germination de l'école romantique fut la période de 1803 à 1813, qui vit naître Berlioz, Mendelssohn, Chopin, Schumann, Liszt, Verdi et Wagner (tous sauf Berlioz entre 1809 et 1813). Il est curieux que toutes les étoiles destinées à dominer le firmament musical de la période qui suivit la mort de Beethoven se soient ainsi levées au-dessus de l'horizon dans le court laps de temps de dix ans, et toutes sauf une dans un délai de cinq ans. Chacun d'entre eux, à l'exception de Schumann, est arrivé tôt ou tard sur nos côtes hospitalières et a joué un rôle plus ou moins important dans ce processus par lequel nous avons progressivement appris à abandonner la maxime de Lord Chesterfield selon laquelle nous n'avons rien à voir avec nous-mêmes, tout en mettant davantage et plus encore son autre maxime selon laquelle il faut payer des violoneux pour qu'ils jouent avec nous.

Plus importantes encore que ces visites éclair de maîtres compositeurs étrangers, pour leur influence sur la formation du goût, étaient les visites plus régulières d'éminents interprètes continentaux, dont certains, en effet, non seulement venaient régulièrement mais venaient rester. Parmi ceux-ci, les plus importants furent M. (plus tard Sir Charles) Hallé, qui fonda en 1857 les concerts de Manchester qui portent encore son nom ; M. August Manns, devenu chef d'orchestre au Crystal Palace en 1855 ; et le Dr Richter, qui est notre visiteur régulier depuis 1877 et qui vit maintenant parmi nous, au grand honneur du Comité Hallé et de ses partisans. Parmi les influences étrangères qui contribuent au bien-être de l'art musical dans ce pays, le jeu du violon du Dr Joachim, qui est notre visiteur constant depuis 1844, n'est pas moins important.

Poursuivant les signes d'éveil de la vie musicale au cours de la deuxième décennie du siècle et des décennies suivantes, nous notons la fondation de la Royal Academy of Music en 1823 et de la Sacred Harmonic Society en 1832. Cette société, aujourd'hui disparue, a été fondée à l'origine avec le idée de remplacer une institution plus ancienne appelée les « Concerts d'Antient », qui avait fait faillite parce qu'elle dépendait trop du patronage aristocratique. La Sacred Harmonic Society a fait du bon travail en interprétant « Israël en Egypte » de Haendel, « Dettingen Te Deum", et d'autres œuvres, outre le "Messie". Ils ont également fait quelque chose pour faire connaître la musique religieuse de Mozart à Londres, bien que peu encouragés par le public, et ils ont rendu service à l'art en insistant sur des performances complètes au lieu du des bribes et des extraits d'oratorios qui étaient populaires à cette époque. Peu de temps après la fondation de la Sacred Harmonic Society, c'est-à-dire vers le début de l'ère victorienne, vinrent les beaux jours de l'opéra italien à Londres . Grisi, Lablache et Rubini ont sans aucun doute été trouvés très exaltants par les quelques privilégiés qui pouvaient se permettre de les entendre ; il est douteux qu'ils aient fait quoi que ce soit pour le développement du goût national, sauf peut-être en attisant l'ambition de Sims Reeves.

Aussi grande que soit la valeur de ces influences stimulantes — les visites d'interprètes, de chanteurs, de compositeurs et de chefs d'orchestre distingués, et les interprétations d'œuvres maîtresses par des sociétés musicales — elles ne suffisent pas à faire lever la masse du peuple sans un effort éducatif systématique . Il a été fait référence à la création de la Royal Academy of Music. Soixante ans plus tard, le Collège royal fut institué dans le but de rendre les possibilités d'éducation plus conformes aux besoins de l'époque. Parmi les travaux réalisés pour l'amélioration de l'éducation musicale au cours de la période intermédiaire, celui de M. John Hullah mérite d'être particulièrement Mention honorable . Après avoir étudié l'éducation musicale populaire en France, et notamment le mouvement Orphéon , M. Hullah commença à donner des cours à Exeter Hall pour l'enseignement musical des maîtres d'école, et fut ainsi à l'origine du vaste développement de la formation musicale dans les écoles élémentaires anglaises. En opposition aux principes de M. Hullah, M. John Curwen fonda en 1853 la Tonic Sol-fa Association, qui a depuis étendu ses succursales dans toute l'Angleterre. Il est censé y avoir une sorte de lien entre la notation sur la portée et les principes de l'Église, le sol-fa tonique et la dissidence. Un jour , peut-on l'espérer, l'histoire du chant choral en Angleterre sera écrite avec le soin que le sujet mérite. Elle reste à ce jour la principale contribution de ce pays à l'art musical des temps modernes. La maîtrise théorique est née chez les Allemands, le jeu orchestral raffiné et précis chez les Français, le brillant chant solo chez les Italiens, mais il a été réservé à ce pays de perfectionner l'art du chant choral. Certaines personnes, plus patriotes que véridiques, tentent de faire croire que les Anglais sont les meilleurs en tout, mais cette affirmation en matière de chant choral mérite d'être étudiée.

À côté du mépris et de la négligence absolus de la musique dont nous avons commencé à sortir au début du siècle, notre plus grand malheur a été une tendance à préférer les compositeurs représentant la fin d'un développement artistique tout en rejetant les initiateurs troubles et formellement imparfaits mais inspirants. Ainsi, à une époque, nous vénérons Haendel – un puissant architecte musical, mais qui n'a jamais inspiré qui que ce soit – alors que nous détestons Bach, la plus puissante de toutes les influences inspirantes, stimulantes et formatrices d'école. À une autre époque, nous commettons une erreur à peu près similaire à l'égard de Mendelssohn et de Schumann, et il est même possible de reconnaître aujourd'hui la même tendance malheureuse dans l'attitude du public à l'égard respectivement de Richard Strauss et de Tchaïkovski , le premier étant un compositeur robuste et fourmillant d'idées. et des suggestions variées, l'autre est un peintre remarquable par les tons mais particulièrement restreint dans la gamme de ses idées et de ses émotions, prenant soin de ne jamais rien suggérer, mais seulement de tenter ce qu'il peut rendre avec une complétude symétrique. Il est impossible de ne pas regretter qu'on préfère ainsi continuellement des compositeurs qui ne mènent à rien, bien que ce soit exactement ce à quoi on pourrait s'attendre en raison des principes de Lord Chesterfield.

En ce qui concerne le goût mendelssohnien extraordinaire du public britannique qui a placé ici le compositeur accompli des beaux jours à un sommet bien plus élevé que celui qu'il a jamais occupé dans son propre pays, il reste encore aujourd'hui une question importante qui n'a pas encore été posée, et probablement jamais. Sera réglé. Il est certain que Mendelssohn a longtemps été surestimé de manière absurde ; mais la question est la suivante : s'il n'y avait pas eu Mendelssohn, nos chœurs et notre public seraient-ils portés vers de meilleures choses, ou se seraient-ils simplement d'autant moins préoccupés d'aucune sorte de musique ? Il est possible que l'engouement pour Mendelssohn ait été un mal nécessaire, fournissant la nourriture nécessaire à une période d'enfance musicale. Cependant, cela est associé à beaucoup d'humiliation. Le principal courant de la vie et de l'énergie musicale depuis l'époque de Beethoven réside dans le domaine de la composition dramatique, et de ce courant principal nous sommes restés exclus pendant une période des plus inadmissibles. L'affaire est devenue douloureuse, mais elle s'est heurtée à des observations aussi savantes que celle de feu M. Hueffer selon laquelle « le public britannique aime la scène dramatique et la musique sérieuse, mais n'aime pas les deux choses en combinaison ». Le véritable champion de l'art wagnérien dans ce pays fut le Dr Richter qui, par l'exécution d'extraits lors de ses concerts d'orchestre, ouvrit peu à peu les oreilles du public et fit entrer la musique dans son cœur. Dans cette tâche, il fut bien soutenu par M. Manns au Crystal Palace et par Sir Charles Hallé dans le quartier de Manchester . D'où le fait que, bien que les deux impresarios qui ont donné des représentations du grand drame du "Ring" à Londres dans les années 80 aient subi de lourdes pertes, M. Schultz Curtius l'a donné dans les années 90 et a prospéré, et que la voix de la dénigrement insensée est muette, sauf c'est le cas d'un ou deux vieux mandarins incorrigibles qui ne peuvent échapper à l'idée fixe selon laquelle la vie consiste dans la correspondance d'un organisme avec le milieu de son arrière-grand-père.

Le meilleur des compositeurs anglais de la cathédrale était Samuel Sebastian Wesley, dont l'enthousiasme pour Bach, antérieur au mouvement initié par Mendelssohn, a à peine été suffisamment reconnu. Peu après le milieu du siècle, un groupe de compositeurs britanniques dont la portée dépasse le cadre purement ecclésiastique commença à apparaître. Sullivan, Mackenzie, Parry, Cowen et Stanford ont tous appris leur art en Allemagne et sont revenus dans leur pays natal pour le pratiquer . Tous ont écrit des oratorios, mais sans succès durable, sauf dans le cas de la « Légende dorée » de Sullivan. Les Symphonies scandinaves du Dr Cowen et les Irish Symphonies du professeur Stanford ont fait quelque chose pour gagner l'estime de la musique anglaise dans d'autres pays. Mais la grande réussite de la musique britannique au cours des cinquante dernières années a été les opéras gilbertiens, dans lesquels Sir Arthur Sullivan a associé à une parfaite contrepartie musicale le genre de livret fourni par WS Gilbert, créant ainsi un type original d'opéra-comique. Parmi les jeunes compositeurs, M. Hamish M'Cunn s'est fait une réputation avec son ouverture "Land of the Mountain and the Flood" qu'il n'a pas réussi à confirmer. M. Coleridge-Taylor a connu un succès très rapide avec sa musique "Hiawatha", mais il reste à prouver qu'il sera plus durable. Le Dr Edward Elgar est de loin le compositeur britannique le plus remarquable de renommée récente. M. Otto Lessmann, rédacteur en chef de l'"Allgemeine Musikzeitung " et le critique musical le plus éminent d'Allemagne à l'heure actuelle, a écrit ainsi (après avoir entendu "Le Rêve de Gerontius" à Birmingham en octobre dernier) : " Si je ne me trompe, le L'homme à venir du monde musical anglais est déjà apparu, un artiste qui s'est débarrassé des liens des formes conventionnelles et a ouvert son esprit et son cœur à ces grands dons que les maîtres du siècle expirant ont laissés en héritage à l'avenir - Edward Elgar. , compositeur de la seule grande œuvre chorale religieuse présentée pour la première fois au Festival de Birmingham, à savoir « Le Rêve de Gerontius ».

Les progrès ont été bien plus rapides au cours des vingt-cinq dernières années qu'à toute autre période du siècle. En fait, la révolution du goût du public a été si merveilleusement effectuée grâce à l'amélioration des possibilités d'éducation et au style de chant et de jeu plus artistique et plus expressif introduit par l'école wagnérienne, que l'art musical se trouve maintenant dans une atmosphère complètement nouvelle et que l'espoir surgit. probablement trop demander au futur immédiat. La grande leçon qu'il convient d'apporter à l'heure actuelle à tous ceux qui sont concernés, directement ou indirectement, par les affaires musicales, c'est que la musique est l'un des beaux-arts, qu'elle est soumise aux lois de l'art et à aucune autre. Ce principe semble douloureusement évident lorsqu'il est énoncé, mais comme il est rare que quelqu'un agisse en conséquence ! Nous trouvons un grand nombre de personnes qui pratiquent la musique comme sport, d'autres comme commerce, d'autres encore comme discipline douce pour les enfants – une sorte d' exercice, d'autres encore comme matière d'apprentissage, mais très peu comme art. Le premier résultat de la maîtrise de cette leçon serait de se débarrasser des idées fixes, telles que celle selon laquelle tout compositeur doit jouer de l'orgue et écrire de la musique d'église. Chopin n'a écrit que des pièces pour piano, et pourtant sa renommée est éternelle, et on entend beaucoup plus parler de sa musique maintenant - cinquante ans après sa mort - que jamais auparavant, tandis que de nombreux compositeurs dont les œuvres incluent de volumineuses compositions pour chœur et orchestre sont absolument oubliés dans leur propre vie. Le véritable artiste se distingue des autres hommes avant tout par son épris de perfection. Il trouve ce qu'il peut faire et se contente de le faire, que ce soit une grande ou une petite chose, qu'il s'agisse d'une chose ou de plusieurs.

CHAPITRE XIII.

—

DR. HANS RICHTER.(*20 octobre 1897.*)

Le génie de l'interprétation musicale est un phénomène des temps modernes. Beethoven marque la fin de cette grande période symphonique qui commence avec Haydn, et bien que soixante-dix ans avant la production de la plus grande symphonie de Beethoven, Joseph Haydn avait entraîné le petit orchestre d'Esterhazy et essayé d'obtenir des performances satisfaisantes, mais jusqu'à la fin de l'époque de Beethoven, le les orchestres les plus importants étaient généralement remplis d'amateurs pour les occasions spéciales au cours desquelles une symphonie devait être jouée. Il semble certain que la notion d'une interprétation correspondant réellement aux intentions idéales d'un compositeur symphonique n'est apparue aux musiciens comme une possibilité pratique que longtemps après la mort et l'enterrement du plus grand des compositeurs symphoniques.

Beethoven, tout comme Sebastian Bach, a souvent écrit pour l'avenir – pas même pour la prochaine génération, mais pour un avenir lointain. Et Mendelssohn, qui a redécouvert Sébastien Bach et a tant fait pour attiser la léthargie de ses contemporains musiciens et réveiller l'intérêt pour les grandes œuvres du passé, Mendelssohn n'a-t-il pas annoncé, comme principe général pour guider les chefs d'orchestre : qu'ils doivent se méfier des *tempi lents* et tout prendre à un bon rythme, afin que les défauts de phrasé ne soient pas trop évidents ?

Les termes mêmes dans lesquels la recommandation était formulée montrent que Mendelssohn n'était pas inconscient des défauts qui entachaient le meilleur jeu orchestral de son temps ; mais étant d'un caractère doux et facile à vivre, il n'était pas homme à s'attendre à des impossibilités — tel est le terme utilisé par le musicien ordinaire pour désigner tout effort un peu hors de sa routine ordinaire. Il était réservé à un esprit plus magistral d'attendre des impossibilités et de les obtenir.

Lorsque les œuvres de Wagner commencèrent à attirer l'attention, la consternation tomba sur tous les chefs d'orchestre à l'ancienne mode d'Allemagne, les « Pig-tails », comme Wagner ne se lassait jamais de les appeler. La vie ne valait pas la peine d'être vécue, pensaient-ils, s'ils devaient composer avec de telles partitions, et les lamentations étaient alors renforcées par les musiciens, qui estimaient que d'innombrables passages écrits par Wagner étaient impossibles à interpréter.

Mais il se trouva, comme par une Providence particulière, qu'à côté de Wagner, certains musiciens interprètes, qui ne se laissaient pas si facilement effrayer, mûrissaient pour accomplir la tâche de leur vie. Liszt et Von Bülow démontrèrent bientôt que la musique de Wagner n'était pas aussi impossible qu'on le pensait au premier abord, bien qu'elle exigeait une méthode d'interprétation différente de celle des « Queues de cochon ». En 1869 parut le pamphlet de Wagner « De la direction d'orchestre », trois ans seulement après sa première rencontre avec Hans Richter, et, quoi qu'on puisse penser du style de ce pamphlet, il ne fait aucun doute qu'il marque le début d'une nouvelle ère dans l'histoire. de musique orchestrale. Outre Richter, tous les chefs d'orchestre modernes de renommée mondiale – Bülow, Levi, Seidl, Weingartner et Richard Strauss – se trouvaient dans la même école. Ils ont appris de Wagner comment jouer Beethoven et leur méthode a révolutionné le monde musical.

Maintenant que Bülow n'est plus là, le leader et maître reconnu de tous est Hans Richter, le génie incarné de l'interprétation musicale.

C'est à l'influence et à l'exemple de Richter, bien plus qu'à toute autre chose qu'on pourrait nommer, que l'on doit cette prodigieuse amélioration du niveau de l'exécution orchestrale dans le monde entier, qui constitue l'aspect le plus remarquable de l'histoire de la musique au cours des trente dernières années. Principalement grâce à la combinaison incomparable d'enthousiasme artistique, de maîtrise pratique et de bon sens génial de Richter, nous entendons maintenant des choses que les prophètes musicaux et les sages , tels que Beethoven, désiraient entendre et n'avaient pas entendu.

Hans Richter appartient à une famille de musiciens allemands. Il est né à Raab, en Hongrie, en 1843, et, après une bonne formation musicale, entre au Conservatoire de Vienne en 1859. Il choisit le cor comme instrument principal, mais son don pour jouer des instruments de musique était si prodigieusement fort qu'en en quelques années, il acquiert la maîtrise technique de tous les instruments les plus importants de l'orchestre, outre le piano et l'orgue.

L'une des premières nominations qu'il a occupées a été celle de corniste principal à l'Opéra impérial de Vienne. Après avoir quitté le Conservatoire, il poursuivit ses études auprès de Sechter, le célèbre contrepointiste, et ainsi, lorsque la grande opportunité de sa vie se présenta, il aborda sa tâche avec des ressources magnifiques et peut-être sans précédent, en termes de connaissances pratiques et théoriques. L'occasion se présenta en 1866 : Wagner, alors vivant en Suisse, cherchait un musicien compétent pour l'aider à préparer la partition de « Meistersinger » pour la presse.

A Vienne, alors, comme aujourd'hui, la métropole du monde musical, il adressa la demande qu'un tel musicien soit trouvé et envoyé à Triebschen , près de Lucerne. Le choix s'est porté sur Richter, et c'est ainsi que les deux grands hommes, parfaitement complémentaires l'un de l'autre quant à leur puissance artistique, ont fait connaissance. Richter s'établit dans la maison de

Wagner ; le grand compositeur, qui possédait un sens napoléonien du talent, apprécia aussitôt les immenses pouvoirs de son jeune collègue, et une alliance s'établit entre les deux hommes qui ne prit fin qu'à la mort de Wagner.

Des essais avec des orchestres réunis par des musiciens de Zurich et de Lucerne ont rapidement convaincu le cercle wagnérien du génie de Richter pour sélectionner, former et diriger un orchestre, tandis que la préparation de la partition des "Meistersinger" s'est déroulée à l'entière satisfaction du compositeur. Ceux qui ont examiné la copie au net de l'écriture de Richter, exposée à l'Exposition musicale et théâtrale de Vienne de 1892, peuvent témoigner de la merveilleuse netteté ainsi que de l'exactitude technique et du bon style du manuscrit de Richter. Il ne faut pas oublier non plus que la partition de « Meistersinger » était à cette époque de loin la plus complexe qui existe, et qu'elle n'est encore surpassée en complexité élaborée que par « Tristan ».

Mais Richter ne se préoccupait pas seulement de la préparation de la partition. Bien avant que Wagner ne mette la touche finale à "Meistersinger", Richter avait emmené les parties solistes et chorales à Munich et y avait formé personnellement les chanteurs qui devaient participer à la première production. Le style était si nouveau et si déroutant pour les musiciens de l'époque que Richter se heurtait à chaque instant à des obstacles apparemment insurmontables. Néanmoins, tout fut mené à bien et la première représentation des « Meistersinger », qui eut lieu à Munich en juin 1868, fut véritablement le premier grand triomphe de la cause wagnérienne. Même si Bülow était au pupitre du chef d'orchestre, il ne fait aucun doute que le travail d'Hercule, nécessaire pour amener l'œuvre à une première audience, a été accompli pour l'essentiel par Richter.

Lors de la sixième représentation, le représentant de Kothner tomba malade et, au dernier moment, Richter entra dans la brèche, enfila le costume de Kothner , chanta et joua le rôle avec un grand succès. Il n'est pas étonnant qu'un critique distingué ait déclaré que les « Maîtres chanteurs » de Wagner font désormais partie de la chair et du sang de Richter.

Il prépara la partition ; il a formé tous les chanteurs et musiciens pour la première représentation ; il a dirigé d'innombrables représentations brillantes de l'œuvre entière, et à une occasion, au moins, il a joué l'un des personnages. Les qualités démontrées par Richter dans le cadre de la production de "Meistersinger" lui ont valu d'être nommé co-directeur avec Bülow à l'Opéra Royal de Munich, et lorsque Bülow a démissionné l'année suivante, Richter était seul à ce poste.

L'impatience du roi de Bavière de faire jouer l'immense trilogie des « Nibelung » de Wagner fut la cause d'une tentative prématurée de présenter « L'Or du Rhin » avant que l'extraordinaire *mise en scène* exigée par cette œuvre ne soit prête. Plutôt que de prendre part à une opération indigne, Richter présenta sa démission et quitta le brillant poste auquel il avait été si récemment nommé. C'est ainsi que Richter montra très tôt de quoi il était fait. Il n'avait absolument rien d'autre en vue. Il lui suffisait de chercher du travail, et nous le retrouvons ensuite à Paris, travaillant en collaboration avec Pasdeloup , qui participait au projet de faire jouer "Rienzi" au Théâtre Lyrique. Le projet n'aboutit pas, mais les autorités du Théâtre de la Monnaie de Bruxelles, qui avaient entendu parler de la renommée de Richter, l'invitèrent à venir diriger la première production de "Lohengrin" en français qu'elles préparaient.

Avec "Lohengrin" à Bruxelles, il n'a pas eu moins de succès qu'avec "Meistersinger" à Munich. Même si au début tout le monde trouvait la musique « impossible », le 21 mars 1870, une magnifique interprétation fut réalisée. Pour illustrer les difficultés auxquelles Richter dut faire face lors de la préparation de cette représentation, on peut citer le fait qu'il trouva les choristes du théâtre incapables de jouer leurs rôles et qu'il dut les enseigner, note par note, comme des enfants. Pourtant, lors de la représentation publique, il n'y avait aucune trace de ces misères, tout se déroulait avec liberté et spontanéité, et depuis la première production sous Richter "Lohengrin" constitue un élément important du répertoire bruxellois.

Après avoir rempli son engagement à Bruxelles, Richter retourna à Triebschen , près de Lucerne, où il trouva Wagner en train de terminer cette œuvre colossale qu'était « l'Anneau du Nibelung ». Il semble presque incroyable qu'en plus de leurs travaux gigantesques pour faire exister ce qui était presque un art nouveau, ces hommes remarquables aient trouvé à cette époque le moyen de consacrer beaucoup de temps à l'étude des quatuors à cordes de Beethoven. Richter participait régulièrement au jeu du quatuor et il considère ces heures pendant lesquelles il fut initié par Wagner aux mystères les plus profonds de l'art de Beethoven comme parmi les plus précieuses de ses expériences. La même année 1870, Wagner achève son « Siegfried Idyll », une jolie *aubade* écrite en l'honneur de l'anniversaire de son petit fils. Richter avait été chargé de constituer un petit orchestre à Lucerne et de répéter avec eux la nouvelle œuvre. Au jour fixé, les musiciens se sont rassemblés sur les marches de la villa de Triebschen et ont interprété la pièce sous la direction de Richter pour le plus grand plaisir de la maison Wagner, parmi laquelle "l'Idylle de Siegfried" est généralement connue sous le nom de " Treppenmusik " (de " Treppe , " un escalier ou une volée de marches).

L'année suivante, Richter accepta une invitation à Buda- Pesth et y resta jusqu'à ce qu'en 1875 il soit nommé chef d'orchestre à l'Opéra impérial de Vienne, poste qu'il occupe toujours (en 1897). Ainsi, la capitale autrichienne est devenue pour la deuxième fois son domicile et le centre de son activité et, en effet, ceux qui le connaissent bien savent qu'en dépit de toutes ses expériences cosmopolites, Richter est " un echter Wiener", un véritable enfant de Vienne.

Le prochain « travail d'Hercule » fut la réalisation de la trilogie de Wagner, « L'Anneau des Nibelungs », avec lequel le théâtre de Bayreuth fut inauguré en 1876. Pendant les répétitions, Wagner était assis sur la scène pour diriger les acteurs et Richter se tenait derrière le chef d'orchestre. bureau.

Maintenant que le travail est devenu familier, nous avons perdu toute norme permettant d'évaluer la tâche que Richter avait entreprise et menée une fois de plus jusqu'à une conclusion brillamment réussie.

Cette vaste scène qui occupe quatre soirées de représentation, il semblait l'avoir au bout des doigts. L'impression que Richter produisit sur tous ceux qui participèrent, soit activement, soit simplement en tant que spectateurs et auditeurs, au Festival inaugural de Bayreuth en 1876, fut telle qu'ils le reconnurent comme un phénomène nouveau dans le monde de l'art.

On peut dire que l'époque de la direction d'orchestre moderne date de cette occasion. Il fut alors compris à tous que la direction d'orchestre était un grand art qui méritait d'être cultivé de manière indépendante. Le public commence à s'intéresser au style des différents chefs d'orchestre et à faire preuve d'une certaine sensibilité quant aux interprétations des grands maîtres. L'ère des « Pig-tails » était révolue.

En 1877, Richter vint à Londres avec Wagner et depuis cette année-là, les « Richter Concerts » sont une institution régulière dans ce pays. A Vienne, sa ville d'adoption, il dirige non seulement l'opéra, mais aussi les concerts philharmoniques et dernièrement la musique de la chapelle impériale.

Ces dernières années, Richter a développé une certaine aversion pour le théâtre, où il trouve son travail en proie à de petits soucis. Il en vient à considérer de plus en plus la salle de concert comme son domaine d'activité privilégié. Sur l'art de Richter en tant que chef d'orchestre, on pourrait écrire un livre de bonne taille. Ici, je ne peux qu'essayer d'énumérer quelques-unes de ses qualités : — Connaissance pratique de la technique appartenant à tous les instruments les plus importants ; maîtrise du solfège dans toutes ses branches ; un sens rythmique infaillible ; jugement et perspicacité à l'égard de tous les styles musicaux possibles, lui permettant de toujours trouver le bon tempo pour n'importe quel mouvement ou section de mouvement (la chose la plus importante et la plus difficile pour un chef d'orchestre) ; maîtrise des principes découverts par Wagner concernant la dynamique orchestrale, tels que la nécessité d'un ton uniformément soutenu sans crescendo ni diminuendo, comme base pour commencer sur les conditions déterminant le bon équilibre des cordes et des vents, la nature d'un jeu de *piano aux tons ronds* (à étudier chez des chanteurs de premier ordre), la manière de produire de longs crescendos et diminuendos, aussi de produire un vrai *piano* et un vrai *forte* (Wagner ayant fait remarquer que les orchestres à l'ancienne mode ne jouaient jamais que du mezzo-forte) ; la maîtrise du phrasé de Wagner, ses recherches approfondies sur les passages *cantabiles* , son traitement du *fermate* , sa distinction entre l' *allegro naïf* et l' *allegro poétique* ; maîtrise et réalisation pratique de toutes les autres idées de Wagner concernant l'interprétation musicale ou les représentations publiques, sujet auquel Wagner s'est intéressé beaucoup plus profondément, expert et fructueux qu'aucun autre des grands compositeurs.

Enfin, Richter se distingue de la plupart des autres chefs d'orchestre par son comportement personnel au pupitre. Il est libre de pitreries ; chaque mouvement a une signification et chaque attitude a une dignité.

CHAPITRE XIV.

NIETZSCHE.

Nietzsche et Wagner.

18 juin 1896.

Le monde intellectuel de la fin du XIXe siècle n'a pas de personnage plus remarquable et original, mais aussi plus tragique, à montrer que l'auteur de ces essais. Il descendait d'une noble famille polonaise nommée à l'origine Nietzky , qui a renoncé à ses titres et à ses domaines et s'est installée en Allemagne en raison de ses convictions protestantes. Friedrich Nietzsche est né en 1844. Il reçut une éducation classique et devint à vingt-huit ans professeur de philologie classique à l'Université de Bâle ; mais tout au long de sa vie, son amour de l'art, et particulièrement de la musique, resta une passion absorbante. Il semble que son instinct musical ait été éveillé pour la première fois par les œuvres de Schumann et que son enthousiasme juvénile l'ait conduit à des études musicales sérieuses. Plus tard , il devint le plus ardent des wagnériens, et finalement le plus féroce des assaillants de Wagner. Les premiers écrits de Nietzsche sont des monographies académiques sur divers sujets classiques, dont la brillante érudition a conduit à sa nomination à Bâle . Les essais philosophiques ont commencé à paraître vers sa trentième année, pendant sa chaire à Bâle . Il y a aussi des vers de Nietzsche qui manifestent une véritable faculté poétique. La manière et l'ordre de l'éveil mental de Nietzsche sont dignes d'attention : d'abord, l'amour de la musique, conduisant à un intérêt général pour l'art ; ensuite, des études philologiques, entreprises à l'origine, de l'avis de sa sœur Madame Förster-Nietzsche, pour soulager les problèmes fébriles de l' esthétique moderne , et poursuivies dans un but tel qu'il devint un maître du savoir romain et grec. Ses écrits révèlent également une vaste connaissance de la littérature hébraïque et indienne, outre une connaissance approfondie de tout ce qui est de première importance dans la pensée moderne. Son premier maître intellectuel semble avoir été Schopenhauer. En 1889, Nietzsche devint désespérément fou. Il n'y a pas la moindre trace de trouble mental dans les antécédents familiaux antérieurs. Les souches dont il était issu étaient des deux côtés d'une énergie, d'une capacité et d'un caractère exceptionnels. Il existe également de nombreux témoignages sur la simplicité, l'amabilité et le charme de son caractère personnel. Ses amis et collègues de Bâle ne semblent pas se douter des énergies explosives qui transparaissent dans ses écrits. Ses goûts furent tout au long de sa vie réservés et exigeants, et l'effondrement final de son esprit ne peut être attribué qu'au simple excès d'énergie fébrile avec lequel il vécut la vie intellectuelle et aux effets de l'isolement spirituel sur une nature sensible et très arrogante. Il est désormais pratiquement mort à Naumburg -on-the-Saale, en Saxe, qui est depuis cinquante ans la maison de la famille.

Le présent volume contient les derniers essais de Nietzsche, les publications de 1888. Le sous-titre donné au « Crépuscule des idoles », à savoir « Comment philosopher avec un marteau », s'applique également bien à l'ensemble du volume, qui traite exclusivement de critique destructrice. Les « idoles » sur lesquelles Nietzsche exerce ici le marteau d'un iconoclasme singulièrement global sont celles de la civilisation démocratique moderne . L'éditeur de la série est le Dr Tille, maître de conférences en langue et littérature allemandes à l'Université de Glasgow et auteur de « Von Darwin bis Nietzsche », un livre qui a attiré une certaine attention en Allemagne. Aucune explication n'est proposée sur les motifs qui ont motivé le choix des dernières œuvres de Nietzsche pour le premier volume de l'édition anglaise. L'histoire de la vie de Nietzsche depuis 1876 est l'histoire d'une lutte tragique. Cette année-là, il assista au festival de Bayreuth, bien que dans un état de santé précaire. L'impression fut accablante, et désormais le drame wagnérien lui apparut sous un jour nouveau. Il avait horreur de Wagner, mais l'art wagnérien était si profondément enraciné dans ses affections qu'avec sa croyance en Wagner, tout ce qui l'intéressait était jeté aux vents ; il s'est tourné vers la religion de son enfance, la philosophie de sa jeunesse, le pays même de sa naissance et la seule langue qu'il connaissait réellement. Pourquoi, peut-on se demander, le « cas Wagner », dans lequel le maître de Bayreuth apparaît comme un « serpent à sonnettes », est-il proposé aux lecteurs qui n'ont eu aucun moyen d'accéder à l'essai antérieur du même écrivain intitulé « Wagner à Bayreuth » ? une déclaration de disciple enthousiaste et probablement l'appréciation la plus perspicace de Wagner jamais publiée ? Encore une fois, dans le premier essai sur « Schopenhauer comme éducateur », l'une des « Contemplations inopportunes », Nietzsche se compte parmi ces lecteurs de Schopenhauer qui savent presque d'emblée qu'ils ont rencontré une influence déterminante ; et, en effet, Nietzsche est tellement saturé des idées de Schopenhauer qu'il ne peut se débarrasser de la terminologie schopenhauer même dans ses écrits ultérieurs, où Schopenhauer est devenu un « vieux faux-monnayeur ». L'expression « Wille zur Macht », une modification évidente de « Wille zum Leben » de Schopenhauer, revient continuellement même dans les écrits les plus récents de Nietzsche, et aurait dû former le titre d'un livre entier dans son ouvrage projeté « La Transévaluation de toutes les valeurs ». Le même ouvrage de jeunesse contient un passage dans lequel le christianisme est considéré comme l'un des exemples les plus purs de la recherche de la perfection que l'on puisse trouver dans l'histoire de l'humanité, tandis que « l'Antéchrist », le dernier essai du volume devant nous, est un nouvel ouvrage. et version plus redoutable du Voltairien " Ecrasez l'Infâme », dénonciation furieuse non seulement du dogme chrétien, mais aussi et surtout des principes éthiques qui sont l'essence du système chrétien pour le monde moderne. Toutes ces rétractations apparaissent ainsi avec à peine la moindre trace de l'antécédent. confessions de foi. Il a été nié que le développement mental de Nietzsche ait subi une révolution ou une rupture de continuité en 1876. Des disciples allemands ont tenté de prouver la cohérence de ce développement, et dans le numéro d'avril de la revue "Savoy" M. Havelock Ellis remarque, à propos de l'origine polonaise de Nietzsche, qu'il n'était « pas assez germanique pour rester éternellement avec Wagner ». Mais en tout cas, l'apostasie de Nietzsche par rapport à Wagner est un sujet douloureux lorsqu'il fait la satire de l'Allemagne en la décrivant comme « l'appartement » . "terre" de l'Europe, terre des Hyperboréens et adorateurs de Woden , le dieu du mauvais temps, lorsqu'il accuse les Allemands d'aimer tout ce qui est nébuleux et ambigu et de détester la clarté, la cohérence et la logique, on peut se rappeler que si l'Allemagne était la pays de sa naissance, Nietzsche n'était pas allemand de sang. Mais il était lié à Wagner par des liens d'amitié personnelle ainsi que par une fervente admiration artistique, de sorte qu'aucune excuse suffisante ne peut être offerte pour l'épouvantable diatribe dans laquelle il étouffe de ridicule Wagner lui-même et tout ce qui touche à l'art wagnérien. L'argument de la folie ne peut guère être admis. Il y a trop de méthode dans la folie de Nietzsche. De plus, il n'est pas un vulgaire comme Nordau, qui donne des conférences dans un jargon pathologique boueux sur des sujets qui le dépassent complètement. Nietzsche savait de quoi il parlait ; s'il n'avait pas été d'abord le plus enthousiaste des disciples de Wagner , il n'aurait pas pu devenir un ennemi aussi redoutable. Mais même si nous souhaitons peut-être qu'en arrivant à un nouveau point de vue mental, il ait traité avec plus de douceur ses anciens amis, le tempérament qui conduit un écrivain à ignorer toute autre considération en se concentrant uniquement sur la vérité du sujet en question n'est pas une qualité qui n'est pas la sienne. être légèrement réduit.

Que Nordau ait anticipé Nietzsche dans ce pays est une calamité publique. Les discours sur la dégénérescence et la décadence de Wagner étaient ainsi devenus des injures fastidieuses, et maintenant que la véritable source de la seule critique anti-wagnérienne sérieuse fait son apparition, la tâche consistant à désengager l'aspect important de cette critique semble presque désespérée. Quelques-uns des principaux points contre les œuvres de Wagner peuvent cependant être mentionnés ici : le manque de vie dans l'ensemble et l'excès de vie dans les petites parties, l'anarchie intérieure, la détresse et la torpeur alternant avec le trouble et le chaos, l'habitation sur la note pathétique jusqu'à ce que le goût soit vaincu et la résistance renversée, le caractère hypnotique de l'influence de Wagner, ses parfums de moisi hiérarchiques, sa richesse de couleurs et de demi-teintes, ses mystères de lumière évanouie qui nous gâtent pour d'autres musiques, voilà quelques-uns des Les caractéristiques de l'art décadent sur lesquelles repose le procès contre Wagner, et il est impossible de nier ni l'acuité de l'observation de

Nietzsche, ni le caractère préjudiciable de son accusation. En revanche, il faut rappeler que le renouveau du drame musical sous l'influence de Wagner est un fait incontestable. Wagner nous a sauvés de l'époque où les opéras étaient concoctés point à point par le compositeur le plus distingué de l'époque en vue des goûts du Jockey Club parisien. Wagner a ramené la dignité et la poésie ; il a ramené la sincérité, il a insufflé une vitalité puissante et de grande envergure dans l'art qu'il pratiquait . L' enthousiasme de la renaissance wagnérienne absorba presque tout ce qu'il y avait de plus important dans le talent musical de l'époque ; elle toucha même l'école italienne, qui avait jusqu'alors suivi une ligne de développement absolument indépendante. En admettant donc que Nietzsche a souvent raison dans le détail, tout comme Voltaire a parfois raison lorsqu'il critique « Hamlet », nous sommes disposés à rejeter la conclusion générale de Nietzsche avec autant d'emphase que la description par Voltaire de Shakspere comme d'un sauvage ivre. La vérité est que la décadence ou le déclin d'un principe de vitalité signifie souvent l'éveil de l'énergie d'un autre. Nietzsche s'était récemment amené à un point de vue où le mystère de la poésie nordique et les détails pleins d'imagination de l'art gothique sont intolérables. Ses remarques sur le manque de goût de Wagner dans la disposition des larges masses et sur son excès de vivacité dans les moindres détails ressemblent à une critique de la cathédrale de Strasbourg par un architecte antique ; sa vision du drame wagnérien comme préoccupé par les problèmes d'hystérie et comme exposant une galerie de personnages morbides est comme un réquisitoire par un patricien romain contre l'ensemble du « Corpus Poeticum ». Boréale . » Nietzsche fut toute sa vie étrangère à la tolérance et au compromis, et vers la fin cette particularité s'accentua grandement. Sa santé défaillante l'attira vers les climats du sud, et il décréta bientôt que le nord n'existerait plus. sorte de salut chez les « Halcyoniens », il est contraint de mener une guerre spirituelle contre tous les Hyperboréens, et spécialement contre Wagner, considéré comme l'Hyperboréen typique. « Ah, le vieux Minotaure dit Nietzsche : « Que ne nous a-t-il pas déjà coûté ? ! Chaque année, des trains des meilleurs jeunes et jeunes filles sont conduits dans son labyrinthe pour être dévorés. Chaque année, toute l'Europe lance le cri : « En route pour la Crète ! En route pour la Crète !"'. Il est très intéressant d'observer où Nietzsche trouve un antidote à l'impression douloureuse de l'art wagnérien. La seule œuvre moderne qui satisfit pleinement son goût ultérieur était "Carmen" de Bizet. "Cette musique me semble parfaite, " dit-il ; " elle s'approche avec légèreté, agilité et courtoisie. C'est riche et précis. Elle construit, organise , complète et est ainsi l'antithèse de ce polype musical que Wagner appelle mélodie sans fin. Il a la subtilité d'une race, pas d'un individu. Il est exempt de grimace et d'imposture. Je deviens un homme meilleur, dit Nietzsche, quand ce Bizet m'exhorte. Une telle musique libère l'esprit. Cela donne des ailes à la réflexion. Avec l'œuvre de Bizet, on prend congé du nord humide et de toute la vapeur de l'idéal wagnérien. a une originalité vraiment frappante, une véritable unité de style et la perfection infaillible avec laquelle le compositeur a capté et reflété une certaine humeur de grâce capricieuse et maîtrisé le symbolisme musical du sud brillant, féroce et inconstant, la légèreté et le feu, le Le développement logique et le charme rythmique de la musique marquent l'œuvre comme un chef-d'œuvre inimitable en son genre. Dans sa joie de trouver quelque chose qui corresponde à son goût ultérieur, Nietzsche a oublié la question de la portée et a oublié que Bizet n'était qu'un rien. lui qu'il avait trouvé un « Halcyonien » pour contraster avec Wagner, l'« Hyperboréen ». Une autre objection à la ligne adoptée dans l'introduction est que l'insistance isolée sur le critère « physiologique » de Nietzsche donne l'impression d'un type de penseur inconcevablement éloigné de ce qu'il était vraiment. Beaucoup de matérialistes ennuyeux et pesants, comme l'auteur de "Kraft und Stoff", ont soutenu l'universalité du standard physiologique ; tandis que la caractéristique particulière des idées éthiques de Nietzsche est sûrement quelque chose de très différent. N'est-ce pas la négation audacieuse qu'un système éthique quelconque soit valable pour toutes les classes de l'humanité ? — la théorie de la « Herrenmoral » et de la « Sklavenmoral » , de la morale du maître et de la morale de l'esclave — et l'attribution de tous les méfaits sociaux à l'humanité éternelle. prédominance croissante de la moralité de l'esclave par rapport à la moralité du maître. N'est-ce pas l'acceptation du système des castes comme la simple reconnaissance d'un fait universel et immuable de la vie qui différencie réellement Nietzsche à la fois des moralistes anglais et de tous les autres écrivains européens quels qu'ils soient ? Peut-être le Dr Tille n'a-t-il pas voulu alarmer ses lecteurs et, conscient de s'adresser à un public qui considère la question de l'égalité humaine comme définitivement réglée il y a cent ans, a-t-il délibérément évité d'exprimer des opinions qui sentent le despotisme oriental. Mais étant donné que chaque ligne des écrits de Nietzsche est animée par de telles opinions, il est impossible d'aborder le sujet sans choquer les idées d'une époque démocratique. Nietzsche, il faut le rappeler, était un descendant tardif de l'aristocratie la plus fière, la plus turbulente et la plus impitoyablement tyrannique qui ait jamais existé. Il fut témoin, avec une rage désespérée, à la fois du succès de la vulgarité dans cette Europe moderne qui avait ruiné son ancienne et noble race, et de ce qu'il considérait comme la dépréciation progressive des qualités nobles de la nature humaine sous l'influence des idées socialistes. Bien que nulle part expressément évoquée, la pensée de son peuple, déshérité pour son incapacité à s'adapter à l'esprit moderne, n'est jamais absente de sa conscience, et il utilise sa puissance littéraire sans égal pour dire aux hommes d'une civilisation industrielle et coopérative ce que le dernier des véritables aristocrates pense à eux. Au fil des années, Nietzsche est devenu de moins en moins allemand et de plus en plus polonais, jusqu'à ce qu'après la rupture avec Wagner et Schopenhauer, nous le trouvions ouvertement satirique de tout ce qui est allemand. Il est en effet « revenu au type » et, à partir de 1876, il apparaît comme un aristocrate féodal en exil.

Dans son type général de culture, Nietzsche était très peu anglais. Les questions d' esthétique n'ont jamais été traitées dans ce pays comme autre chose qu'une affaire de dilettantes, au mieux une bagatelle supérieure ; alors que pour Nietzsche, c'était une question de vie ou de mort. Et si les Anglais cultivés ont conscience de s'intéresser aux arts graphiques et plastiques, nous avons néanmoins pratiquement exclu la musique de notre schéma culturel. Nous avons peut-être un peu dépassé la vision de Lord Chesterfield selon laquelle la musique est une activité qui ne mène qu'à une perte de temps et à de mauvaises compagnies, et un noble anglais d'aujourd'hui hésiterait probablement à affirmer, comme l'a dit Lord Chesterfield, que les droits légitimes de la musique sur l'attention d'un homme cultivé sont satisfaits de manière adéquate par le don occasionnel d'un sou à un violoneux. Pourtant, au plus profond de sa conscience, l'Anglais typique a encore tendance à considérer les disputes du monde musical comme Byron considérait la controverse sur Haendel et Buononcini :

"C'est étrange que toute cette différence soit
'entre Tweedledum et Tweedledee."

À l'exception peut-être d'un ou deux cas récents, comme celui du Dr Parry et de M. Hadow, nos hommes de lumière et de premier plan n'ont rien eu d'important à dire sur la musique, alors que pour Nietzsche, érudit et critique de grande réputation, la musique était la musique. un art possédant une véritable vitalité dans le monde moderne, et les questions d' esthétique musicale étaient tout sauf une affaire de dilettantes ; c'étaient des questions liées à un immense pouvoir pour le bien ou le mal.

De toutes les conceptions fantastiques de Nietzsche, celle qui a produit les résultats les plus curieux est la fameuse « bête blonde », sorte d'épouvantail inventé pour embêter et effrayer les socialistes. Le satiriste commence par exprimer son mépris pour les créatures bergers et son admiration pour les « belles bêtes de proie solitaires ». Les moutons et les bovins, rappelle-t-il aux socialistes, sont naturellement grégaires, mais on n'a jamais vu de lions acquérir l'instinct grégaire. Il développe ensuite la théorie de l'analogie entre les grands hommes du type conquérant et les criminels de droit commun — la même théorie qui est exposée, apparemment comme une plaisanterie mais en réalité avec beaucoup de sérieux, dans « Jonathan Wild » de Fielding. Cette théorie jouit d'une grande réputation parmi les socialistes, qui la trouvent utile pour attaquer les grands hommes du type conquérant et guerrier , de sorte que lorsque Nietzsche la retourne contre le socialisme, il frappe avec une épée à double tranchant. Enfin, il évoque une image redoutable de vigueur prédatrice et sans scrupules , une combinaison de Napoléon et d'aristocrate féodal. C'est la « bête blonde » qui, selon le programme de l' apocalypse nietzschienne , doit dévorer l'homme affaibli du monde moderne. C'est l'une des inspirations les plus heureuses de Nietzsche, et elle a déjà suscité une littérature. Tout récemment, par exemple, est paru en Allemagne un livre acceptant avec une parfaite gravité et recommandant une adoption pratique immédiate des principes de la « bête blonde ». On pourrait presque imaginer que Nietzsche prévoyait un tel résultat avec une secrète satisfaction à l'idée de sa revanche posthume sur le « plat ». Il y a aussi des signes dans la presse anglaise que l'imagination populaire est sur le point de considérer Nietzsche comme un écrivain qui prône un banditisme promiscuité. Darwin n'a-t-il pas été connu pendant de nombreuses années comme l'excentrique absurde qui disait que les hommes descendaient des singes ? Il convient cependant d'avertir ceux qui ne se soucient pas beaucoup des problèmes mentaux, qui apprécient la tradition et ont une vision pleine d'espoir de la vie, qu'ils feraient mieux de laisser Nietzsche tranquille. Son influence est dans l'ensemble sombre, inquiétante et profondément troublante, même si, par rapport à la littérature critique du continent, il est incontestablement l'un des grands originaux, l'une des rares « voix » qui trouvent de nombreux échos.

Nietzsche en français.

4 août 1899.

La publication d'une traduction anglaise complète des œuvres de Nietzsche est une entreprise qui mérite la reconnaissance cordiale de tous les amateurs de pensée profonde et de style littéraire raffiné. Il n'est pas exagéré de dire qu'aucun écrivain allemand depuis la mort de Goethe, à l'exception peut-être de Schopenhauer, n'a réuni au même degré que Nietzsche les deux caractéristiques de l'originalité de la matière et du charme et de la piquante de l'expression. Et d'aucun écrivain moderne, à l'exception de George Meredith, on ne peut dire qu'il possède le pouvoir de Nietzsche de contraindre son lecteur, qu'il soit admiratif ou protestataire, à réfléchir par lui-même aux problèmes fondamentaux de la vie et conduire. La philosophie de Nietzsche, avec sa haine intense du christianisme et de l'humanitarisme moderne, est peu susceptible de faire un grand nombre de convertis parmi nous, mais si elle peut nous obliger à nous demander honnêtement et clairement quels sont les idéaux non reconnus de notre civilisation , et s'ils sont, après tout, susceptibles d'être rationnellement justifiés, il aura rendu un service infiniment plus grand à la pensée que n'importe quel fondateur de secte ou d'école.

Si l'on mesure la valeur d'un livre par son caractère suggestif plutôt que par la mesure dans laquelle ses propositions peuvent être acceptées dans leur ensemble, la propre description par Nietzsche de son « Ainsi parlait Zarathoustra » comme l'œuvre allemande la plus profonde ne paraîtra guère exagérée. En l'absence du grand ouvrage sur la « Transévaluation de toutes les valeurs », si lamentablement interrompu par la maladie incurable du philosophe, « Zarathoustra » doit probablement être accepté comme le document principal du nouveau code moral, dont Nietzsche était le prédicateur le plus connu et le plus éloquent.

Le héros de Nietzsche a bien sûr très peu de points communs avec le prophète combattant semi-historique de l'Iran. Sous le couvert d'une histoire sans scène ni date particulière, il vous livre un traité sur la vie morale telle qu'elle pourrait être si les hommes considéraient l'extirpation des inaptes et la propagation d'une race d'êtres physiquement et mentalement supérieurs comme la première chose. et dernier des devoirs humains. Bien sûr, dans une telle image, il doit toujours y avoir de nombreux traits subjectifs, et beaucoup de ce qui caractérise Zarathoustra, son individualisme extrême, son amour de la solitude et des lieux solitaires, sa haine d'une vie complexe et coûteuse, n'est que le reflet de la goût personnel particulier de son Créateur. Si Nietzsche lui-même n'avait pas été libéré des liens sociaux et domestiques ordinaires, il est probable que la tension individualiste et antisociale de ses enseignements aurait été bien moins importante qu'elle ne l'est. Mais si l'on tient compte de ces particularités personnelles, il n'en reste pas moins que Nietzsche a soulevé avec plus d'audace que tout autre écrivain de notre temps la plus importante des questions sociales ; la question de savoir si les idéaux éthiques et politiques du christianisme, de la démocratie, de la bienveillance universelle sont ceux d'une humanité en bonne santé ou ceux d'une humanité radicalement malade. Aucune justification future de notre idée actuelle ne peut être considérée comme ayant une quelconque valeur à moins qu'elle ne s'attaque, plus sérieusement que ne l'a fait jusqu'à présent la philosophie morale professionnelle, à l'attaque de Zarathoustra. Dans les écrits mineurs qui remplissent les deux autres volumes de la traduction déjà publiés, Nietzsche se montre moins constructif et plus purement iconoclaste. L'Antéchrist soumet la religion établie en Europe et le code moral qui en découle à une critique toujours suggestive, souvent profonde, parfois simplement colérique et erronée. L'attaque contre Wagner, en qui Nietzsche cherchait autrefois un maître, est étroitement liée à l'attaque furieuse contre les idéaux chrétiens. De Wagner, le musicien Nietzsche a beaucoup de choses à la fois dures et astucieuses à dire, mais le Wagner contre lequel se dirige l'essentiel de sa polémique est Wagner le psychologue, le pessimiste, le prédicateur de la chasteté et de la résignation - en un mot, tel que Nietzsche le comprend. lui, le décadent. Le christianisme, selon Nietzsche, a fait de la décadence une religion, Schopenhauer en a fait une philosophie, Wagner une théorie esthétique . D'où la polémique constante contre les trois qui revient dans tous les écrits de Nietzsche. La "Généalogie de la morale" est consacrée à l'exposé d'une théorie favorite de Nietzsche, selon laquelle il y a toujours eu deux codes antithétiques de valeurs morales, celui des "maîtres" et celui des "esclaves". Les « Maîtres » accordent par-dessus tout des qualités qui témoignent d'une surabondance de force personnelle, de force, de beauté, de richesse, de longue vie ; Les « esclaves » accordent la plus grande importance aux qualités qui rendent la servitude plus supportable et rendent finalement possible la vengeance contre le « maître ». Partant de cette hypothèse première, Nietzsche fait preuve d'une merveilleuse perspicacité dans son examen de la croissance de concepts tels que « culpabilité », « péché », « mauvaise conscience ».

---

[1] Cette suggestion a été adoptée lors des représentations à Covent Garden en 1905.— ED.

[2] Comparez le célèbre essai de De Quincey sur Judas Iscariot.— ED.

[3] "Le goût de la sculpture et de la peinture est à mon avis aussi convenable, tout comme le goût du violon et de la cornemuse est inconvenant pour un homme à la mode."

www.ingramcontent.com/pod-product-compliance
Lightning Source LLC
Chambersburg PA
CBHW021357150726
47989CB00005B/2288

9 789359 948058